Histoire Des Musulmans D'espagne: Jusqu'à La Conquête De L'andalousie Par Les Almoravides (711 - 1110)...

Reinhart Pieter Anne Dozy, Evariste Lévi-Provençal

Se vénd :

à Paris   chez B. Duprat,

» Madrid   »   C. Bailly-Baillière,

» Londres   »   Williams et Norgate,

» Leipzig   »   T. O. Weigel.

HISTOIRE

DES

MUSULMANS D'ESPAGNE

JUSQU'A LA CONQUÊTE DE L'ANDALOUSIE

PAR LES ALMORAVIDES

(711—1110)

PAR

R. DOZY

Commandeur de l'ordre de 'Charles III d'Espagne, membre correspondant
de l'académie d'histoire de Madrid, associé étranger de la Sóc. asiat.
de Paris, professeur d'histoire à l'université de Leyde, etc.

TOME PREMIER

LEYDE

E. J. BRILL

Imprimeur de l'Université

1861

AVERTISSEMENT

L'histoire d'Espagne, et particulièrement celle des Maures, a été pendant vingt ans l'étude de mon choix, ma préoccupation de toutes les heures, et avant de commencer le livre que je publie aujourd'hui, une partie de ma vie s'est passée à en rassembler les matériaux qui étaient épars dans presque toutes les bibliothèques de l'Europe, à les examiner, à les comparer, à en publier un grand nombre. Toutefois je ne livre cette Histoire au public qu'avec une extrême défiance. Le sujet que j'ai choisi est nouveau, car, comme j'ai tâché de le démontrer ailleurs [1], les livres qui en traitent ne sont d'aucune utilité; ils ont pour base le travail de Conde, c'est-à-dire le travail d'un homme qui avait peu de matériaux à sa disposition; qui, faute de connaissances grammaticales,

---

1) Dans la première édition de mes *Recherches sur l'histoire et la littérature de l'Espagne pendant le moyen âge.*

n'était pas à même de comprendre ceux qu'il avait, et qui manquait absolument de sens historique. Il ne s'agissait donc pas de rétablir çà et là quelques faits défigurés par mes devanciers, ou de produire quelques circonstances nouvelles, mais de reprendre les choses par la racine, de faire vivre pour la première fois dans l'histoire les musulmans d'Espagne; et si la nouveauté de la matière forme un de ses attraits, elle est en même temps la cause de toutes sortes de difficultés.

Je crois avoir eu à ma disposition presque tous les ouvrages manuscrits, relatifs à l'histoire des Maures, qui se trouvent en Europe, et j'ai étudié mon sujet sous toutes ses faces; cependant, comme je ne m'étais pas proposé d'écrire une œuvre de science sèche et sévère, destinée à telle ou telle classe de lecteurs, je me suis bien gardé de rapporter tous les faits qui sont venus à ma connaissance. Voulant satisfaire, autant qu'il était en moi, aux règles du bon goût et de la composition historique, qui commandent de mettre en évidence un certain ordre de faits, dont les autres sont l'accessoire et l'entourage, j'ai souvent été obligé de condenser en peu de lignes le résultat de plusieurs semaines d'études, et même de passer sous silence des choses qui, bien qu'elles ne fussent pas sans intérêt sous un certain point de vue, ne cadraient pas avec le plan de mon travail. En revanche, je me suis efforcé de présenter dans le plus grand détail les circonstances qui me semblaient caractériser le mieux les époques que je traitais, et je n'ai pas craint d'entremêler parfois aux drames de la vie publique les faits intimes ; car je suis de ceux qui pensent que souvent on oublie trop ces couleurs passagères, ces accessoires curieux, ces minuties de mœurs sans lesquelles la grande histoire est pâle et sans saveur. La méthode de l'école qui s'attache moins à mettre en relief les individus que les idées qu'ils représentent, et qui ne voit dans les questions que les aspects généraux, ne conviendrait pas, je crois, au sujet que j'ai choisi.

D'un autre côté, quoique je n'aie rien épargné pour donner à cette histoire le degré de certitude et de réalité auquel je m'étais proposé de l'amener, j'ai pensé qu'il fallait déguiser l'érudition au profit du mouvement et de la clarté du récit, et ne pas multiplier inutilement les notes, les textes, les citations. Dans un travail de ce genre, les résultats seuls devaient trouver place, dégagés de l'appareil scientifique qui a servi à les obtenir. Seulement j'ai eu soin d'indiquer toujours les sources auxquelles j'ai puisé.

Je tiens à constater que certaines parties de ce livre sont antérieures à quelques publications de ces dernières années. Ainsi les premiers chapitres de mon premier livre étaient écrits avant que mon savant et excellent ami, M. Renan, publiât, dans la Revue des deux mondes, son bel article sur Mahomet et les origines de l'islamisme, de sorte que, si nous sommes souvent arrivés aux mêmes résultats, nous les avons obtenus l'un indépendamment de l'autre.

Il me reste à remplir un agréable devoir : c'est de remercier mes amis, et particulièrement MM. Mohl, Wright, Defrémery, Tornberg, Calderon, Simonet, de Slane et Dugat, soit pour les manuscrits qu'ils ont eu la bonté de me prêter, soit pour les extraits et les collations qu'ils m'ont fournis de la façon la plus aimable et la plus bienveillante.

Leyde, février 1861.

LIVRE PREMIER

LES GUERRES CIVILES

LIVRE PREMIER

LES GUERRES CIVILES

I.

Pendant que l'Europe marche depuis des siècles dans la voie du progrès et du développement, l'immobilité est le caractère distinctif des innombrables peuplades qui parcourent avec leurs tentes et leurs troupeaux les vastes et arides déserts de l'Arabie. Ce qu'elles sont aujourd'hui, elles l'étaient hier, elles le seront demain ; chez elles rien ne change, rien ne se modifie ; les Bédouins de nos jours conservent encore dans toute sa pureté l'esprit qui animait leurs ancêtres au temps de Mahomet, et les meilleurs commentaires sur l'histoire et la poésie des Arabes païens, ce sont les notices que donnent les voyageurs modernes sur les mœurs, les coutumes et la manière de penser des Bédouins, au milieu desquels ils ont vécu.

Pourtant ce peuple ne manque ni de l'intelligence ni de l'énergie nécessaires pour étendre et améliorer sa condition, si tel était son désir. S'il ne marche pas, s'il reste étranger à l'idée du progrès, c'est que, indifférent au bien-être et aux jouissances matérielles que procure la civilisation, il ne veut pas échanger son sort contre un autre. Dans son orgueil le Bédouin se considère comme le type le plus parfait de la création, méprise les autres peuples parce qu'ils ne lui ressemblent pas, et se croit infiniment plus heureux que l'homme civilisé. Chaque condition a ses inconvénients et ses avantages; mais la fierté des Bédouins s'explique et se comprend sans peine. Guidés, non par des principes philosophiques, mais pour ainsi dire par l'instinct, ils ont réalisé de prime abord la noble devise de la révolution française: la liberté, l'égalité, la fraternité.

Le Bédouin est l'homme le plus libre de la terre. «Je ne reconnais point d'autre maître que celui de l'univers,» dit-il. La liberté dont il jouit est si grande, si illimitée, que, comparées avec elle, nos doctrines libérales les plus avancées semblent des préceptes de despotisme. Dans nos sociétés un gouvernement est un mal nécessaire, inévitable, un mal qui est la condition du bien: les Bédouins s'en passent. Chaque tribu, il est vrai, a son chef choisi par elle; mais ce chef ne possède qu'une certaine influence; on le respecte, on écoute ses conseils, surtout s'il a le don de la parole, mais il n'a nullement le droit de donner des ordres. Au lieu de toucher un traitement, il est tenu et forcé même, par l'opinion publique, de fournir à la subsistance des pauvres, de distribuer entre ses amis les présents qu'il reçoit, d'offrir aux étrangers une hospitalité plus somptueuse qu'un autre membre de la tribu ne pourrait le faire. Dans toute circonstance il est tenu de consulter le conseil de la tribu, qui se compose des chefs des différentes familles. Sans l'assentiment de cette assemblée, il ne peut ni déclarer la guerre, ni conclure la paix, ni même lever le camp[1]. Quand une tribu décerne le titre de chef à l'un de ses membres, ce n'est souvent qu'un hommage sans conséquence; elle lui donne par là un témoignage public de son estime; elle reconnaît solennellement en lui l'homme le plus capable, le plus brave, le plus généreux, le plus dévoué aux intérêts de la communauté. «Nous n'accordons cette dignité à personne, disait un ancien Arabe, à moins qu'il nous ait donné tout ce qu'il possède; qu'il nous ait permis de fouler aux pieds tout ce qui lui est cher, tout ce qu'il aime à voir honoré, et qu'il nous ait rendu des services comme en rend un esclave[2].» Mais l'autorité de ce chef est souvent si minime que l'on s'en aperçoit à peine. Quelqu'un ayant demandé à Arâba,

---

1) Burckhardt, *Notes on the Bedouins*, p. 66, 67; Burton, *Pilgrimage to El Medinah and Meccah*, t. II, p. 112.
2) Mobarrad, p. 71.

contemporain de Mahomet, de quelle manière il était devenu le chef de sa tribu, Arâba nia d'abord qu'il le fût. L'autre ayant insisté, Arâba répondit à la fin : «Si des malheurs avaient frappé mes contribules, je leur donnais de l'argent; si quelqu'un d'entre eux avait fait une étourderie, je payais pour lui l'amende; et j'ai établi mon autorité en m'appuyant sur les hommes les plus doux de la tribu. Celui de mes compagnons qui ne peut en faire autant, est moins considéré que moi; celui qui le peut est mon égal, et celui qui me surpasse est plus estimé que moi [1].» En effet, dans ce temps-là comme aujourd'hui, on déposait le chef, s'il ne savait pas soutenir son rang et s'il y avait dans la tribu un homme plus généreux et plus brave que lui [2].

L'égalité, bien qu'elle ne soit pas complète dans le Désert, y est cependant plus grande qu'ailleurs. Les Bédouins n'admettent ni l'inégalité dans les relations sociales, car tous vivent de la même manière, portent les mêmes vêtements et prennent la même nourriture, ni l'aristocratie de fortune, car la richesse n'est pas à leurs yeux un titre à l'estime publique [3]. Mépriser l'argent et vivre au jour le jour de butin con-

---

1) Mobarrad, *ibid.* Comparez aussi Ibn-Nobâta, *apud* Rasmussen, *Addit. ad hist. Arabum*, p. 18 du texte.

2) Burckhardt, p. 68; Caussin, t. II, p. 634.

3) Burckhardt, p. 41.

quis par sa valeur, après avoir répandu son patri-
moine en bienfaits, tel est l'idéal du chevalier arabe [1].
Ce dédain de la richesse est sans doute une preuve
de grandeur d'âme et de véritable philosophie; cependant il ne faut pas perdre de vue que la richesse ne
peut avoir pour les Bédouins la même valeur que pour
les autres peuples, puisque chez eux elle est extrêmement précaire et se déplace avec une étonnante
facilité. «La richesse vient le matin et s'en va le
soir,» a dit un poète arabe, et dans le Désert cela
est strictement vrai. Etranger à l'agriculture et ne
possédant pas un pouce de terrain, le Bédouin n'a
d'autre richesse que ses chameaux et ses chevaux;
mais c'est une possession sur laquelle il ne peut pas
compter un seul instant. Quand une tribu ennemie
attaque la sienne et lui enlève tout ce qu'il possède,
comme cela arrive journellement, celui qui, hier encore, était riche, se trouve réduit tout à coup à la
détresse [2]. Demain il prendra sa revanche et rede-
viendra riche.

Cependant l'égalité complète ne peut exister que
dans l'état de nature, et l'état de nature n'est autre
chose qu'une abstraction. Jusqu'à un certain point
les Bédouins sont égaux entre eux; mais d'abord
leurs principes égalitaires ne s'étendent nullement à

---

1) Caussin, t. II, p. 555, 611.
2) Burckhardt, p. 40.

tout le genre humain; ils s'estiment bien supérieurs, non-seulement à leurs esclaves et aux artisans qui gagnent leur pain en travaillant dans leurs camps, mais encore à tous les hommes d'une autre race; ils ont la prétention d'avoir été pétris d'un autre limon que toutes les autres créatures humaines. Puis les inégalités naturelles entraînent des distinctions sociales, et si la richesse ne donne au Bédouin aucune considération, aucune importance, la générosité, l'hospitalité, la bravoure, le talent poétique et le don de la parole lui en donnent d'autant plus. «Les hommes se partagent en deux classes, a dit Hâtim; les âmes basses se plaisent à amasser de l'argent; les âmes élevées recherchent la gloire que procure la générosité [1].» Les nobles du désert, *les rois des Arabes*, comme disait le calife Omar [2], ce sont les orateurs et les poètes, ce sont tous ceux qui pratiquent les vertus bédouines; les roturiers, ce sont les hommes bornés ou méchants qui ne les pratiquent pas. Au reste, les Bédouins n'ont jamais connu ni priviléges ni titres, à moins que l'on ne considère comme tel le surnom de *Parfait*, que l'on donnait anciennement à celui qui joignait au talent de la poésie la bravoure, la libéralité, la connaissance de l'écriture, l'habileté à nager et à tirer de l'arc [3].

1) Caussin, t. II, p. 627.
2) Tabarî, t. II, p. 254.
3) Caussin, t. II, p. 424.

La noblesse d'origine, qui, bien comprise, impose de grands devoirs et rend les générations solidaires les unes des autres, existe aussi chez les Bédouins. La masse, pleine de vénération pour la mémoire des grands hommes, auxquels elle rend une sorte de culte, entoure leurs descendants de son estime et de son affection, pourvu que ceux-ci, s'ils n'ont pas reçu du ciel les mêmes dons que leurs aïeux, conservent au moins dans leur âme le respect et l'amour des hauts faits, des talents et de la vertu. Avant l'islamisme on considérait comme fort noble celui qui était lui-même le chef de sa tribu, et dont le père, l'aïeul et le bisaïeul avaient rempli successivement le même emploi [1]. Rien de plus naturel. Puisque l'on ne donnait le titre de chef qu'à l'homme le plus distingué, on était autorisé à croire que les vertus bédouines étaient héréditaires dans une famille qui, pendant quatre générations, avait été à la tête de la tribu.

Dans une tribu tous les Bédouins sont frères. C'est le nom qu'ils se donnent entre eux quand ils sont du même âge. Si c'est un vieillard qui parle à un jeune homme, il l'appelle: fils de mon frère. Un de ses *frères* est-il réduit à la mendicité et vient-il implorer son secours, le Bédouin égorgera, s'il le faut,

---

1) Ibn-Khaldoun, *Prolégomènes* (XVI), p. 250; *Raïhân*, fol. 146 r.

son dernier mouton pour le nourrir; son *frère* a-t-il essuyé un affront de la part d'un homme d'une autre tribu, il ressentira cet affront comme une injure personnelle, et n'aura point de repos qu'il n'en ait tiré vengeance. Rien ne saurait donner une idée assez nette, assez vive, de cette *açabia*, comme il l'appelle, de cet attachement profond, illimité, inébranlable, que l'Arabe ressent pour ses contribules, de ce dévoûment absolu aux intérêts, à la prospérité, à la gloire, à l'honneur de la communauté qui l'a vu naître et qui le verra mourir. Ce n'est point un sentiment comme notre patriotisme, sentiment qui paraîtrait au fougueux Bédouin d'une tiédeur extrême; c'est une passion violente et terrible; c'est en même temps le premier, le plus sacré des devoirs, c'est la véritable religion du Désert. Pour sa tribu l'Arabe est toujours prêt à tous les sacrifices; pour elle il risquera à chaque instant sa vie dans ces entreprises hasardeuses où la foi et l'enthousiasme peuvent seuls accomplir des miracles; pour elle il se battra jusqu'à ce que son corps broyé sous les pieds n'ait plus figure humaine.... «Aimez votre tribu, a dit un poète, car vous êtes attaché à elle par des liens plus forts que ceux qui existent entre le mari et la femme[1]» ....

Voilà de quelle manière le Bédouin comprend la

------

1) Mobarrad, p. 233.

liberté, l'égalité et la fraternité. Ces biens lui suf-
fisent; il n'en désire, il n'en imagine pas d'autres;
il est content de son sort [1]. L'Europe n'est plus jamais contente du sien, ou ne l'est que pour un jour.
Notre activité fiévreuse, notre soif d'améliorations politiques et sociales, nos efforts incessants pour arriver
à un état meilleur, ne sont-ce pas, au fond, les
symptômes et l'aveu implicite de l'ennui et du mal-
aise qui, chez nous, rongent et dévorent la société?
L'idée du progrès, préconisée jusqu'à satiété dans les
chaires et à la tribune, c'est l'idée fondamentale des
sociétés modernes; mais est-ce que l'on parle sans
cesse de changements et d'améliorations, quand on
se trouve dans une situation normale, quand on se
sent heureux? Cherchant toujours le bonheur sans le
trouver, détruisant aujourd'hui ce que nous avons
bâti hier, marchant d'illusion en illusion et de mécompte en mécompte, nous finissons par désespérer
de la terre; nous nous écrions dans nos moments
d'abattement et de faiblesse que l'homme a une autre
destinée que les Etats, et nous aspirons à des biens
inconnus dans un monde invisible.... Parfaitement
calme et fort, le Bédouin ne connaît pas ces vagues
et maladives aspirations vers un avenir meilleur; son
esprit gai, expansif, insouciant, serein comme son
ciel, ne comprendrait rien à nos soucis, à nos dou-

---

1). Voyez Burckhardt, p. 141.

leurs, à nos confuses espérances. De notre côté, avec notre ambition illimitée dans la pensée, dans les désirs, dans le mouvement de l'imagination, cette vie calme du Désert nous semblerait insupportable par sa monotonie et son uniformité, et nous préférerions bientôt notre surexcitation habituelle, nos misères, nos souffrances, nos sociétés troublées et notre civilisation en travail à tous les avantages que possèdent les Bédouins dans leur immuable sérénité.

C'est qu'il existe entre eux et nous une différence énorme. Nous sommes trop riches d'imagination pour goûter le repos de l'esprit; mais c'est aussi à l'imagination que nous devons notre progrès, c'est elle qui nous a donné notre supériorité relative. Là où elle manque, le progrès est impossible: quand on veut perfectionner la vie civile et développer les relations des hommes entre eux, il faut avoir présente à l'esprit l'image d'une société plus parfaite que celle qui existe. Or les Arabes, en dépit d'un préjugé accrédité, n'ont que fort peu d'imagination. Ils ont le sang plus impétueux, plus bouillant que nous, ils ont des passions plus fougueuses, mais c'est en même temps le peuple le moins inventif du monde. Pour s'en convaincre on n'a qu'à examiner leur religion et leur littérature. Avant qu'ils fussent devenus musulmans, ils avaient leurs dieux, représentants des corps célestes; mais jamais ils n'ont eu de mythologie, comme les Indiens, les Grecs, les Scandinaves.

Leurs dieux n'avaient point de passé, point d'histoire, et personne n'a songé à leur en composer une. Quant à la religion prêchée par Mahomet, simple monothéisme auquel sont venues se joindre quelques institutions, quelques cérémonies empruntées au judaïsme et à l'ancien culte païen, c'est sans contredit de toutes les religions positives la plus simple et la plus dénuée de mystères; la plus raisonnable et la plus épurée, diraient ceux qui excluent le surnaturel autant que possible, et qui bannissent du culte les démonstrations extérieures et les arts plastiques. Dans la littérature, même absence d'invention, même prédilection pour le réel et le positif. Les autres peuples ont produit des épopées où le surnaturel joue un grand rôle. La littérature arabe n'a point d'épopée; elle n'a même pas de poésie narrative; exclusivement lyrique et descriptive, cette poésie n'a jamais exprimé autre chose que le côté poétique de la réalité. Les poètes arabes décrivent ce qu'ils voyent et ce qu'ils éprouvent; mais ils n'inventent rien, et si parfois ils se permettent de le faire, leurs compatriotes, au lieu de leur en savoir gré, les traitent tout crûment de menteurs. L'aspiration vers l'infini, vers l'idéal, leur est inconnue, et ce qui, déjà dans les temps les plus reculés, importe le plus à leurs yeux, c'est la justesse et l'élégance de l'expression, c'est le côté technique de la poésie [1]. L'invention est

____

1) Voyez Caussin, t. II, p. 314 et suiv., 345, 509 et suiv., 513.

si rare dans leur littérature, que, lorsqu'on y rencontre un poème ou un conte fantastique, on peut
presque toujours affirmer d'avance, sans craindre de
se tromper, qu'une telle production n'est pas d'origine arabe, que c'est une traduction. Ainsi, dans
les Mille et une nuits, tous les contes de fées, ces
gracieuses productions d'une imagination fraîche et
riante qui ont charmé notre adolescence, sont d'origine persane ou indienne ; dans cet immense recueil
les seuls récits vraiment arabes, ce sont les tableaux
de mœurs, les anecdotes empruntées à la vie réelle.
Enfin, lorsque les Arabes, établis dans d'immenses
provinces conquises à la pointe du sabre, se sont occupés de matières scientifiques, ils ont montré la
même absence de puissance créatrice. Ils ont traduit
et commenté les ouvrages des anciens; ils ont enrichi
certaines spécialités par des observations patientes,
exactes, minutieuses ; mais ils n'ont rien inventé, on
ne leur doit aucune idée grande et féconde.

Il existe ainsi entre les Arabes et nous des diffé-
rences fondamentales. Peut-être ont-ils plus d'élévation dans le caractère, plus de véritable grandeur
d'âme, et un sentiment plus vif de la dignité humaine; mais ils ne portent pas en eux le germe du
développement et du progrès, et, avec leur besoin
passionné d'indépendance personnelle, avec leur manque absolu d'esprit politique, ils semblent incapables
de se plier aux lois de la société. Ils l'ont essayé,

toutefois: arrachés par un prophète à leurs déserts et lancés par lui à la conquête du monde, ils l'ont rempli du bruit de leurs exploits; enrichis par les dépouilles de vingt provinces, ils ont appris à connaître les jouissances du luxe; par suite du contact avec les peuples qu'ils avaient vaincus, ils ont cultivé les sciences, et ils se sont civilisés autant que cela leur était possible. Cependant, même après Mahomet, une période assez longue s'est écoulée avant qu'ils perdissent leur caractère national. Quand ils arrivèrent en Espagne, ils étaient encore les vrais fils du Désert, et il était dans la nature des choses que, sur les bords du Tage ou du Guadalquivir, ils ne songeassent d'abord qu'à poursuivre les luttes de tribu à tribu, de peuplade à peuplade, commencées en Arabie, en Syrie, en Afrique. Ce sont ces guerres qui doivent nous occuper d'abord, et pour les bien comprendre il nous faut remonter jusqu'à Mahomet.

II.

Une infinité de tribus, les unes sédentaires, le plus grand nombre constamment nomades, sans communauté d'intérêts, sans centre commun, ordinairement en guerre les unes avec les autres, voilà l'Arabie au temps de Mahomet.

Si la bravoure suffisait pour rendre un peuple invincible, les Arabes l'auraient été. Nulle part l'esprit guerrier n'était plus général. Sans la guerre point de butin, et c'est le butin surtout qui fait vivre les Bédouins [1]. Et puis c'était pour eux un bonheur enivrant que de manier la lance brune et flexible, ou la lame étincelante ; de fendre les crânes ou de trancher les cols à leurs adversaires ; d'écraser la tribu ennemie, *comme la pierre écrase le blé ;* d'immoler des victimes, *non de celles dont l'offrande plaît au ciel* [2]. La bravoure dans les combats, c'était le meilleur titre aux éloges des poètes et à l'amour des

1) Voyez Burckhardt, p. 41.
2) Moallaca d'Amr ibn-Colthoum.

femmes. Celles-ci avaient pris quelque chose de l'esprit martial de leurs frères et de leurs époux. Marchant à l'arrière-garde, elles soignaient les blessés, et encourageaient les guerriers en récitant des vers empreints d'une sauvage énergie. «Courage, disaient-elles alors, courage, défenseurs des femmes! Frappez du tranchant de vos glaives!... Nous sommes les filles de l'étoile du matin; nos pieds foulent des coussins moelleux; nos cols sont ornés de perles, nos cheveux parfumés de musc. Les braves qui font face à l'ennemi, nous les pressons dans nos bras; les lâches qui fuient, nous les délaissons, et nous leur refusons notre amour[1].»

Cependant un observateur attentif aurait pu s'apercevoir aisément de l'extrême faiblesse de cette contrée; faiblesse qui provenait du manque absolu d'unité et de la rivalité permanente des diverses tribus. L'Arabie aurait été infailliblement subjuguée par un conquérant étranger, si elle n'eût été trop pauvre pour mériter la peine d'être conquise. «Que trouve-t-on chez vous? disait le roi de Perse à un prince arabe qui lui demandait des soldats et lui offrait la possession d'une grande province. Que trouve-t-on chez vous? Des brebis, des chameaux. Je ne veux pas, pour si peu de chose, aventurer dans vos déserts une armée persane.»

---

1) Caussin, t. II, p. 281, 391; t. III, p. 99. Comparez Abou-Ismâîl al-Baçrî, *Fotouh as-Châm*, p. 77, 198, 200.

T. I.   2

A la fin, cependant, l'Arabie fut conquise; mais elle le fut par un Arabe, par un homme extraordinaire, par Mahomet.

Peut-être l'Envoyé de Dieu, comme il s'appelait, n'était-il pas supérieur à ses contemporains; mais ce qui est certain, c'est qu'il ne leur ressemblait pas. D'une constitution délicate, impressionnable et extrêmement nerveuse, constitution qu'il avait héritée de sa mère; doué d'une sensibilité exagérée et maladive; mélancolique, silencieux, aimant les promenades sans fin et les longues rêveries du soir dans les vallées les plus solitaires, toujours tourmenté par une inquiétude vague, pleurant et sanglotant comme une femme quand il était indisposé, sujet à des attaques d'épilepsie, manquant de courage sur le champ de bataille, son caractère formait un bizarre contraste avec celui des Arabes, ces hommes robustes, énergiques et belliqueux, qui ne comprenaient rien à la rêverie et regardaient comme une faiblesse honteuse qu'un homme pleurât, fût-ce même sur la perte des objets de sa plus tendre affection. En outre, Mahomet avait plus d'imagination que ses compatriotes, et il avait l'âme profondément pieuse. Avant que des rêves d'ambition mondaine vinssent altérer la pureté primitive de son cœur, la religion était tout pour lui; elle absorbait toutes ses pensées, toutes les facultés de son esprit. C'était par là surtout qu'il se distinguait de la masse.

Il en est des peuples comme des individus: les uns sont essentiellement religieux, les autres ne le sont pas. Chez certaines personnes la religion est le fond de leur être, si bien que, lorsque leur raison se révolte contre les croyances dans lesquelles elles sont nées, elles se créent un système philosophique bien plus incompréhensible, bien plus mystérieux, que ces croyances mêmes. Des peuples entiers vivent ainsi pour la religion et par elle; elle est leur unique consolation et leur unique espoir. L'Arabe, au contraire, n'est pas religieux de sa nature, et, sous ce rapport, il y a entre lui et les autres peuples qui ont adopté l'islamisme, une énorme différence. Il ne faut pas s'en étonner. Considérée dans sa source, la religion a plus de prise sur l'imagination que sur l'esprit, et chez l'Arabe, comme nous l'avons remarqué, ce n'est pas l'imagination qui prédomine. Voyez les Bédouins d'aujourd'hui! Quoique musulmans de nom, ils se soucient médiocrement des préceptes de l'islamisme; au lieu de prier cinq fois par jour, comme la religion le leur ordonne, ils ne prient jamais [1]. Le voyageur européen qui les a connus le mieux, atteste que c'est le peuple le plus tolérant de l'Asie [2]. Leur tolérance date de loin, car un peuple aussi jaloux de sa liberté admet difficilement la tyrannie

1) Burckhardt, p. 160.
2) Le même, *ibid.*

en matière de foi. Au IVe siècle, Marthad, roi du Yémen, avait coutume de dire: «Je règne sur les corps, et non sur les opinions. J'exige de mes sujets qu'ils obéissent à mon gouvernement; quant à leurs doctrines, c'est au Dieu créateur à les juger[1].» L'empereur Frédéric II n'eût pas dit mieux. Cette tolérance, du reste, tenait de près à l'indifférence, au scepticisme. Le fils et successeur de Marthad avait professé d'abord le judaïsme, puis le christianisme, et finit par flotter incertain entre ces deux religions[2].

Au temps de Mahomet, trois religions se partageaient l'Arabie: celle de Moïse, celle du Christ, et le polythéisme. Les tribus juives étaient les seules peut-être qui fussent sincèrement attachées à leur culte, les seules aussi qui fussent intolérantes. Les persécutions sont rares dans l'ancienne histoire de l'Arabie, mais ce sont ordinairement des juifs qui s'en sont rendus coupables. Le christianisme ne comptait pas beaucoup d'adeptes, et ceux qui le professaient n'en avaient qu'une connaissance très-superficielle. Le calife Alî n'exagérait pas trop quand il disait en parlant d'une tribu parmi laquelle cette religion avait cependant jeté le plus de racines: «Les Taghlib ne sont pas chrétiens; ils n'ont emprunté

---

1) Caussin, t. I, p. 111.
2) Caussin, t. I, p. 114.

au christianisme que la coutume de boire du vin [1].»
Le fait est que cette religion renfermait trop de
mystères et de miracles pour plaire à ce peuple positif et railleur. Les évêques qui, vers l'an 513,
voulurent convertir Mondhir III, roi de Hîra, en firent l'épreuve. Quand le roi les eut écoutés attentivement, un de ses officiers vint lui dire un mot à
l'oreille. Tout à coup Mondhir tombe dans une profonde tristesse, et comme les prélats lui en demandent respectueusement la cause: «Hélas! leur dit-il;
quelle nouvelle funeste!... J'apprends que l'archange
Michel vient de mourir! — Mais non, prince, on vous
trompe; un ange est immortel. — Eh quoi! vous
voulez bien me persuader que Dieu même a subi la
mort [2].»

Les idolâtres, enfin, qui formaient la majeure partie de la nation, qui avaient des divinités particu-
lières à chaque tribu et presque à chaque famille, et
qui admettaient un Dieu suprême, Allâh, auprès duquel les autres divinités étaient des intercesseurs, —
les idolâtres avaient un certain respect pour leurs
devins et pour leurs idoles; cependant ils massacraient
les devins si leurs prédictions ne s'accomplissaient
pas ou s'ils s'avisaient de les dénoncer, trompaient
les idoles en leur sacrifiant une gazelle quand ils leur

---

1) Baidhâwî, *Commentaire sur le Coran*, sour. 5, vs. 7.
2) Caussin, t. II, p. 78.

avaient promis une brebis, et les injuriaient s'ils ne répondaient pas à leurs désirs, à leurs espérances. Quand Amrolcais se mit en marche pour aller venger la mort de son père sur les Beni-Asad, il s'arrêta dans le temple de l'idole Dhou-'l-Kholosa pour consulter le sort au moyen de trois flèches, appelées *l'ordre, la défense, l'attente.* Ayant tiré *la défense,* il recommença. *La défense* sortit trois fois de suite. Alors, brisant les flèches et jetant les morceaux à la tête de l'idole : «Misérable! s'écria-t-il; si c'était ton père qui eût été tué, tu ne défendrais pas d'aller le venger! »

En général la religion, quelle qu'elle fût, tenait peu de place dans la vie de l'Arabe, absorbé par les intérêts de cette terre, par les combats, le vin, le jeu et l'amour. «Jouissons du présent, disaient les poètes, car bientôt la mort nous atteindra [1], » et telle était en réalité la devise des Bédouins. Ces mêmes hommes qui s'enthousiasmaient si facilement pour une noble action ou un beau poème, restaient d'ordinaire indifférents et froids quand on leur parlait religion. Aussi leurs poètes, fidèles interprètes des sentiments de la nation, n'en parlent-ils presque jamais. Ecoutons Tarafa! «Dès le matin, quand tu te présenteras, dit-il, je t'offrirai une coupe pleine de vin; et, aurais-tu déjà savouré cette liqueur à

---

[1] Moallaca d'Amr ibn-Colthoum.

longs traits, n'importe, tu recommenceras avec moi. Les compagnons de mes plaisirs sont de nobles jeunes gens, dont les visages brillent comme des étoiles. Chaque soir, une chanteuse, parée d'une robe rayée et d'une tunique couleur de safran, vient embellir notre société. Son vêtement est ouvert sur sa gorge. Elle laisse les mains amoureuses se promener librement sur ses appas.... Je me suis livré au vin et aux plaisirs; j'ai vendu ce que je possédais; j'ai dissipé les biens que j'avais acquis moi-même et ceux dont j'avais hérité. Censeur qui blâmes ma passion pour les plaisirs et les combats, as-tu le moyen de me rendre immortel? Si ta sagesse ne peut éloigner de moi l'instant fatal, laisse-moi donc prodiguer tout pour jouir, avant que le trépas m'atteigne. L'homme qui a des inclinations généreuses s'abreuve à longs traits pendant sa vie. Demain, censeur rigide, quand nous mourrons l'un et autre, nous verrons qui de nous deux sera consumé d'une soif ardente.»

Un petit nombre de faits avait prouvé, cependant, que les Arabes, et surtout les Arabes sédentaires, n'étaient pas inaccessibles à l'enthousiasme religieux. C'est ainsi que les vingt mille chrétiens de la ville de Nedjrân, ayant à choisir entre le bûcher et le judaïsme, avaient mieux aimé périr dans les flammes que d'abjurer leur foi. Mais le zèle était l'exception; l'indifférence, ou du moins la tiédeur, était la règle.

La tâche que Mahomet s'était imposée en se déclarant prophète, serait donc doublement difficile. Il ne pouvait pas se borner à démontrer la vérité des doctrines qu'il prêchait. Il devait avant tout triompher de l'indolence de ses compatriotes; il lui fallait éveiller chez eux le sentiment religieux, leur persuader que la religion n'est pas une chose indifférente, une chose dont on pourrait se passer à la rigueur. Il lui fallait, en un mot, transformer, métamorphoser, une nation sensuelle, sceptique et railleuse. Une entreprise aussi difficile aurait rebuté tout autre moins convaincu de la vérité de sa mission. Mahomet ne recueillit partout que plaisanteries et injures. Les Mecquois, ses concitoyens, le plaignaient ou le raillaient; on le considérait tantôt comme un poète inspiré par un démon, tantôt comme un devin, un magicien, un fou. «Voici le fils d'Abdallâh qui vient nous apporter des nouvelles du ciel,» se disait-on quand on le voyait venir. Quelques-uns lui proposaient, avec une bonhomie apparente, de faire venir à leurs frais des médecins qui tâcheraient de le guérir. On jetait sur lui des ordures. Quand il sortait de chez lui, il trouvait son chemin couvert de branches d'épines. On lui prodiguait les épithètes de fourbe et d'imposteur. Ailleurs il n'avait pas été plus heureux. A Tâïf il avait exposé sa doctrine devant les chefs assemblés. Là aussi on s'était moqué de lui. «Dieu ne pouvait-il donc trouver un apôtre meilleur que toi?» lui dit l'un. «Je ne veux pas discourir avec toi, ajouta un autre. Si tu es un prophète, tu es un trop grand personnage pour que j'ose te répondre; si tu es un imposteur, tu ne mérites pas que je te parle.» Le désespoir dans l'âme, Mahomet avait quitté l'assemblée, poursuivi par les cris et les injures de la populace qui lui lançait des pierres.

Plus de dix ans se passèrent ainsi. La secte était encore peu nombreuse et tout semblait indiquer que la nouvelle religion finirait par disparaître sans laisser de traces, lorsque Mahomet trouva un appui inespéré parmi les Aus et les Khazradj, deux tribus qui, vers la fin du Ve siècle, avaient enlevé la possession de Médine à des tribus juives.

Les Mecquois et les Médinois se haïssaient parce qu'ils appartenaient à des races ennemies. Il y en avait deux en Arabie: celle des Yéménites et celle des Maäddites. Les Médinois appartenaient à la première. A la haine les Mecquois joignaient le mépris. Aux yeux des Arabes qui jugeaient la vie pastorale et le commerce les seules occupations dignes d'un homme libre, cultiver la terre était une profession avilissante. Or, les Médinois étaient agriculteurs, et les Mecquois, marchands. Et puis il y avait quantité de juifs à Médine; plusieurs familles des Aus et des Khazradj avaient adopté cette religion, que les anciens maîtres de la ville, maintenant réduits à la condition de *clients*, avaient conservée. Aussi, quoique la majeure partie des deux tribus dominantes semble avoir été idolâtre comme les Mecquois, ceux-ci regardaient toute la population comme juive, et la méprisaient par conséquent.

Quant à Mahomet, il partageait les préventions de ses concitoyens contre les Yéménites et les agriculteurs. On raconte qu'en entendant quelqu'un réciter ce vers: «Je suis Himyarite; mes ancêtres n'étaient ni de Rabîa ni de Modhar,» Mahomet lui dit: «Tant pis pour toi! Cette origine t'éloigne de Dieu et de son Prophète[1]!» On dit aussi qu'en voyant le soc d'une charrue dans la demeure d'un Médinois, il dit à ce dernier: «Jamais un tel objet n'entre dans une maison sans que la honte y entre en même temps[2].» Mais désespérant de convertir à sa doctrine les marchands et les nomades de sa propre race, et croyant sa vie menacée depuis que son oncle et son protecteur, Abou-Tâlib, était mort, force lui fut d'oublier ses préjugés et d'accepter tout appui, de quelque côté qu'il lui vînt. Il reçut donc avec joie les ouvertures des Arabes de Médine, pour lesquels les tracasseries et les persécutions qu'il avait éprouvées de la part des Mecquois, étaient sa meilleure recommandation et son plus beau titre.

---

1) *Raihân*, fol. 105 v.
2) Ibn-Khaldoun, *Proléy.* (XVII), p. 296.

Le *grand serment d'Acaba* unit pour toujours la fortune des Médinois à celle de Mahomet. Brisant un lien que les Arabes respectent plus qu'aucun autre, le Prophète se sépara de sa tribu, vint s'établir à Médine avec ses sectateurs de la Mecque qui prirent dès lors le nom de *Réfugiés*, déchaîna contre ses contribules la verve mordante des poètes médinois, et proclama la guerre sainte. Animés par un zèle enthousiaste et méprisant la mort parce qu'ils étaient sûrs d'aller en paradis s'ils étaient tués par les idolâtres, les Aus et les Khazradj, désormais confondus sous le nom de *Défenseurs*, firent des prodiges de vaillance. La lutte entre eux et les païens de la Mecque se prolongea pendant huit ans. Dans cet intervalle, la terreur que les armes musulmanes répandaient partout, décida plusieurs tribus à adopter les nouvelles croyances; mais les conversions spontanées, sincères et durables furent peu nombreuses. Enfin la conquête de la Mecque vint mettre le sceau à la puissance de Mahomet. Ce jour-là les Médinois s'étaient promis de faire payer cher à ces orgueilleux marchands leur insupportable mépris. «C'est aujourd'hui le jour du carnage, le jour où rien ne sera respecté!» avait dit le chef des Khazradj. L'espoir des Médinois fut déçu: Mahomet ôta à ce chef son commandement et prescrivit à ses généraux d'user de la plus grande modération. Les Mecquois assistèrent en silence à la destruction des idoles de leur temple, véritable panthéon de l'Arabie qui renfermait trois cent soixante divinités qu'adoraient autant de tribus, et, la rage dans le cœur, ils reconnurent dans Mahomet l'Envoyé de Dieu, en se promettant intérieurement de se venger un jour de ces rustres, de ces juifs de Médine, qui avaient eu l'insolence de les vaincre.

Après la prise de la Mecque, les tribus encore idolâtres éprouvèrent bientôt que la résistance était désormais inutile, et la menace d'une guerre d'extermination leur fit adopter l'islamisme, que les généraux de Mahomet leur prêchaient le Coran dans une main et le sabre dans l'autre. Une conversion assez remarquable fut celle des Thakîf, tribu qui habitait Tâïf et qui auparavant avait chassé le Prophète à coups de pierres. Par la bouche de leurs députés ils lui annoncèrent qu'ils étaient prêts à se faire musulmans, mais à condition qu'ils garderaient pendant trois ans encore leur idole Lât et qu'ils ne prieraient pas. « Trois ans d'idolâtrie, c'est trop long; et qu'est-ce qu'une religion sans prières? » leur dit Mahomet. Alors les députés réduisirent leurs demandes; on marchanda longtemps; enfin les deux parties contractantes s'arrêtèrent à des conditions telles que celles-ci : les Thakîf ne payeraient point de dîme, ne prendraient point de part à la guerre sainte, ne se prosterneraient point pendant la prière, conserveraient Lât une année encore, et, ce terme passé, ils ne seraient pas obligés de briser cette idole de leurs propres mains. Cependant Mahomet conservait quelques scrupules; il craignait le «qu'en dira-t-on?» «Qu'une telle considération ne vous arrête pas, lui dirent alors les députés. Si les Arabes vous demandent pourquoi vous avez conclu un tel traité, vous n'avez qu'à leur dire : Dieu me l'a ordonné.» Cet argument ayant paru péremptoire au Prophète, il se mit aussitôt à dicter un acte qui commençait ainsi : «Au nom de Dieu clément et miséricordieux! Par cet acte il a été convenu entre Mahomet, l'Envoyé de Dieu, et les Thakîf, que ceux-ci ne seront obligés ni à payer la dîme, — ni à prendre part à la guerre sainte»....

Ayant dicté ces paroles, la honte et le remords empêchèrent Mahomet de poursuivre. «Ni à se prosterner pendant la prière,» dit alors l'un des députés. Et comme Mahomet persistait à garder le silence: «Ecris cela, c'est convenu,» reprit le Thakîfite en s'adressant à l'écrivain. Celui-ci regarda le Prophète, de qui il attendait un ordre. En ce moment le fougueux Omar, jusque-là témoin muet de cette scène si blessante pour l'honneur du Prophète, se leva, et tirant son épée:

— Vous avez souillé le cœur du Prophète, s'écriat-il; que Dieu remplisse les vôtres de feu!

— Ce n'est pas à vous que nous parlons, reprit le député thakîfite sans s'émouvoir; nous parlons à Mahomet.

— Eh bien! dit alors le Prophète, je ne veux pas

d'un tel traité. Vous avez à embrasser l'islamisme purement et simplement, et à en observer tous les préceptes sans exception; sinon, préparez-vous à la guerre.

— Au moins permettez-nous de garder Lât pendant six mois encore, dirent les Thakîfiles désappointés.

— Non.

— Pendant un mois donc.

— Pas même pendant une heure.

Et les députés retournèrent vers leur tribu, accompagnés de soldats musulmans qui détruisirent Lât au milieu des lamentations et des cris de désespoir des femmes [1].

Pourtant cette conversion étrange fut la plus durable de toutes. Lorsque plus tard l'Arabie entière abjura l'islamisme, les Thakîfites y restèrent fidèles. Que faut-il donc penser des autres conversions?

Pour apostasier on n'attendait que la mort de Mahomet. Plusieurs provinces ne purent même patienter jusque-là; la nouvelle du déclin de la santé de Mahomet suffit pour faire éclater la révolte dans le Nadjd, dans le Yémâma, dans le Yémen. Chacune de ces trois provinces eut son soi-disant prophète, émule et rival de Mahomet, et sur son lit de mort ce dernier apprit que, dans le Yémen, le chef de l'insurrection, Aihala-le-Noir, seigneur qui joignait à

---

1) Sprenger, *Life of Mohammed*, p. 186; Caussin, t. III, p. 288.

d'immenses richesses une éloquence entraìnante, avait chassé les officiers musulmans, et pris Nadjrân, Sanâ, tout le Yémen enfin.

Ainsi l'immense édifice chancelait déjà lorsque Mahomet rendit le dernier soupir (632). Sa mort fut le signal d'une insurrection formidable et presque universelle. Partout les insurgés eurent le dessus; chaque jour on vit arriver à Médine des officiers musulmans, des Réfugiés et des Défenseurs, que les rebelles avaient chassés de leurs districts, et les tribus les plus rapprochées s'apprêtaient à venir mettre le siége devant Médine.

Digne successeur de Mahomet et plein de confiance dans les destinées de l'islamisme, le calife Abou-Becr ne faiblit pas un seul instant au milieu de la gravité du péril. Il n'avait point d'armée. Fidèle à la volonté de Mahomet, il l'avait envoyée en Syrie, malgré les représentations des musulmans qui, prévoyant les dangers qui les menaçaient, l'avaient supplié d'ajourner cette expédition. «Je ne révoquerai point un ordre qu'a donné le Prophète, avait-il dit. Quand Médine devrait rester exposée à l'invasion des bêtes féroces, il faut que ces troupes exécutent la volonté de Mahomet.» S'il eût consenti à transiger, il aurait pu acheter par quelques concessions la neutralité ou l'alliance de plusieurs tribus du Nadjd, dont les députés vinrent lui dire que, s'il voulait les exempter de l'impôt, elles continueraient de faire les prières

musulmanes. Les principaux musulmans étaient d'avis
de ne point rebuter ces députés. Seul Abou-Becr
répudia toute idée de transaction, comme indigne de
la sainte cause qu'ils avaient à défendre. «La loi de
l'islamisme, dit-il, est une et indivisible, et n'admet
pas de distinction entre les préceptes.» — «Il a plus
de foi à lui seul que nous tous ensemble,» dit alors
Omar. Il disait vrai; le secret de la force et de la
grandeur du premier calife était là. D'après le témoignage de Mahomet lui-même, tous ses disciples
avaient hésité un instant avant de reconnaître sa mission, à l'exception d'Abou-Becr. Sans posséder une
originalité bien marquée, sans être un grand homme,
il était l'homme de la situation; il possédait ce qui
avait donné autrefois la victoire à Mahomet et ce qui
manquait à ses ennemis: une conviction inébranlable.

Il y eut peu d'ensemble dans l'attaque des insurgés, déjà divisés entre eux et s'égorgeant les uns les
autres. Abou-Becr, qui avait fait armer tous les
hommes en état de combattre, eut le temps d'accabler les tribus les plus voisines. Puis, quand les tribus fidèles du Hidjâz eurent fourni leurs contingents
en hommes et en chevaux, et que l'armée principale
fut revenue du nord, rapportant de son expédition
un butin considérable, il prit hardiment l'offensive,
et partagea son armée en plusieurs divisions, qui,
peu nombreuses au moment du départ, se grossirent

en route par l'adjonction d'une foule d'Arabes que la peur ou l'espoir du pillage ramena sous les bannières musulmanes. Dans le Nadjd, Khâlid, aussi sanguinaire qu'intrépide, attaqua les hordes de Tolaïha, qui auparavant *comptait pour mille hommes dans une armée*, mais qui, cette fois, oubliant son devoir de guerrier et ne se souvenant que de son rôle de prophète, attendait, loin du champ de bataille et enveloppé dans son manteau, des inspirations du ciel. Longtemps il attendit en vain ; mais quand ses troupes commencèrent à lâcher pied, il reçut l'inspiration. «Faites comme moi, si vous pouvez,» cria-t-il à ses compagnons, et, sautant sur son cheval, il s'enfuit à toute bride. Ce jour-là les vainqueurs ne firent point de prisonnier. «Détruisez les apostats sans pitié, par le fer, par le feu, par tous les genres de supplices !» voilà les instructions qu'Abou-Becr avait données à Khâlid.

Précédé par le bruit de ses victoires et de ses cruautés, Khâlid marcha contre Mosaïlima, le prophète du Yémâma, qui venait de battre deux armées musulmanes l'une après l'autre. La mêlée fut terrible. D'abord les insurgés eurent l'avantage ; ils pénétrèrent même jusque dans la tente de Khâlid. Cependant ce général réussit à les rejeter dans la plaine qui séparait les deux camps. Après plusieurs heures d'une résistance opiniâtre, les insurgés sont enfoncés de toutes parts. «Au clos, au clos !» crient-ils, et ils se retirent vers un vaste terrain ceint d'un mur épais et muni d'une porte solide. Les musulmans les suivent, altérés de sang. Avec une audace inouïe, deux d'entre eux enjambent la muraille et se laissent tomber dans l'intérieur du clos pour en ouvrir la porte. L'un, criblé de blessures, succombe à l'instant; l'autre, plus heureux, arrache la clef et la jette par-dessus le mur à ses compagnons. La porte s'ouvre, les musulmans entrent comme un torrent. Alors une horrible boucherie commence dans cette arène où la fuite n'était pas possible. Dans ce *Clos de la mort*, les insurgés, au nombre de dix mille, sont massacrés jusqu'au dernier.

Tandis que le farouche Khâlid noyait ainsi l'insurrection de l'Arabie centrale dans des torrents de sang, d'autres généraux en faisaient autant dans les provinces du midi. Dans le Bahrain le camp des Bacrites fut surpris pendant une orgie: ils furent passés au fil de l'épée. Quelques-uns, cependant, qui avaient eu le temps de fuir, atteignirent le rivage de la mer et se réfugièrent dans l'île de Dârain. Bientôt les musulmans vinrent les y traquer, et les égorgèrent tous. Même carnage dans l'Omân et dans le Mahra, dans le Yémen et dans le Hadhramaut. Ici les débris des bandes d'Aihala-le-Noir, après avoir en vain demandé quartier au général musulman, furent exterminés; là le commandant d'une forteresse ne put obtenir, en se rendant, rien autre chose qu'une promesse d'amnistie pour dix personnes ; tout le reste de la garnison eut la tête tranchée ; ailleurs une route entière fut longtemps empestée par les émanations putrides qui s'exhalaient des innombrables cadavres des insurgés.

Si ces mares de sang ne convainquirent pas les Arabes de la vérité de la religion prêchée par Mahomet, ils reconnurent du moins dans l'islamisme une puissance irrésistible et en quelque sorte surnaturelle. Décimés par le glaive, frappés d'épouvante et de stupeur, ils se résignèrent à être musulmans, ou du moins à le paraître ; et le calife, pour ne pas leur laisser le temps de revenir de leur effroi, les lança aussitôt sur l'empire romain et la Perse, c'est-à-dire sur deux États faciles à conquérir parce qu'ils étaient déchirés depuis longtemps par la discorde, énervés par la servitude, ou gangrenés par tous les raffinements de la corruption. D'immenses richesses et de vastes domaines dédommagèrent les Arabes de leur soumission à la loi du Prophète de la Mecque.

Il ne fut plus question d'apostasie ; — l'apostasie, c'était la mort ; sur ce point-là la loi de Mahomet est inexorable ; — mais aussi il fut rarement question de piété sincère, de zèle pour la foi. Par les moyens les plus horribles et les plus atroces, on avait obtenu des Bédouins leur conversion apparente ; c'était beaucoup, c'était tout ce qu'on avait le droit d'attendre de la part de ces infortunés qui avaient vu périr leurs pères, leurs frères et leurs enfants sous le glaive de Khâlid ou d'autres pieux bourreaux, ses émules. Pendant longtemps les masses, neutralisant par leur résistance passive les mesures que prenaient les musulmans fervents pour les instruire, ne connurent pas les préceptes de la religion et ne se soucièrent nullement de les connaître. Sous le califat d'Omar Ier, un vieil Arabe était convenu avec un jeune homme qu'il lui céderait sa femme de deux nuits l'une, et qu'en retour le jeune homme garderait son troupeau. Ce pacte singulier étant venu aux oreilles du calife, il fit comparaître ces deux hommes et leur demanda s'ils ne savaient pas que l'islamisme défendait de partager sa femme avec un autre. Ils jurèrent qu'ils n'en savaient rien [1]. Un autre avait épousé deux sœurs. «Ne savais-tu pas, lui demanda le calife, que la religion ne permet pas de faire ce que tu as fait? — Non, lui répondit l'autre, je l'ignorais complétement, et j'avoue que je ne vois rien de répréhensible dans l'acte que vous blâmez. — Le texte de la loi est formel, cependant. Répudie sur-le-champ l'une des deux sœurs, ou je te coupe la tête. — Parlez-vous sérieusement? — Très-sérieusement. — Eh bien, c'est alors une détestable religion que celle qui défend de telles choses, et jamais je n'en ai retiré aucun avantage!» Le malheureux ne se doutait

---

1) Abou-Ismâîl al-Baçrî, *Fotouh as-Châm*, p. 238, 239.

pas, tant son ignorance était grande, qu'en parlant de la sorte il s'exposait à être décapité comme blasphémateur ou comme apostat [1]. Un siècle plus tard, aucune des tribus arabes établies en Egypte ne savait encore ce que le Prophète avait permis ou défendu; on s'entretenait avec enthousiasme du bon vieux temps, des guerres et des héros du paganisme, mais quant à la religion, nul ne s'avisait d'en parler [2]. Vers la même époque, les Arabes cantonnés dans le nord de l'Afrique étaient à peu près dans le même cas. Ces bonnes gens buvaient du vin, sans se douter le moins du monde que Mahomet eût interdit cette liqueur. Ils furent bien étonnés quand des missionnaires envoyés par le calife Omar II vinrent le leur apprendre [3]. Il y avait même des musulmans qui ne connaissaient du Coran que les paroles: «Au nom de Dieu clément et miséricordieux [4].»

Le zèle pour la foi aurait-il été plus grand, si les moyens employés pour la conversion eussent été moins exécrables? Cela est possible, mais nullement certain. En tout temps il a été extrêmement difficile de vaincre chez les Bédouins leur tiédeur pour la religion. De nos jours les Wahabites, cette secte ri-

---

1) Abou-Ismâîl al-Baçrî, p. 237.
2) Abou-'l-mahâsin, t. I, p. 343.
3) Ibn-Adhârî, t. I, p. 34.
4) Nœldeke, *Geschichte des Qorâns*, p. 204.

gide et austère qui proscrit le luxe et les superstitions dont l'islamisme a été souillé par laps de temps; cette secte qui a pris pour devise: «le Coran, et rien que le Coran,» de même que Luther avait pris pour la sienne: «la Bible, et rien que la Bible;» — de nos jours les Wahabites ont aussi essayé, mais en vain, d'arracher les Bédouins à leur indifférence religieuse. Ils ont rarement usé de violence, et ils ont trouvé des partisans dévoués parmi les Arabes sédentaires, mais non pas parmi les Bédouins, qui ont conservé le caractère arabe dans sa pureté. Quoiqu'ils partageassent les vues politiques des novateurs, quoique les tribus placées plus immédiatement sous le contrôle des Wahabites fussent obligées d'observer avec plus de régularité les devoirs de la religion, et qu'il y eût même des personnes qui, pour servir leurs intérêts, prenaient une apparence de zèle, voire de fanatisme, — les Bédouins ne devinrent pas plus religieux au fond; et aussitôt que la puissance des Wahabites a été anéantie par Mohammed-Alî, ils se sont hâtés de mettre un terme à des cérémonies qui les ennuyaient mortellement [1]. «Aujourd'hui, dit un voyageur moderne, il y a peu ou point de religion dans le Désert; personne ne s'y soucie des lois du Coran [2].»

---

1) Burckhardt, p. 160.
2) Burton, *Pilgrimage*, t. II, p. 86, 109.

Du reste, si les Arabes acceptaient la révolution comme un fait accompli sur lequel il était impossible de revenir, ils ne pardonnèrent pas à ceux qui l'avaient faite, et n'acceptèrent pas non plus la hiérarchie sociale qui en résultait. Leur opposition prit donc un autre caractère: d'une lutte de principes, elle devint une querelle de personnes.

Jusqu'à un certain point les familles nobles, c'est-à-dire celles qui, pendant plusieurs générations, avaient été à la tête de leurs tribus, ne perdirent pas par suite de la révolution. Il est vrai que l'opinion de Mahomet sur l'existence de la noblesse avait été chancelante. Tantôt il avait prêché l'égalité complète, tantôt il avait reconnu la noblesse. Il avait dit: «Plus de fierté païenne; plus d'orgueil fondé sur les ancêtres! Tous les hommes sont enfants d'Adam, et Adam a été formé de poussière; le plus estimable aux yeux de Dieu est celui qui le craint davantage[1].» Il avait dit encore: «Les hommes sont égaux comme les dents d'un peigne; la force de la constitution fait seule la supériorité des uns sur les autres[2].» Mais il avait dit aussi: «Ceux qui étaient nobles sous le paganisme restent nobles sous l'islamisme, pourvu qu'ils rendent hommage à la véritable sagesse» (c'est-à-dire, pourvu qu'ils se fassent

---

1) Caussin, t. III, p. 231.
2) Le même, t. III, p. 507.

musulmans) [1]. Ainsi Mahomet eut parfois la velléité
d'abolir la noblesse ; mais il ne le put ou ne l'osa
pas. La noblesse subsista donc, conserva ses préro-
gatives, et resta à la tête des tribus ; car Mahomet,
loin de songer à faire des Arabes une véritable nation — ce qui eût été impossible — avait maintenu
l'organisation en tribus ; il l'avait présentée comme
émanant de Dieu même [2], et chacune de ces petites
sociétés ne vivait que pour soi, ne s'occupait que de
soi, n'avait d'affaires que celles qui la touchaient.
Dans la guerre elles formaient autant de corps sépa-
rés, dont chacun avait son drapeau, que portait le
chef ou un guerrier désigné par lui [3]; dans les villes
chaque tribu avait son propre quartier [4], son propre
caravansérai [5], et même son propre cimetière [6].

A vrai dire le droit de nommer les chefs de
tribu appartenait au calife ; mais il faut distinguer
ici entre le droit et le fait. D'abord le calife ne
pouvait donner le commandement d'une tribu qu'à

---

1) Ibn-Khaldoun, *Prolégomènes* (XVI), p. 243.

2) Voyez le Coran, sour. 49, vs. 13.

3) Voyez les exemples que j'ai cités dans mes *Recherches*, t. I,
p. 87, note 2.

4) Voyez le *Cartâs*, p. 25, Içtakhrî, p. 26, Ahmed ibn-abî-Yacoub,
Kitâb al-boldân, fol. 52 v. (article sur Coufa).

5) Ahmed ibn-abî-Yacoub, fol. 64 v.: dja'ala licolli cabîlatin mah-
rasan.

6) Ahmed ibn-abî-Yacoub, fol. 53 v.: wacânat licolli cabîlatin
djabbânaton to'rafo bihim wabiroasâihim.

une personne qui en fît partie; car les Arabes n'obéissaient qu'à contre-cœur à un *étranger*, ou ne lui
obéissaient pas du tout. Aussi Mahomet et Abou-
Becr s'étaient-ils presque toujours conformés à cet
usage [1]; ils investissaient de leur autorité les hommes dont l'influence personnelle était déjà reconnue,
et sous Omar, on voit les Arabes exiger comme un
droit de n'avoir pour chefs que des contribules [2]. Mais
d'ordinaire les tribus élisaient elles-mêmes leurs
chefs [3], et le calife se bornait à confirmer leur
choix [4]; coutume qui, dans le siècle où nous sommes, a été observée aussi par le prince Wahabite [5].

_ L'ancienne noblesse avait donc conservé sa position;
mais au-dessus d'elle s'en était élevée une autre.
Mahomet et ses deux successeurs immédiats avaient
confié les postes les plus importants, tels que le
commandement des armées et le gouvernement des
provinces, aux anciens musulmans, aux Emigrés et
aux Défenseurs [6]. Il le fallait bien: c'étaient à peu

---

1) Voyez des exemples chez Ibn-Cotaiba, p. 121, Tabarî, t. I,
p. 80, t. II, p. 4.

2) Voyez Tabarî, t. II, p. 206, 208, 210, 224.

3) Voyez Abou-Ismâîl al-Baçrî, *Fotouh as-Châm*, p. 208, 209.

4) C'est ainsi qu'il faut entendre la phrase: «un tel se présenta
avec ses contribules à Omar, qui lui donna le commandement de
sa tribu;» phrase qui se trouve à différentes reprises chez Tabarî,
t. II, p. 210. Voyez aussi Abou-Ismâîl al-Baçrî, *Fotouh as-Châm*,
p. 45.

5) Burckhardt, p. 295.

6) Voyez Tabarî, t. II, p. 164 et passim.

près les seuls musulmans vraiment sincères, les seuls
auxquels le gouvernement, à la fois temporel et spirituel, pût se fier. Quelle confiance pouvait-il placer
dans les chefs de tribu, toujours peu orthodoxes et
parfois athées, comme cet Oyaïna, le chef des Fazâra, qui disait: «Si Dieu existait, je jurerais par
son nom que jamais je n'ai cru en lui[1]?» La préférence accordée aux Emigrés et aux Défenseurs était
donc naturelle et légitime; mais elle n'en était pas
moins blessante pour la fierté des chefs de tribu,
qui se voyaient préférer des citadins, des agriculteurs, des hommes de rien. Leurs contribules, qui
identifiaient toujours l'honneur de leurs chefs avec
leur propre honneur, s'en indignaient également; ils
attendaient avec impatience une occasion favorable
pour appuyer, les armes à la main, les prétentions
de leurs chefs, et pour en finir avec ces dévots qui
avaient massacré leurs parents.

Les mêmes sentiments d'envie et de haine implacable animaient l'aristocratie mecquoise, dont les
Omaiyades étaient les chefs. Fière et orgueilleuse,
elle voyait avec un dépit mal dissimulé que les vieux
musulmans formaient seuls le conseil du calife[2].
Abou-Becr, il est vrai, avait voulu lui faire prendre
part aux délibérations; mais Omar s'était énergique-

---

1) Tabarî, t. I, p. 110.
2) Voyez Abou-Ismâîl al-Baçrî, p. 161, 162, l. 3.

ment opposé à ce dessein, et son avis avait prévalu [1].
Nous allons voir que cette aristocratie tâcha d'abord
de s'emparer de l'autorité sans recourir à la violence;
mais on pouvait prédire que si elle échouait dans cette
tentative, elle trouverait facilement des alliés contre
les Emigrés et les Médinois dans les chefs des tribus
bédouines.

---

1) Abou-Ismâîl al-Baçrî, p. 37—39.

III.

Dans ses derniers moments, le calife Omar, frappé à mort par le poignard d'un artisan chrétien de Coufa, avait nommé candidats à l'empire les six compagnons les plus anciens de Mahomet, parmi lesquels on distinguait Alî, Othmân, Zobair et Talha. Quand Omar eut rendu le dernier soupir, cette espèce de conclave se prolongea pendant deux jours sans produire aucun résultat, chacun de ses membres ne songeant qu'à faire valoir ses propres titres et à dénigrer ceux de ses concurrents. Le troisième jour on convint que l'un des électeurs, qui avait renoncé à ses prétentions, nommerait le calife. Au grand désappointement d'Alî, de Zobair et de Talha, il nomma l'Omaiyade Othmân (644).

La personnalité d'Othmân ne justifiait pas ce choix. Il est vrai que, riche et généreux, il avait assisté Mahomet et sa secte par des sacrifices pécuniaires; mais si l'on ajoute à cela qu'il priait et jeûnait souvent et qu'il était la bonhomie et la modestie mêmes, l'on a énuméré à peu près tous ses mérites. Son

esprit, qui n'avait jamais été d'une bien grande portée, s'était encore affaibli par l'âge — il comptait
soixante-dix ans —, et sa timidité était telle que,
lorsqu'il monta en chaire pour la première fois, le
courage pour commencer son sermon lui manqua.
«Commencer, c'est bien difficile,» murmura-t-il en
soupirant, et il descendit de chaire.

Malheureusement pour lui, ce vieillard débonnaire
avait un grand faible pour sa famille; et sa famille,
c'était l'aristocratie mecquoise qui, pendant vingt
ans, avait insulté, persécuté et combattu Mahomet.
Elle le domina bientôt complétement. Son oncle Hacam, et surtout Merwân, le fils de ce dernier, gou-
vernaient de fait, ne laissant à Othmân que le titre
de calife et la responsabilité de mesures compromet-
tantes, qu'il ignorait la plupart du temps. L'orthodoxie de ces deux hommes, celle du père surtout,
était fort suspecte. Hacam ne s'était converti que le
jour où la Mecque fut prise; plus tard, ayant trahi
des secrets que Mahomet lui avait confiés, celui-ci
l'avait maudit et exilé. Abou-Becr et Omar avaient
maintenu cet arrêt. Othmân au contraire, après
avoir rappelé le réprouvé de son exil, lui donna cent
mille pièces d'argent et une terre qui n'était pas de
son domaine, mais de celui de l'Etat; en outre, il
nomma Merwân son secrétaire et son vizir, lui fit
épouser une de ses filles, et l'enrichit au moyen du
butin fait en Afrique. Ardents à profiter de l'occa-

sion, d'autres Omaiyades, jeunes hommes aussi in-
telligents qu'ambitieux, mais fils des ennemis les
plus acharnés de Mahomet, s'emparèrent des postes
les plus lucratifs, à la grande satisfaction des masses, trop heureuses d'échanger de vieux dévots sé-
vères, rigides, maussades et tristes, contre des gen-
tilshommes gais et spirituels, mais au grand déplai-
sir des musulmans sincèrement attachés à la religion,
qui éprouvaient pour les nouveaux gouverneurs des
provinces une aversion invincible. Qui d'entre eux
ne se rappelait pas avec horreur qu'Abou-Sofyân, le
père de ce Moâwia qu'Othmân avait promu au gouvernement de toute la Syrie, avait commandé l'armée qui avait battu Mahomet à Ohod, et celle qui
l'avait assiégé dans Médine? Chef principal des Mecquois, il ne s'était soumis qu'au moment où il
voyait sa cause perdue, où dix mille musulmans
allaient l'écraser, lui et les siens; et même alors il
avait répondu à Mahomet, qui le sommait de le reconnaître pour l'Envoyé de Dieu: «Pardonne à ma
sincérité; sur ce point je conserve encore quelque
doute. — Rends témoignage au Prophète, ou ta tête
va tomber,» lui dit-on alors, et ce ne fut que sur
cette menace qu'Abou-Sofyân se fit musulman. Un
instant après, tant il avait courte mémoire, il avait
oublié qu'il l'était.... Et qui ne se souvenait pas
de Hind, la mère de Moâwia, cette femme atroce qui
s'était fait, avec les oreilles et les nez des musul-

mans tués dans la bataille d'Ohod, un collier et des bracelets; qui avait ouvert le ventre de Hamza, l'oncle du Prophète, et en avait arraché le foie qu'elle avait déchiré avec ses dents? Le fils d'un tel père et d'une telle mère, *le fils de la mangeuse de foie*, comme on l'appelait, pouvait-il être un musulman sincère? Ses ennemis niaient hautement qu'il le fût.

Quant au gouverneur de l'Egypte [1], frère de lait d'Othmân, c'était pis encore. Sa bravoure n'était guère contestable, puisqu'il battit le gouverneur grec de la Numidie et qu'il remporta une éclatante victoire sur la flotte grecque, fort supérieure en nombre à la sienne; mais il avait été secrétaire de Mahomet, et quand le Prophète lui dictait ses révélations, il en changeait les mots et en dénaturait le sens. Ce sacrilége ayant été découvert, il avait pris la fuite et était retourné à l'idolâtrie. Le jour de la prise de la Mecque, Mahomet avait ordonné aux siens de le tuer, dût-on le trouver abrité derrière les voiles qui couvraient le temple. L'apostat se mit sous la protection d'Othmân, qui le conduisit au Prophète et sollicita son pardon. Mahomet garda un long silence.... «Je lui pardonne,» dit-il enfin; mais quand Othmân se fut retiré avec son protégé, Mahomet, lançant à son entourage un regard plein de colère: «Pourquoi me comprendre si mal? dit-il; je gardais le silence pour

---

1) Abdallâh ibn-Sad ibn-Abî-Sarh.

que l'un de vous se levât et tuât cet homme! »....
Il était maintenant gouverneur d'une des plus belles
provinces de l'empire.

Walîd, frère utérin du vieux calife, était gouverneur de Coufa. Il dompta la révolte de l'Adzerbai-
djân, quand cette province tâcha de recouvrer son
indépendance; ses troupes, réunies à celles de Moâwia,
prirent Chypre et plusieurs villes de l'Asie mineure;
toute la province louait la sagesse de son gouvernement [1]; mais son père Ocba avait craché au visage
Mahomet; une autre fois il avait failli l'étrangler; ensuite, fait prisonnier par Mahomet et condamné par
lui à la mort, il s'était écrié: «Qui recueillera mes
enfants après moi? » et le Prophète lui avait répondu:
«Le feu de l'enfer! » Et le fils, *l'enfant de l'enfer*
comme on l'appelait, semblait avoir pris à tâche de
justifier cette prédiction. Une fois, après un souper
qui, égayé par le vin et la présence de belles chanteuses, s'était prolongé jusqu'au lever de l'aube, il
entendit le muëzzin annoncer, du haut du minaret,
l'heure de la prière du matin. Le cerveau encore
troublé par les fumées du vin, et sans autre vêtement que sa tunique, il alla à la mosquée, et y ré-
cita, mieux que l'on n'avait le droit de s'y attendre,
la prière d'usage qui, du reste, ne dure que trois

---

1) Voyez Weil, *Geschichte der Chalifen*, t. I, p. 171, note 2.

ou quatre minutes; mais quand il l'eut terminée, il demanda à l'assemblée, probablement pour montrer qu'il n'avait pas bu trop: «Est-ce que j'y en ajouterai une autre? — Par Dieu! s'écria alors un pieux musulman qui se tenait derrière lui sur la première ligne, je n'attendais rien d'autre d'un homme tel que toi; mais je n'avais pas pensé que l'on nous enverrait de Médine un tel gouverneur!» Et aussitôt il se mit à arracher le pavé de la mosquée. Son exemple fut suivi par ceux des assistants qui partageaient son zèle, et Walîd, pour ne pas être lapidé, retourna précipitamment dans son palais. Il y entra d'un pas chancelant, récitant ce vers d'un poète païen: «Vous pouvez être sûr de me trouver là où il y a du vin et des chanteuses. C'est que je ne suis pas un dur caillou, insensible aux bonnes choses.» Le grand poète Hotaia semble avoir trouvé l'aventure assez plaisante. «Le jour du dernier jugement, dit-il dans ses vers, Hotaia pourra certifier que Walîd ne mérite nullement le blâme dont on l'accable. Qu'at-il fait, au bout du compte? La prière terminée, il s'est écrié: «En voulez-vous davantage?» C'est qu'il était un peu gris et qu'il ne savait pas trop ce qu'il disait. Il est bien heureux que l'on t'ait arrêté, Walîd! Sans cela tu aurais prié jusqu'à la fin du monde!» Il est vrai que Hotaia, tout poète du premier mérite qu'il était, n'était après tout qu'un impie qui embrassa et abjura tour à tour la foi mahométane[1]. Aussi y eut-il à Coufa un petit nombre de personnes qui, payées peut-être par les saints hommes de Médine, ne pensèrent pas comme lui. Deux d'entre elles se rendirent à la capitale pour y accuser Walîd. Othmân refusa d'abord de recevoir leur déposition ; mais Alî intervint, et Walîd fut destitué de son gouvernement, au grand regret des Arabes de Coufa[2].

Le choix des gouverneurs n'était pas le seul reproche que le parti pieux adressât au vieux calife. Il lui reprochait en outre d'avoir maltraité plusieurs compagnons du Prophète, d'avoir renouvelé un usage païen que Mahomet avait aboli, de songer à établir sa résidence à la Mecque, et ce qu'on lui pardonnait moins encore, c'était la nouvelle rédaction du Coran, faite sur son ordre, non par les hommes les plus instruits (même celui que Mahomet avait désigné comme étant le meilleur *lecteur* du Coran y resta étranger), mais par ceux qui lui étaient le plus dévoués ; et pourtant cette rédaction prétendait être la seule bonne, le calife ayant ordonné de brûler toutes les autres.

Bien résolus à ne pas tolérer plus longtemps un tel état de choses, les anciens compétiteurs d'Othmân,

---

1) Voyez sur Hotaia la note de M. Caussin, *apud* de Slane, traduction anglaise d'Ibn-Khallicân, t. I, p. 209.

2) Masoudî, man. 127, p. 185 ; *al-Mokhtâr min nawâdir al-akhbâr*, man. de Leyde 495, fol. 28 v.

Alî, Zobair et Talha, qui, grâce à l'argent destiné aux pauvres et qu'ils s'étaient approprié, étaient si riches qu'ils ne comptaient que par millions[1], semaient l'or à pleines mains, afin d'exciter partout des révoltes. Pourtant ils n'y réussirent qu'à demi; çà et là il y eut bien quelques soulèvements partiels, mais les masses restèrent fidèles au calife. Enfin, comptant sur les dispositions des Médinois, les conspirateurs firent venir dans la capitale quelques centaines de ces Bédouins à la stature colossale et au visage basané, qui, moyennant finances, étaient toujours prêts à assassiner qui que ce fût[2]. Ces soidisant vengeurs de la religion outragée, après avoir maltraité le calife dans le temple, vinrent l'assiéger dans son palais, lequel n'était défendu que par cinq cents hommes, la plupart esclaves, commandés par Merwân. On espérait qu'Othmân renoncerait volontairement au trône; cette attente fut trompée: croyant que l'on n'oserait pas attenter à sa vie, ou comptant sur le secours de Moâwia, le calife montra une grande fermeté. Il fallut donc bien recourir aux moyens extrêmes. Après un siége de plusieurs semaines, les brigands pénétrèrent dans le palais par une maison contiguë, massacrèrent le vieillard octogénaire qui, à cette heure, lisait pieusement le Coran, et, pour

---

1) Voyez Weil, t. I, p. 166.
2) Voyez Tabarî, t. II, p. 250, 252.

4 *

couronnement de l'œuvre, ils se mirent à piller le trésor public. Merwân et les autres Omaiyades eurent le temps de s'enfuir (656).

Les Médinois, les Défenseurs (car ce titre passa des compagnons de Mahomet à leurs descendants), avaient laissé faire, et la maison par laquelle les meurtriers avaient pénétré dans le palais, appartenait aux Beni-Hazm, famille des Défenseurs qui, plus tard, se signala par sa haine contre les Omaiyades. Cette neutralité intempestive, qui ne ressemblait que trop à de la complicité, leur fut durement reprochée par leur poète Hassân ibn-Thâbit, qui avait été partisan dévoué d'Othmân et qui craignait avec raison que les Omaiyades ne vengeassent sur ses contribules le meurtre de leur parent. « Quand le vénérable vieillard, dit-il, vit la mort se dresser devant lui, les Défenseurs n'ont rien fait pour le sauver! Hélas! bientôt le cri va retentir dans vos demeures: Dieu est grand! Vengeance, vengeance à Othmân [1]! »

Alî, élevé au califat par les Défenseurs, destitua tous les gouverneurs d'Othmân et les remplaça par des musulmans de vieille roche, par des Défenseurs surtout. Les orthodoxes triomphaient; ils allaient ressaisir le pouvoir, écraser les nobles des tribus et les Omaiyades, ces convertis de la veille qui entendaient être les pontifes et les docteurs du lendemain.

---

1) Masoudî, p. 194; Ibn-Badroun, p. 148.

Leur joie dura peu. La division éclata dans le cénacle même. En soudoyant les meurtriers d'Othmân, chacun des triumvirs avait compté sur le califat. Frustrés dans leurs espérances, Talha et Zobair, après avoir été contraints, le sabre sur la gorge, à prêter serment à leur heureux compétiteur, quittèrent Médine pour joindre l'ambitieuse et perfide Aïcha, la veuve du Prophète, qui auparavant avait conspiré contre Othmân, mais qui excitait maintenant le peuple à le venger et à se révolter contre Alî, qu'elle haïssait de toute la force de l'orgueil blessé, parce qu'une fois, du vivant de son époux, il avait osé douter de sa vertu.

Quelle serait l'issue de la lutte qui allait s'engager? C'est ce qu'aucune prévoyance ne pouvait déterminer. Les confédérés n'avaient encore qu'un fort petit nombre de soldats; Alî ne comptait sous sa bannière que les meurtriers d'Othmân et les Défenseurs. C'était à la nation de se prononcer pour l'un ou pour l'autre parti.

Elle resta neutre. A la nouvelle du meurtre du bon vieillard, un cri d'indignation avait retenti dans toutes les provinces du vaste empire; et si la complicité de Zobair et de Talha eût été moins connue, ils auraient pu compter peut-être sur la sympathie des masses, maintenant qu'ils prétendaient punir Alî. Mais leur participation au crime qui avait été commis n'était un mystère pour personne. «Faut-il

donc, répondirent les Arabes à Talba dans la mosquée de Baçra, faut-il donc te montrer la lettre dans
laquelle tu nous excitais à nous insurger contre Othmân?» — «Et toi, dit-on à Zobair, n'as-tu pas appelé les habitants de Coufa à la révolte?» Il n'y eut
donc à peu près personne qui voulût se battre pour
l'un ou pour l'autre de ces hypocrites, que l'on confondait dans un commun mépris. En attendant, on
cherchait à conserver, autant que possible, l'état de
choses établi par Othmân, et les gouverneurs nommés par lui. Quand l'officier auquel Alî avait donné
le gouvernement de Coufa, voulut se rendre à son
poste, les Arabes de cette ville vinrent à sa rencontre et lui déclarèrent nettement qu'ils exigeaient la
punition des meurtriers d'Othmân, qu'ils comptaient
garder le gouverneur qu'ils avaient, et que, quant à
lui, ils lui fendraient la tête s'il ne se retirait à l'instant même. Le Défenseur qui devait commander en
Syrie fut arrêté par des cavaliers sur la frontière.
«Pourquoi viens-tu ici? lui demanda le commandant. — Pour être ton émir. — Si c'est un autre
qu'Othmân qui t'envoie, tu feras mieux de rebrousser chemin. — Mais on ignore donc ici ce qui s'est
passé à Médine. — On le sait parfaitement, et c'est
pour cela que l'on te conseille de retourner d'où tu es
venu.» Le Défenseur fut assez prudent pour profiter
de l'avis.

Enfin Alî trouva des amis de rencontre et des

serviteurs d'occasion dans les Arabes de Coufa, qu'il gagna, non sans peine, à sa cause, en leur promettant d'établir sa résidence dans leur ville et de l'élever ainsi au rang de capitale de l'empire. Avec leur secours il gagna la *bataille du chameau* qui le délivra de ses compétiteurs; Talha fut blessé à mort, Zobair périt assassiné pendant sa fuite, Aïcha sollicita et obtint son pardon. C'est surtout aux Défenseurs, qui formaient la majeure partie de la cavalerie, que revient l'honneur de cette victoire [1].

Dès lors Alî était maître de l'Arabie, de l'Irâc et de l'Egypte, ce qui veut dire que son autorité n'était pas trop ouvertement contestée dans ces provinces; mais si on le servait, c'était avec une froideur extrême et une aversion évidente. Les Arabes de l'Irâc, dont le concours lui importait le plus, savaient toujours trouver des prétextes pour ne pas marcher quand il leur en donnait l'ordre: l'hiver, il faisait trop froid, l'été, il faisait trop chaud [2].

La Syrie seule refusait toujours de le reconnaître. Moâwia, l'eût-il voulu, n'aurait pas pu le faire sans flétrir son honneur. Même aujourd'hui le fellâh égyptien, tout dégénéré et opprimé qu'il est, venge le meurtre de son parent, bien qu'il sache qu'il payera

---

1) Voyez Masoudî, p. 204—206.

2) Expression d'Alî lui-même, parlant aux Arabes de l'Irâc (*apud* Reiske, notes sur Aboulfeda, t. I, p. 67).

sa vengeance de sa tête[1]. Moâwia pouvait-il donc
laisser impuni l'assassinat de celui dont le grand-père
avait été le frère du sien? Pouvait-il se soumettre
à l'homme qui comptait les meurtriers parmi ses
généraux? Et pourtant il n'était pas poussé par la
voix du sang: il était poussé par une ardente ambition. S'il l'avait voulu, il aurait probablement pu
sauver Othmân en marchant avec une armée à son
secours. Mais à quoi cela lui eût-il servi? Othmân
sauvé, il restait ce qu'il était, gouverneur de la Syrie.
Il l'a avoué lui-même: depuis que le Prophète lui
avait dit: «Si vous obtenez le gouvernement, con-
duisez-vous bien,» il n'avait eu d'autre but, d'autre
souci, d'autre pensée, que d'obtenir le califat[2]. A
présent les circonstances le favorisaient admirable-
ment; après avoir tout espéré, il pouvait enfin tout
oser. Son dessein allait s'accomplir! Plus de contrainte! plus de scrupule! Il avait une juste cause en
main, et il pouvait compter sur ses Arabes de Syrie;
ils étaient à lui corps et âme. Poli, aimable, généreux, connaissant le cœur humain, doux ou sévère
selon les circonstances, il avait su se concilier leur
respect et leur amour par ses qualités personnelles.
Il y avait d'ailleurs entre eux et lui communauté de
vues, de sentiments et d'intérêts. Pour les Syriens

---

1) Burckhardt, p. 178.
2) Nawawî, p. 565.

l'islamisme était resté une lettre morte, une formule
vague et confuse dont ils ne tâchaient nullement d'ap-
profondir le sens ; ils répugnaient aux devoirs et aux
rites qu'impose cette religion ; ils avaient une haine
invétérée contre les nouveaux nobles qui, pour les
commander, n'avaient d'autre titre que d'avoir été
les compagnons de Mahomet ; ils regrettaient la pré-
pondérance des chefs de tribu. Si on les eût laissés
faire, ils auraient marché droit sur les deux villes
saintes pour les piller, les incendier, et y massacrer
les habitants. Le fils d'Abou-Sofyân et de Hind partageait leurs vœux, leurs appréhensions, leurs ressen-
timents, leurs espérances. Voilà la véritable cause
de la sympathie qui régnait entre le prince et ses
sujets, sympathie qui se montra d'une manière tou-
chante alors que Moâwia, après un règne long et
glorieux, eut exhalé le dernier soupir et qu'il fallut
lui rendre les derniers honneurs. L'émir à qui Moâwia avait confié le gouvernement jusqu'à ce que
Yézîd, l'héritier du trône, fût arrivé à Damas, avait
ordonné que le cercueil serait porté par les parents de
l'illustre défunt ; mais le jour des funérailles, quand
le cortége commença à défiler, les Syriens dirent à
l'émir : «Tant que le calife vivait, nous avons pris
part à toutes ses entreprises, et ses joies comme ses
peines ont été les nôtres. Permettez donc que maintenant aussi nous réclamions notre part.» Et quand
l'émir leur eut accordé leur demande, chacun voulut

toucher, ne fût-ce que du bout du doigt, le brancard sur lequel reposaient les dépouilles mortelles de son prince bien-aimé, si bien que le drap mortuaire se déchira dans la presse [1].

Dès le début, Alî avait pu se convaincre que les Syriens identifiaient la cause de Moâwia avec leur propre cause. «Chaque jour, lui disait-on, cent mille hommes viennent pleurer dans la mosquée sous la tunique ensanglantée d'Othmân, et ils ont juré tous de le venger sur toi.» Six mois s'étaient écoulés depuis le meurtre, lorsque Alî, vainqueur dans la bataille du chameau, somma Moâwia pour la dernière fois de se soumettre. Alors, montrant la tunique tachée de sang aux Arabes rassemblés dans la mosquée, Moâwia leur demanda leur avis. Tant qu'il parla, on l'écouta dans un silence respectueux et solennel; puis, quand il eut fini, l'un des nobles, prenant la parole au nom de tous: «Prince, dit-il avec cette déférence qui vient du cœur, c'est à vous de conseiller et de commander, à nous, d'obéir et d'agir.» Et bientôt l'on proclama partout cette ordonnance: «Que chaque individu en état de porter les armes aille se ranger sans délai sous les drapeaux; celui qui, dans trois jours, ne se trouvera pas à son poste, sera puni de mort.» Au jour fixé pas un ne manqua à l'appel. L'enthousiasme fut gé-

---

1) *Raihân*, fol. 200 r.

néral, il fut sincère: on allait combattre pour une cause vraiment nationale. La Syrie seule fournit plus de soldats à Moâwia que toutes les autres provinces ensemble n'en donnèrent à Alî. Celui-ci comparait avec douleur le zèle et le dévoûment des Syriens à la tiède indifférence de ses Arabes de l'Irâc. « J'é-changerais volontiers dix d'entre vous contre un des soldats de Moâwia, leur dit-il [1]. Par Dieu! il l'emportera, le fils de la mangeuse de foie [2]! »

Le différend paraissait devoir se vider par l'épée dans les plaines de Ciffîn, sur la rive occidentale de l'Euphrate. Cependant, quand les deux armées ennemies se trouvèrent en présence, plusieurs semaines se passèrent encore en négociations qui n'aboutirent à rien, et en escarmouches qui, bien que sanglantes, ne produisirent non plus aucun résultat. Des deux côtés l'on évitait encore une bataille générale et décisive. Enfin, quand chaque tentative d'accommodement eut échoué, la bataille eut lieu. Les vieux compagnons de Mahomet combattirent à cette occasion avec la même rage fanatique qu'au temps où ils forçaient les Bédouins à choisir entre la foi mahométane ou la mort. C'est qu'à leurs yeux les Arabes de Syrie étaient réellement des païens. «Je le jure! disait Ammâr, vieillard nonagénaire alors; rien ne saurait

---

1) Masoudî, man. 537 d, fol. 159 r.
2) Weil, t. I, p. 217, dans la note.

être plus méritoire devant Dieu que de combattre ces impies. Si leurs lances me tuent, je meurs en martyr pour la vraie foi. Suivez-moi, compagnons du Prophète! Les portes du ciel s'ouvrent pour nous, les houris nous attendent [1]! » Et se jetant au plus fort de la mêlée, il combattit comme un lion jusqu'à ce qu'il expirât percé de coups. De leur côté les Arabes de l'Irâc, voyant qu'il y allait de leur honneur, combattirent mieux qu'on ne l'aurait cru, et la cavalerie d'Alî exécuta une charge si vigoureuse que les Syriens lâchèrent pied. Croyant la bataille perdue, Moâwia posait déjà le pied sur l'étrier pour prendre la fuite, quand Amr, fils d'Acî, vint à lui.

— Eh bien! lui dit le prince, toi qui te vantes de savoir toujours te tirer d'un mauvais pas, as-tu trouvé quelque remède au malheur qui nous menace? Souviens-toi que je t'ai promis le gouvernement de l'Egypte pour le cas où je l'emporterais, et dis-moi ce qu'il faut faire [2].

— Il faut, lui répondit Amr qui entretenait des intelligences dans l'armée d'Alî, il faut ordonner aux soldats qui possèdent un exemplaire du Coran, de l'attacher au bout de leurs lances; vous annoncerez en même temps que vous en appelez à la décision de

---

1) Weil, t. I, p. 225.
2) *Raihân*, fol. 197 ; Masoudi, fol. 231 r.

ce livre. Le conseil est bon, je puis vous en répondre.

Dans la supposition d'une défaite éventuelle, Amr
avait concerté d'avance ce coup de théâtre avec
plusieurs chefs de l'armée ennemie [1], parmi lesquels
Achath, l'homme le plus perfide de cette époque,
était le principal. Il n'avait guère de raison pour
être fort attaché à l'islamisme et à ses fondateurs,
cet Achath, qui, alors qu'il était encore païen et chef
de la tribu de Kinda, prenait fièrement le titre de
roi: quand il avait abjuré l'islamisme sous Abou-Becr,
il avait vu les musulmans trancher la tête à toute la
garnison de sa forteresse de Nodjair.

Moâwia suivit le conseil qu'Amr lui avait donné,
et ordonna d'attacher les Corans aux lances. Le saint
livre était rare dans cette armée forte de quatre-
vingt mille hommes: on en trouva à peine cinq cents
exemplaires [2]; mais c'en était assez aux yeux d'Achath
et de ses amis, qui, se pressant autour du calife,
s'écrièrent:

— Nous acceptons la décision du livre de Dieu;
nous voulons une suspension d'armes!

— C'est une ruse, un piége infâme, dit Ali en
frémissant d'indignation; ils savent à peine ce que
c'est que le Coran, ces Syriens, ils en violent sans
cesse les commandements.

---

1) Voyez Weil, t. I, p. 227.
2) Masoudi, fol. 231 r.

— Mais puisque nous combattons pour le livre de Dieu, force nous est de ne pas le récuser.

— Nous combattons pour contraindre ces hommes à se soumettre aux lois de Dieu; car ils se sont révoltés contre le Tout-Puissant, et ils ont rejeté bien loin son saint livre. Croyez-vous donc que ce Moâwia, et cet Amr, et ce *fils de l'enfer*, et tous ces autres, croyez-vous qu'ils se soucient de la religion ou du Coran? Je les connais mieux que vous; je les ai connus dans leur enfance, je les ai connus quand ils furent devenus hommes, et hommes ou enfants, c'étaient toujours les mêmes scélérats [1].

— N'importe, ils en appellent au livre de Dieu, et vous en appelez au glaive.

— Hélas! je ne vois que trop bien que vous voulez m'abandonner. Allez donc, allez joindre les restes de la coalition formée autrefois pour combattre notre Prophète! Allez vous réunir à ces hommes qui disent: «Dieu et son Prophète, imposture et mensonge que tout cela!»

— Envoyez immédiatement à Achtar — c'était le général de la cavalerie — l'ordre de battre en retraite; sinon, le sort d'Othmân vous attend [2].

Sachant qu'ils ne reculeraient pas, au besoin, devant l'exécution de cette menace, Alî céda. Il expédia

---

1) Masoudî, fol. 232 r. et v.
2) Chahrastânî, p. 85, 86.

l'ordre de la retraite au général victorieux qui poursuivait l'ennemi l'épée dans les reins. Achtar refusa d'obéir. Alors il s'éleva un nouveau tumulte. Alî réitéra son ordre. «Mais le calife ne sait-il donc pas, s'écria le brave Achtar, que la victoire est à nous? Me faut-il donc retourner en arrière au moment même où l'ennemi va éprouver une déroute complète?» — «Et à quoi te servirait-elle, ta victoire, lui répondit un Arabe de l'Irâc, l'un des messagers, si Alî était tué dans l'intervalle?»

Malgré qu'il·en eût, le général fit sonner la retraite.

Ce jour-là le ci-devant roi des Kinda put goûter les douceurs de la vengeance: ce fut lui qui commença la ruine de ces pieux musulmans qui l'avaient dépouillé de sa royauté et avaient massacré ses contribules à Nodjair. Alî l'envoya à Moâwia pour demander à celui-ci de quelle manière il entendait que le débat fût décidé par le Coran. «Alî et moi, répondit Moâwia, nous nommerons chacun un arbitre. Ces deux arbitres décideront, d'après le Coran, lequel de nous deux a le plus de droits au califat. Quant à moi, je choisis Amr, fils d'Acî.»

Quand Achath eut apporté cette réponse à Alî, ce dernier voulut nommer son cousin Abdallâh, fils d'Abbâs. On ne le lui permit pas: ce proche parent, disait-on, serait trop partial. Puis, quand Alî proposa son brave général Achtar: «Qui donc a mis le monde

en feu si ce n'est Achtar? » s'écria-t-on. «Nous ne
voulons, dit le perfide Achath, nous ne voulons d'autre arbitre qu'Abou-Mousâ. — Mais cet homme me
garde rancune parce que je lui ai ôté le gouvernement de Coufa, s'écria Alî; il m'a trahi, il a empê-
ché les Arabes de l'Irâc de me suivre à la guerre;
comment donc pourrais-je lui confier mes intérêts? —
Nous ne voulons que celui-là,» répondit-on, et les
menaces les plus horribles recommencèrent. Enfin
Alî, de guerre lasse, donna son assentiment.

Aussitôt douze mille de ses soldats abandonnèrent
sa cause, après l'avoir sommé en vain de déclarer
nul le traité qu'il venait de conclure, et qu'ils regardaient comme sacrilége puisque la décision du différend n'appartenait pas aux hommes, mais à Dieu
seul. Il y avait des traîtres parmi eux, s'il est vrai,
comme on l'affirme, qu'Achath était de leur nombre;
mais pour la plupart c'étaient de pieux *lecteurs du
Coran*, des hommes de bonne foi, fort attachés à la
religion, fort orthodoxes, mais comprenant l'orthodoxie d'une autre manière qu'Alî et la noblesse médinoise. Indignés depuis longtemps de la dépravation
et de l'hypocrisie des compagnons de Mahomet, qui
se servaient de la religion comme d'un moyen pour
réaliser leurs projets d'ambition mondaine, ces *non-
conformistes* [1] avaient résolu de se séparer de l'Eglise

---

1) En arabe *Khawâridj*.

officielle à la première occasion. Républicains et démocrates, en religion comme en politique, et mora-
listes austères, puisqu'ils assimilaient un péché grave
à l'incrédulité, ils présentent plusieurs points de rap-
prochement avec les Indépendants anglais du XVIIe
siècle, le parti de Cromwell [1].

L'arbitre nommé par Alî fut trompé par son col-
lègue, selon les uns, ou trompa son maître, selon
les autres. Quoi qu'il en soit, la guerre recommença. Alî éprouva disgrâce sur disgrâce et revers
sur revers. Son heureux rival lui enleva d'abord
l'Egypte, ensuite l'Arabie. Maître de Médine, le général syrien dit du haut de la chaire: «Ausites et
Khazradjites! Où est-il maintenant, le vénérable
vieillard qui autrefois occupait cette place?... Par
Dieu! si je ne craignais la colère de Moâwia, mon
maître, je n'épargnerais aucun de vous!... Prêtez
serment à Moâwia sans y mettre de la mauvaise volonté, et l'on vous fera grâce.» La plupart des Défenseurs étaient alors dans l'armée d'Alî; les autres
se laissèrent extorquer le serment [2].

Bientôt après, Alî périt victime de la vengeance
d'une jeune fille non-conformiste, dont il avait fait
décapiter le père et le frère, et qui, demandée en

---

1) Nous aurons plus tard l'occasion de revenir sur cette secte remarquable.

2) Weil, t. I, p. 246.

mariage par son cousin, avait exigé la tête du calife comme le prix de sa main (661).

Hasan, son fils, fut l'héritier de ses prétentions au califat. Il était peu fait pour être le chef d'un parti: indolent et sensuel, il préférait une vie douce, tranquille, opulente, à la gloire, à la puissance, aux soucis du trône. Le véritable chef du parti était dorénavant le Défenseur Cais, fils de Sad, homme d'une stature colossale, de formes athlétiques, type magnifique de la force matérielle et qui s'était distingué dans vingt batailles par sa valeur brillante. Sa piété était exemplaire: dans l'occasion il remplissait ses devoirs religieux au péril de sa vie. Un jour qu'il s'était incliné en faisant sa prière, il aperçut un grand serpent à l'endroit où il allait poser la tête. Trop scrupuleux pour interrompre sa prière, il la continua et posa tranquillement la tête à côté du reptile. Le serpent se tortilla autour de son cou, mais sans lui faire du mal. Quand il eut fini de prier, il saisit le serpent et le lança loin de lui [1]. Ce dévot musulman haïssait Moâwia, non-seulement parce qu'il le regardait comme l'ennemi de ses contribules en général et de sa famille en particulier, mais encore parce qu'il le tenait pour incrédule; jamais Cais n'a voulu admettre que Moâwia fût musulman. Ces deux hommes se détestaient si bien que,

---

1) Masoudî, p. 278.

dans le temps où Cais était encore gouverneur de l'Egypte pour Alî, ils entrèrent en correspondance, uniquement pour se procurer le plaisir de se dire des injures. L'un mettait à la tête de sa lettre: «Juif, fils d'un juif,» et l'autre lui répondait: «Païen, fils d'un païen! Tu as adopté l'islamisme malgré toi, par contrainte, mais tu l'as rejeté de ton plein gré. Ta foi, si tu en as une, est de fraîche date, mais ton hypocrisie est vieille [1].»

Dès le début Hasan dissimula mal ses intentions pacifiques. «Etendez la main, lui dit Cais; je vous prêterai serment quand vous aurez juré auparavant de vous conformer au livre de Dieu comme aux lois données par le Prophète, et de combattre nos ennemis. — Je jure, répondit Hasan, de me conformer à ce qui est éternel, au livre de Dieu et aux lois du Prophète; mais vous vous engagerez de votre part à m'obéir; vous combattrez ceux que je combattrai moi-même, et vous ferez la paix quand moi je la ferai.» On lui prêta serment, mais ses paroles avaient produit un fort mauvais effet. «Ce n'est pas là l'homme qu'il nous faut, se disait-on; il ne veut pas la guerre.» Pour les Défenseurs tout était perdu si Moâwia l'emportait. Leurs craintes ne tardèrent pas à se réaliser. Pendant plusieurs mois Hasan, quoiqu'il pût disposer d'une armée assez considérable, resta

---

1) Mobarrad, p. 304, 305; Masoudî, p. 277.

inactif à Madâïn; probablement il traitait déjà avec
Moâwia. Enfin il envoya Cais vers les frontières de
la Syrie, mais avec trop peu de troupes, de sorte
que le brave Défenseur fut accablé par le nombre.
Les fuyards, arrivant à Madâïn dans le plus grand
désordre, maltraitèrent Hasan qui, s'il ne les avait
pas livrés à l'ennemi, jouait tout au moins un rôle
ambigu. Alors Hasan se hâta de conclure la paix
avec Moâwia, en s'engageant à ne plus prétendre au
califat. Moâwia lui assura une pension magnifique et
promit l'amnistie à ses partisans.

Cependant Cais avait encore sous ses ordres cinq
mille hommes qui, après la mort d'Alî, s'étaient tous
rasé la tête en signe de deuil. Avec cette petite armée il voulait continuer la guerre; mais ne sachant
pas trop si ses soldats partageaient sa bouillante ardeur, il leur dit: «Si vous le voulez, nous combat-
trons encore et nous nous ferons tuer jusqu'au dernier
plutôt que de nous rendre; mais si vous aimez mieux
demander l'amân, je vous le procurerai. Choisissez
donc!» Les soldats préférèrent l'amân[1]. Cais, accompagné des principaux de ses contribules, se rendit donc auprès de Moâwia, lui demanda grâce pour
lui et les siens, et lui rappela les paroles du Prophète
qui, sur son lit de mort, avait recommandé les Défenseurs aux autres musulmans en disant: »Honorez

---

1) Abou-'l-mahâsin, t. I, p. 113.

et respectez ces hommes qui ont donné asile au Prophète fugitif et fondé le succès de sa cause.» Concluant son discours, il donna à entendre que les Défenseurs s'estimeraient heureux s'il voulait accepter leurs services; car, malgré leur dévotion, malgré leur répugnance à servir un incrédule, ils ne pouvaient se faire à l'idée de perdre leurs postes élevés et lucratifs. Moâwia répondit en ces termes: «Je ne conçois pas, Défenseurs, quels titres vous pourriez avoir à mes bonnes grâces. Par Dieu! vous avez été mes ennemis les plus acharnés! C'est vous qui, dans la bataille de Ciffin, avez failli causer ma perte, alors que vos lances étincelantes jetaient la mort dans les rangs de mes soldats. Les satires de vos poètes ont été pour moi autant de piqûres d'épingle. Et maintenant que Dieu a affermi ce que vous vouliez renverser, vous me dites: Respectez la recommandation du Prophète? Non, il y a incompatibilité entre nous.» Blessé dans sa fierté, Cais changea de ton. «Notre titre à vos bontés, dit-il, c'est celui d'être bons musulmans, et aux yeux de Dieu cela suffit; il est vrai que ceux qui se sont coalisés pour combattre le Prophète ont d'autres titres à faire valoir auprès de vous: nous ne les leur envions pas. Nous avons été vos ennemis, il est vrai, mais si vous l'eussiez voulu, vous auriez pu prévenir la guerre. Nos poètes vous ont poursuivi de leurs satires: eh bien! ce qu'ils ont dit de faux sera oublié, et ce qu'ils ont dit de vrai

restera. Votre pouvoir s'est affermi : nous le regret-
tons. Dans la bataille de Ciffin, alors que nous avons
failli causer votre perte, nous combattions sous les
drapeaux d'un homme qui croyait bien faire en obéissant à Dieu. Quant à la recommandation du Prophète, celui qui croit en lui s'y conforme ; mais puisque vous dites qu'il y a incompatibilité entre nous,
Dieu seul pourra dorénavant vous empêcher de mal
faire, Moâwia ! — Retirez-vous à l'instant même ! »
lui cria le calife, indigné de tant d'audace [1].

Les Défenseurs avaient succombé. Le pouvoir retournait naturellement aux chefs de tribu, à l'ancienne noblesse. Et pourtant les Syriens n'étaient pas
satisfaits ; ils avaient espéré goûter le plaisir d'une
vengeance pleine et entière. La modération de Moâwia ne le leur permit point ; mais un jour viendrait
où il faudrait recommencer, ils le savaient bien, et,
ce jour venu, ce serait un combat à mort. Quant
aux Défenseurs, ils se rongeaient les entrailles de dépit, de colère et de rage. Tant que Moâwia vivrait,
le pouvoir des Omaiyades était établi trop solidement
pour qu'ils pussent rien entreprendre ; mais Moâwia
n'était pas immortel, et, loin de se livrer à l'abattement, les Médinois se préparaient à une nouvelle
lutte.

Dans cet intervalle d'inaction forcée, la tâche des

_____

1) Masoudî, p. 277, 278.

guerriers était dévolue aux poètes; des deux côtés la
haine s'exhalait en sanglantes satires. Et puis on se
taquinait sans relâche; c'étaient des tracasseries jour-
nalières, des vexations incessantes; les Syriens et les
princes de la maison d'Omaiya ne négligeaient aucune
occasion pour faire sentir aux Défenseurs leur haine
et leur mépris, et ceux-ci les payaient de la même
monnaie [1].

---

1) Voyez *Raihân*, fol. 138 r. — 139 r.; *Nouveau Journ. asiat.*,
t. XIII, p. 295—297; *Raihân*, fol. 139 r. et v., 140 r.; Masoudi,
537 *d*, fol. 141 r. et v.

IV.

Avant de mourir, Moâwia avait recommandé à son
fils Yézîd d'avoir constamment l'œil sur Hosain, le
second fils d'Alî — Hasan, l'aîné, n'était plus — et
sur l'Emigré Abdallâh, fils de ce Zobair qui avait
disputé le trône au gendre du Prophète. Ces deux
hommes étaient dangereux, en effet. Quand Hosain
rencontra Abdallâh à Médine où ils vivaient tous les
deux, il lui dit: «J'ai de bonnes raisons pour croire
que le calife est mort. — Dans ce cas, quel parti
vas-tu prendre? lui demanda Abdallâh. — Jamais,
répliqua Hosain, jamais je ne reconnaîtrai Yézîd pour
mon souverain; c'est un ivrogne, un débauché, et il
a pour la chasse une passion furieuse.» L'autre garda
le silence, mais la pensée de Hosain était bien la
sienne aussi.

Yézîd Ier n'avait rien de la modération de son père
ni de son respect pour les convenances, rien non plus
de son amour du repos et du bien-être. Il était la
fidèle image de sa mère, une fière Bédouine qui,
comme elle l'a dit en beaux vers, préférait le siffle-

ment de la tempête dans le Désert à une savante musique, et un morceau de pain sous la tente aux mets exquis qu'on lui présentait dans le superbe palais de Damas. Elevé par elle dans le désert des Beni-Kelb, Yézîd apporta sur le trône les qualités d'un jeune chef de tribu plutôt que d'un monarque et d'un souverain pontife. Méprisant le faste et l'étiquette, affable envers tout le monde[1], jovial, généreux, éloquent, bon poète, aimant la chasse, le vin, la danse et la musique, il n'éprouvait qu'une médiocre sympathie pour la froide et austère religion dont le hasard l'avait rendu le chef et que son aïeul avait inutilement combattue. La dévotion souvent fausse, la piété souvent factice, des vétérans de l'islamisme, choquait sa franche nature; il ne dissimulait point sa prédilection pour le temps que les théologiens appelaient celui de *l'ignorance*, s'abandonnait sans scrupule à des plaisirs que le Coran avait défendus, se plaisait à contenter tous les caprices de son esprit fantasque et changeant, et ne se gênait pour personne.

On l'abhorrait, on l'exécrait à Médine; — en Syrie on l'adorait à genoux[2].

_____

1) „Nullam umquam sibi regalis fastigii causâ gloriam appetivit, sed cum omnibus civiliter vixit." Isidore de Béja, ch. 18.

2) „Vir nimium gratissime habitus." Isidore. Tout ce que dit cet auteur quasi-contemporain sur le caractère des Omaiyades est d'un grand intérêt, parce qu'il reproduit l'opinion des Syriens éta-

Comme à l'ordinaire, le parti des vieux musulmans avait des chefs en surabondance et point de soldats. Hosain qui, après avoir trompé la vigilance du trop crédule gouverneur de Médine, s'était réfugié avec Abdallâh sur le territoire sacré de la Mecque, reçut donc avec une joie extraordinaire les lettres des Arabes de Coufa qui le pressaient vivement de se mettre à leur tête, promettant de le reconnaître pour calife et de faire déclarer en sa faveur toute la population de l'Irâc. Les messagers de Coufa se suivaient de très-près; le dernier était porteur d'une pétition d'étendue monstrueuse: les signatures dont elle était revêtue ne remplissaient pas moins de cent cinquante feuilles. En vain des amis clairvoyants le suppliaient, le conjuraient, de ne pas se jeter dans une entreprise aussi audacieuse, de se défier des promesses et du factice enthousiasme d'une population qui avait trompé et trahi son père : Hosain, montrant avec orgueil les innombrables pétitions qu'il avait reçues et qu'un chameau, disait-il, aurait peine à porter toutes, Hosain aima mieux écouter les conseils de sa funeste ambition. Il obéit à sa destinée, il partit pour Coufa, à la grande satisfaction de son soi-disant ami Abdallâh qui, incapable de lutter dans l'opinion publi-

---

blis en Espagne, tandis que les écrivains arabes, bien moins anciens d'ailleurs, jugent d'ordinaire ces princes au point de vue des hommes de Médine. — Voyez aussi l'élégie sur la mort de Yézîd dans
' Wright, *Opuscula Arabica*, p. 118, 119.

que contre le petit-fils du Prophète, se réjouissait intérieurement en le voyant marcher à sa perte de propos délibéré et porter spontanément sa tête au bourreau.

La dévotion n'était pour rien dans le dévoùment que l'Irâc montrait pour Hosain. Cette province était dans une situation exceptionnelle. Moâwia, bien que Mecquois d'origine, avait été le fondateur d'une dynastie essentiellement syrienne. Sous son règne la Syrie était devenue la province prépondérante. Damas était dorénavant la capitale de l'empire; — sous le califat d'Alî, Coufa avait eu cet honneur. Froissés dans leur orgueil, les Arabes de l'Irâc montrèrent dès le début un esprit fort turbulent, fort séditieux, fort anarchique, fort arabe en un mot. La province devint le rendez-vous des brouillons politiques, le repaire des brigands et des assassins. Alors Moâwia en confia le gouvernement à Ziyâd, son frère bâtard. Ziyâd ne contint pas les têtes chaudes, il les abattit. Ne marchant qu'escorté de soldats, d'agents de police et de bourreaux, il écrasa de sa main de fer la moindre tentative faite pour troubler l'ordre politique ou social. Bientôt la plus complète soumission et la plus grande sécurité régnèrent dans la province; mais le plus affreux despotisme y régna en même temps. Voilà pourquoi l'Irâc était prêt à reconnaître Hosain.

Mais la terreur avait déjà plus d'empire sur les âmes que les habitants de la province ne le soupçon-

naient eux-mêmes. Ziyâd n'était plus, mais il avait
laissé un fils digne de lui. Ce fils s'appelait Obaidallâh. Ce fut à lui que Yézîd confia la tâche d'étouffer
la conspiration à Coufa, alors que le gouverneur de
la ville, Nomân, fils de Bachîr, faisait preuve d'une
modération qui parut suspecte au calife. Etant parti
de Baçra à la tête de ses troupes, Obaidallâh leur fit
faire halte à quelque distance de Coufa. Puis, s'étant
voilé pour se cacher le visage, il se rendit dans la
ville à l'entrée de la nuit, accompagné de dix hommes seulement. Afin de sonder les intentions des habitants, il avait fait poster sur son passage quelques
personnes qui le saluèrent comme s'il eût été Hosain.
Plusieurs nobles citoyens lui offrirent aussitôt l'hospitalité. Le prétendu Hosain rejeta leurs offres, et,
entouré d'une multitude tumultueuse qui criait : vive
Hosain ! il alla droit au château. Nomân en fit fer-
mer les portes en toute hâte. «Ouvrez, lui cria
Obaidallâh, afin que le petit-fils du Prophète puisse
entrer ! — Retournez d'où vous êtes venu ! lui répondit Nomân ; je prévois votre perte, et je ne voudrais
pas que l'on pût dire : Hosain, le fils d'Alî, a été
tué dans le château de Nomân.» Satisfait de cette
réponse, Obaidallâh ôta le voile qui lui couvrait la
figure. Reconnaissant ses traits, la foule se dispersa
aussitôt, saisie de terreur et d'effroi, tandis que Nomân vint le saluer respectueusement et le prier d'entrer dans le château. Le lendemain Obaidallâh an-

nonça au peuple rassemblé dans la mosquée, qu'il serait un père pour les bons, un bourreau pour les
méchants.   Il y eut une émeute, elle fut réprimée.
Dès lors nul n'osa reparler de rébellion.

L'infortuné Hosain reçut ces nouvelles fatales non
loin de Coufa.   A peine avait-il avec lui une centaine
d'hommes, ses parents pour la plupart; pourtant il
continua sa route; la folle et aveugle crédulité qui
semble comme un sort jeté sur les prétendants, ne
l'abandonna point: une fois qu'il serait devant les
portes de Coufa, les habitants de cette ville s'arme-
raient pour sa cause, il s'en tenait convaincu.   Près
de Kerbelà, il se trouva face à face avec les troupes
qu'Obaidallâh avait envoyées à sa rencontre, en leur
enjoignant de le prendre mort ou vif.   Sommé de se
rendre, il entra en pourparlers.   Le général des troupes omaiyades n'obéit pas à ses ordres, il chancela.
C'était un Coraichite; fils d'un des premiers disciples
de Mahomet, il répugnait à l'idée de verser le sang
d'un fils de Fatime.   Il envoya donc demander de
nouvelles instructions à son chef, et lui fit connaître
les propositions de Hosain.   Ayant reçu ce message,
Obaidallâh lui-même eut un moment d'hésitation.
«Eh quoi! lui dit alors Chamir, noble de Coufa et
général dans l'armée omaiyade, Arabe du vieux temps
tout comme son petit-fils que nous rencontrerons plus
tard en Espagne; eh quoi! le hasard a livré votre ennemi entre vos mains, et vous l'épargneriez? Non, il

faut qu'il se rende à discrétion.» Obaidallâh expédia un ordre en ce sens au général de ses troupes. Hosain refusa de se rendre sans condition, et pourtant on ne l'attaqua point. Alors Obaidallâh envoya de nouvelles troupes sous Chamir, auquel il dit: «Si le Coraichite persiste à ne pas vouloir combattre, tu lui trancheras la tête et tu prendras le commandement à sa place [1].» Mais une fois que Chamir fut arrivé dans le camp, le Coraichite n'hésita plus; il donna le signal de l'attaque. En vain Hosain cria-t-il à ses ennemis: «Si vous croyez à la religion fondée par mon aïeul, comment pourrez-vous alors justifier votre conduite le jour de la résurrection?» — en vain fit-il attacher des Corans aux lances: — sur l'ordre qu'en donna Chamir, on l'attaqua l'épée au poing et on le tua. Ses compagnons restèrent presque tous sur le champ de bataille, après avoir vendu chèrement leur vie (10 octobre 680).

La postérité, toujours prête à s'attendrir sur le sort des prétendants malheureux, et tenant d'ordinaire peu de compte du droit, du repos des peuples, des malheurs qui naissent d'une guerre civile si elle n'est étouffée dans son germe, — la postérité a vu dans Hosain la victime d'un forfait abominable. Le fanatisme persan a fait le reste: il a rêvé un saint là où il n'y avait qu'un aventurier précipité dans l'abîme

---

1) Ibn-Badroun, p. 164.

par une étrange aberration d'idées, par une ambition allant jusqu'à la frénésie. L'immense majorité des contemporains en jugeait autrement : elle voyait dans Hosain un parjure coupable de haute trahison, attendu que, du vivant de Moâwia, il avait prêté serment de fidélité à Yézîd, et qu'il ne pouvait faire valoir au califat aucun droit, aucun titre.

Celui qui prit la place de prétendant, que la mort de Hosain venait de laisser vide, fut moins téméraire et se crut plus habile. C'était Abdallâh, fils de Zobair. Ostensiblement il avait été l'ami de Hosain; mais ses sentiments véritables n'avaient été un mystère ni pour Hosain lui-même, ni pour les amis de ce dernier. «Sois tranquille et satisfait, fils de Zobair,» avait dit Abdallâh, fils d'Abbâs, quand il eut pris congé de Hosain, après l'avoir conjuré inutilement de ne point entreprendre le voyage de Coufa; et récitant trois petits vers bien connus alors, il avait poursuivi ainsi : «L'air est libre pour toi, alouette! Ponds, gazouille et béquette tant que tu voudras;... voilà Hosain qui part pour l'Irâc et qui t'abandonne le Hidjâz.» Toutefois, et bien qu'il eût pris secrètement le titre de calife dès que le départ de Hosain lui eut laissé le champ libre, le fils de Zobair feignit une profonde douleur quand la nouvelle de la catastrophe de Hosain arriva dans la ville sainte, et il s'empressa de tenir un discours fort pathétique. Il était né rhéteur, cet homme; nul n'était plus rompu

à la *phrase*, nul ne possédait à un égal degré le
grand art de dissimuler ses pensées et de feindre des
sentiments qu'il n'éprouvait point, nul ne s'entendait
mieux à cacher la soif des richesses et du pouvoir qui
le dévorait, sous les grands mots de devoir, de vertu,
de religion, de piété. Là était le secret de sa force;
c'était par là qu'il en imposait au vulgaire. Maintenant que Hosain ne pouvait plus lui faire ombrage, il
le proclama calife légitime, vanta ses vertus et sa
piété, prodigua les épithètes de perfides et de fourbes
aux Arabes de l'Irâc, et conclut son discours par ces
paroles, que Yézîd pouvait prendre pour soi, s'il le
jugeait convenable: «Jamais on ne vit ce saint homme préférer la musique à la lecture du Coran, des
chants efféminés à la componction produite par la
crainte de Dieu, la débauche du vin au jeûne, les
plaisirs de la chasse aux conférences destinées à de
pieux entretiens.... Bientôt ces hommes recueille-
ront le fruit de leur conduite perverse [1] »....

Il lui fallait avant tout gagner à sa cause les chefs
les plus influents des Emigrés. Il pressentit qu'il ne
pourrait pas les tromper aussi facilement que la plèbe
sur les véritables motifs de sa rébellion; il prévit
qu'il rencontrerait des obstacles, surtout chez Abdallâh, le fils du calife Omar, attendu que c'était un
homme vraiment désintéressé, vraiment pieux, et fort

---

1) *Nouveau Journ. asiat.*, t. IX, p. 332.

clairvoyant. Cependant il ne se laissa pas décourager.
Le fils du calife Omar avait une femme dont la dévotion n'était égalée que par sa crédulité. Il lui fallait
commencer par elle, le fils de Zobair le savait bien.
Il alla donc la voir, lui parla, avec sa faconde ordinaire, de son zèle pour la cause des Défenseurs,
des Emigrés, du Prophète, de Dieu, et quand il vit
que ses onctueuses paroles avaient fait sur elle une
impression profonde, il la pria de persuader à son
mari de le reconnaître pour calife. Elle lui promit
d'y faire tout son possible, et le soir, quand elle
servit le souper à son époux, elle lui parla d'Abdallâh avec les plus grands éloges et conclut en disant:
«Ah! vraiment, il ne cherche que la gloire de l'Eternel! — Tu as vu, lui répondit froidement son mari,
tu as vu le cortége magnifique qu'avait Moâwia lors
de son pèlerinage, ces superbes mules blanches surtout, couvertes de housses de pourpre et montées par
des jeunes filles éblouissantes de parure, couronnées
de perles et de diamants; tu as vu cela, n'est-ce pas?
Eh bien! ce qu'il cherche, ton saint homme, ce sont
ces mules-là.» Et il continua son souper sans vouloir en entendre davantage [1].

Déjà depuis une année entière, le fils de Zobair
était en révolte ouverte contre Yézîd, et pourtant celui-ci le laissait en repos. C'est plus qu'on n'avait le

---

1) *Aghânî*, t. I, p. 18; cf. Ibn-Badroun, p. 199.

droit d'attendre de la part d'un calife qui ne comptait pas la patience et la mansuétude parmi ses qualités les plus saillantes; mais d'un côté, il jugeait
qu'Abdallâh n'était guère dangereux, puisque, plus
prudent que Hosain, il ne quittait pas la Mecque; de
l'autre, il ne voulait pas, sans y être forcé par une
nécessité absolue, ensanglanter un territoire qui,
déjà durant le paganisme, avait joui de la préroga-
tive d'être un asile inviolable pour les hommes comme pour les animaux. Un tel sacrilége, il le savait
bien, mettrait le comble à l'irritation des dévots.

Mais sa patience se lassa enfin. Pour la dernière
fois il fit sommer Abdallâh de le reconnaître. Abdallâh s'y refusa. Alors le calife jura dans sa fureur
qu'il ne recevrait plus le serment de fidélité de ce rebelle, qu'il ne fût amené en sa présence, le cou et
les mains chargés de chaînes. Mais le premier moment de colère passé, comme il était bonhomme au
fond, il se repentit de son serment. Obligé cependant de le tenir, il imagina un moyen de le faire
sans trop blesser la fierté d'Abdallâh. Il résolut de
lui envoyer une chaîne d'argent, et d'y ajouter un
superbe manteau, dont il pourrait se revêtir afin de
dérober la chaîne à tous les regards.

Les personnes que le calife désigna pour aller remettre ces singuliers présents au fils de Zobair, furent au nombre de dix. A la tête de la députation
se trouvait le Défenseur Nomân, fils de Bachîr, le

médiateur ordinaire entre le parti pieux et les Omaiyades; ses collègues, d'une humeur moins conciliante,
étaient des chefs de différentes tribus établies en
Syrie.»

Les députés arrivèrent au lieu de leur destination.
Abdallâh, comme il était à prévoir, refusa d'accepter
les cadeaux du calife; cependant Nomân, loin de se
laisser décourager par ce refus, tâcha de l'amener à
la soumission par de sages raisonnements. Leurs entretiens, qui, du reste, n'aboutirent à aucun résultat,
furent fréquents, et comme ils restaient secrets pour
les autres députés, ils éveillèrent les soupçons de l'un
de ces derniers, d'Ibn-Idhâh, le chef de la tribu des
Acharites, laquelle était la plus nombreuse et la plus
puissante à Tibérias [1]. «Ce Nomân est un Défenseur
après tout, pensa-t-il; il serait bien capable de trahir
le calife, lui qui est un traître à son parti, à sa
tribu.» Et un jour qu'il rencontra Abdallâh, il l'aborda et lui dit:

— Fils de Zobair, je puis te jurer que ce Défenseur n'a point reçu du calife d'autres instructions que
celles que nous avons reçues tous, nous autres députés. Il est notre chef, voilà tout; mais, par Dieu!
il faut que je te l'avoue: ces conférences secrètes, je
ne sais qu'en penser. Un Défenseur et un Emigré,

---

1) Ahmed ibn-abî-Yacoub, fol. 62 v.

ce sont des oiseaux de même plumage, et Dieu sait s'il ne se trame pas quelque chose.

— De quoi te mêles-tu? lui répondit Abdallâh d'un air de suprême dédain. Tant que je serai ici, je pourrai faire tout ce qui me convient. Ici je suis aussi inviolable que cette colombe que voilà, et que protége la sainteté du lieu. Tu n'oserais pas la tuer, n'est-ce pas? car ce serait un crime, un sacrilége.

— Ah! tu crois qu'une telle considération m'arrêterait?

Et se tournant vers un page qui portait ses armes:

— Hé, jeune homme! lui cria-t-il, donne-moi mon arc et mes flèches!

Quand le page eut obéi à cet ordre, le chef syrien prit une flèche, la posa au milieu de l'arc, et la dirigeant vers la colombe, il se mit à dire:

— Colombe, Yézîd, fils de Moâwia, est-il adonné au vin? Dis que oui, si tu l'oses, et dans ce cas, par Dieu! je te percerai de cette flèche.... Colombe, prétends-tu dépouiller de la dignité de calife, Yézîd, fils de Moâwia, te séparer du peuple de Mahomet, et comptes-tu sur l'impunité parce que tu te trouves sur un territoire inviolable? Dis que telle est ta pensée, et je vais te percer de ce trait.

— Tu vois bien que l'oiseau ne peut te répondre, dit Abdallâh d'un air de pitié, mais en tâchant en vain de dissimuler son trouble.

— L'oiseau ne peut me répondre, c'est vrai, mais

toi, tu le peux, fils de Zobair!... Ecoute bien ceci:
je jure que tu prêteras serment à Yézîd de gré ou
de force, ou que tu verras la bannière des Acharî-
tes[1] flotter dans cette vallée, et alors je ne respecte-
rai guère les priviléges que tu réclames pour ce
lieu!

Le fils de Zobair pâlit à cette menace. Il avait
peine à croire à tant d'impiété, même dans un Syrien, et il se hasarda à demander d'une voix timide
et tremblante:

— Osera-t-on donc réellement commettre le sacrilége de verser le sang sur ce territoire sacré?

— On l'osera, répondit le chef syrien avec un calme parfait; et que la responsabilité en retombe sur
celui qui a choisi ce lieu pour y conspirer contre le
chef de l'Etat et de la religion[2].

Peut-être, si Abdallâh eût été plus fermement
convaincu que ce chef était l'interprète des sentiments qui animaient ses compatriotes, peut-être
eût-il épargné alors bien des malheurs au monde
musulman et à lui-même; car il succomberait, le
fils de Zobair; il succomberait comme avaient succombé le gendre et le petit-fils du Prophète, comme
ils succomberaient tous, les musulmans de la vieille

---

1) C'était, comme on l'a vu, le nom de la tribu dont Ibn-Idhâh
était le chef.
2) *Aghânî*, t. I, p. 18.

roche, les fils des compagnons, des amis de Mahomet; des malheurs inouïs, de terribles catastrophes
renouvelées les unes des autres, c'est là ce qui les
attendait tous. Pour lui, cependant, l'heure fatale
n'était pas encore venue. Il était dans les décrets de
la destinée qu'auparavant la malheureuse Médine ex-
piât par sa ruine complète, par l'exil ou par le massacre de ses enfants, le funeste honneur d'avoir offert un asile au Prophète fugitif, et d'avoir donné
le jour aux véritables fondateurs de l'islamisme, à
ces héros fanatiques qui, subjuguant l'Arabie au nom
d'une foi nouvelle, avaient donné à l'islamisme un si
sanglant berceau.

V.

C'était dans l'année 682. Le soleil venait de se coucher derrière les montagnes qui s'étendent à l'ouest de la ville de Tibérias, dont l'antique splendeur n'est attestée aujourd'hui que par des ruines, mais qui, à l'époque dont nous parlons, était la capitale du district du Jourdain et la résidence temporaire du calife Yézîd Ier. Eclairés par les rayons argentés de la lune, les minarets des mosquées et les tours des remparts se miraient dans les ondes limpides et transparentes du lac, cette mer de Galilée qui rappelle au chrétien tant de souvenirs chers à son cœur, lorsqu'une petite caravane, profitant de la fraîcheur de la nuit, sortit de la ville en se dirigeant vers le sud.

Dans les neuf voyageurs qui étaient à la tête de la caravane, on reconnaissait au premier abord des personnes de qualité; cependant, rien n'annonçait en eux des courtisans du calife, qui d'ordinaire n'admettait dans son intimité que des personnes d'un âge moins mûr et d'une mine moins austère, moins rechignée.

On marcha quelque temps sans mot dire. Enfin l'un des voyageurs rompit le silence:

— Eh bien, mes frères, dit-il, que pensez-vous de lui maintenant? Avouons du moins qu'il a été généreux envers nous. N'est-ce pas cent mille pièces que tu as reçu de lui, fils de Handhala?

— Oui, il m'a donné cette somme, répliqua celui à qui s'adressait cette question; mais il boit du vin sans y voir un péché; il joue de la guitare; le jour il a pour compagnie des chiens de chasse, et la nuit, des voleurs de grands chemins; il commet des incestes avec ses sœurs et ses filles, il ne prie jamais[1], enfin, il n'a point de religion, c'est évident. Que ferons-nous, mes frères? Croyez-vous qu'il nous soit permis de tolérer plus longtemps un tel homme? Nous avons patienté plus qu'il ne le fallait peut-être, et si nous continuons à marcher dans cette voie, je crains que des pierres ne viennent tomber du ciel pour nous écraser. Qu'en penses-tu, fils de Sinân?

— Je vais te le dire, répondit ce dernier. Dès que nous serons de retour à Médine, nous devrons déclarer solennellement que nous n'obéirons plus à ce libertin, fils d'un libertin; ensuite nous ferons bien de prêter hommage au fils d'un Emigré.

Au moment où il prononça ces paroles, un homme, venant du côté opposé, passa sur la route. Le ca-

---

1) Cf. Soyoutî, *Tarîkh al-kholafâ*, p. 209, éd. Lees.

puchon de son manteau, rabattu sur sa figure, aurait dérobé ses traits aux regards des voyageurs,
lors même que leur attention n'aurait pas été entièrement absorbée par une conversation qui s'animait
de plus en plus.

Quand la caravane eut cessé d'être à la portée de
sa voix, l'homme au capuchon s'arrêta. Sa rencontre était d'un mauvais présage selon les idées arabes,
car il était borgne; d'ailleurs la haine et la férocité
se peignaient dans le terrible regard qu'il lança de
son œil unique à ces hommes qui se perdaient dans
le lointain, quand il dit d'une voix lente et solennelle: «Je jure que si jamais je te rencontre de nouveau et que je puisse te tuer, je le ferai, fils de Sinân, tout compagnon de Mahomet que tu es [1]. »

Dans les voyageurs l'on aura déjà reconnu des
Médinois. C'étaient les hommes les plus distingués
de cette ville, presque tous Défenseurs ou Emigrés,
et voici pour quelle raison ils étaient venus à la cour
du calife.

Il s'était montré à Médine des symptômes de rébellion, et il y avait eu d'assez graves querelles au
sujet des terres labourables et des plantations de dat-
tiers, que Moâwia avait autrefois achetées aux habitants de la ville, mais que ceux-ci revendiquaient

---

1) Ibn-Khaldoun, t. II, fol. 170 r., 169 r.; Samhoudî, man. de
Paris, n° 763 *bis*, fol. 31 r.

maintenant, sous le prétexte que Moâwia, en retenant leurs traitements, les avait forcés à lui vendre ces terres au centième de ce qu'elles valaient [1]. Le gouverneur Othmân, se flattant de l'espoir que le calife, son cousin germain, saurait bien assoupir ce différend d'une manière ou d'une autre, et qu'il se concilierait les nobles médinois par ses manières aimables et sa générosité bien connue, avait proposé à ces nobles de faire le voyage de Tibérias, et ils y avaient consenti. Mais, animé des meilleures intentions, le gouverneur avait commis une grande imprudence, une impardonnable étourderie. Ignorait-il donc que les nobles de Médine ne demandaient pas mieux que de pouvoir parler en témoins oculaires de l'impiété de son cousin, afin d'exciter leurs concitoyens à la révolte? Au lieu de les engager à se rendre à la cour du calife, il eût dû les en empêcher à tout prix.

Ce que l'on pouvait prévoir était arrivé. Yézîd, il est vrai, avait offert aux députés une hospitalité cordiale et pleine d'égards; il avait été fort généreux; il avait donné au Défenseur Abdallâh, fils de Handhala (c'est-à-dire d'un noble et vaillant guerrier qui était mort à Ohod en combattant pour Mahomet), cent mille pièces d'argent; il en avait donné vingt

---

1) *Raihân*, fol. 200 v.; Samhoudî, *loco laudato*.

ou dix mille, selon leur rang, aux autres députés[1];
mais comme il ne se gênait jamais pour qui que ce
fût et que sa cour n'était pas tout à fait un modèle
de retenue et d'abstinence, la liberté de ses mœurs,
jointe à sa prédilection pour les Bédouins qui, il faut
en convenir, étaient bien quelque peu brigands dans
l'occasion, avait scandalisé énormément ces austères
et rigides citadins, ennemis naturels des fils du Désert.

De retour dans leur ville natale, ils ne tarirent
point sur l'impiété du calife. Leurs rapports un peu
exagérés peut-être, leurs diatribes pleines d'une sainte indignation, firent une impression si grande sur
des cœurs déjà tout disposés à croire aveuglément
tout le mal que l'on voudrait dire au sujet de Yézîd,
que bientôt une scène extraordinaire se passa dans la
mosquée. Les Médinois s'y étant réunis, l'un d'eux
s'écria: «Je rejette Yézîd ainsi que je rejette maintenant mon turban;» et en disant ces mots, il ôta sa
coiffure. Puis il ajouta: «Yézîd m'a comblé de présents, j'en conviens, mais c'est un ivrogne, un ennemi de Dieu.» — «Et moi, dit un autre, je rejette
Yézîd comme je rejette ma sandale.» Un troisième:
«Je le rejette comme mon manteau;» un quatrième:

---

1) Weil, t. I, p. 326. Le dixième député, Mondhir, fils de Zobair, n'accompagna pas ses collègues pendant leur retour à Médine,
car il avait obtenu de Yézîd la permission d'aller en Irâc; *voir* Ibn-
Khaldoun, fol. 169 r.

«Je le rejette comme ma bottine.» D'autres personnes les imitèrent, et bientôt, singulier spectacle, on
vit dans la mosquée un amas de turbans, de manteaux, de bottines, de sandales.

La déchéance de Yézîd ainsi prononcée, on résolut
d'expulser de la ville tous les Omaiyades qui s'y trouvaient. On leur signifia par conséquent qu'ils devaient partir sans retard, mais qu'auparavant ils devaient jurer de ne jamais aider les troupes qui mar-
cheraient contre la ville, de les repousser plutôt, et
dans le cas où la chose se trouverait au-dessus de
leurs forces, de ne point rentrer dans la ville avec les
troupes syriennes. Othmân, le gouverneur, essaya,
mais sans succès, de faire sentir aux rebelles le danger auquel ils s'exposaient en l'expulsant. «Bientôt,
leur dit-il, une armée nombreuse va arriver ici pour
vous écraser, et alors vous vous féliciterez de pouvoir
dire qu'au moins vous n'avez pas chassé votre gouverneur. Attendez pour me faire partir que vous
ayez remporté la victoire. Ce n'est pas dans mon
intérêt, c'est dans le vôtre que je vous parle ainsi;
car je voudrais empêcher l'effusion de votre sang.»
Loin de se rendre à ces raisonnements, les Médinois
le chargèrent d'imprécations aussi bien que Yézîd.
«C'est par toi que nous allons commencer, lui dirent-ils, et l'expulsion de tes parents suivra de près
la tienne.»

Les Omaiyades étaient furieux. «Quelle méchante

affaire! Quelle détestable religion [1] » s'écria Merwân,
qui avait été successivement ministre du calife Othmân et gouverneur de Médine, mais qui maintenant
eut bien de la peine à trouver quelqu'un qui voulût
prendre soin de sa femme et de ses enfants. Il fallait
toutefois se plier aux circonstances. Après avoir prêté
le serment voulu, les Omaiyades se mirent donc en
route, poursuivis par les huées de la populace; on
alla même jusqu'à leur jeter des pierres, et l'affranchi Horaith le Sauteur, ainsi nommé parce que, l'un
des anciens gouverneurs lui ayant fait couper un pied,
il marchait comme en sautant, aiguillonnait sans relâche les montures de ces infortunés, chassés comme
de vils criminels d'une cité où ils avaient si longtemps commandé en maîtres. Enfin on arriva à Dhou-
Khochob, où les exilés devraient rester jusqu'à nou-
vel ordre.

Leur premier soin fut de dépêcher quelqu'un en
courrier vers Yézîd, pour l'informer de leur infortune
et lui demander du secours. Les Médinois l'apprirent.
Aussitôt une cinquantaine de leurs cavaliers se mit
en route pour chasser les Omaiyades de leur retraite.
Le Sauteur ne manqua pas de profiter de cette nouvelle occasion pour assouvir sa vengeance; lui et un

---

1) Ces paroles se trouvent dans l'*Aghânî*, p. 19, l. 19: un passage
d'Abou-Ismâîl al-Baçrî (*Fotouh as-Châm*, p. 237, l. 10) montre, je
crois, qu'il faut les traduire comme je l'ai fait.

membre de la famille des Beni-Hazm (famille de Défenseurs qui avait facilité le meurtre du calife Othmân en mettant sa maison à la disposition des rebelles) piquaient le chameau que montait Merwân
avec tant de rigueur, que l'animal faillit jeter son
cavalier par terre. Moitié crainte, moitié compassion, Merwân descendit de son chameau en disant:
«Va-t-en et sauve-toi!» Quand on fut arrivé à un
endroit nommé Sowaidâ, Merwân vit venir à lui un
de ses clients qui demeurait dans ce hameau et qui
le pria de partager son repas. «Le Sauteur et ses
dignes compagnons ne me permettront pas de m'arrêter, lui répondit Merwân. Plaise au ciel qu'un
jour nous ayons cet homme en notre pouvoir! dans
ce cas il ne tiendra pas à nous que sa main ne partage le sort qui a frappé son pied.» Enfin, quand
on fut arrivé à Wâdî-'l-corâ, on permit aux Omaiyades d'y rester [1].

Sur ces entrefaites, la discorde fut sur le point
d'éclater parmi les Médinois eux-mêmes [2]. Tant qu'il
ne s'était agi que d'expulser les Omaiyades, de les
injurier, de les maltraiter, l'union la plus parfaite
n'avait pas cessé un seul instant de régner parmi
tous les habitants de la ville; mais il en fut autre-

---

1) *Aghâni*, t. I, p. 18—20. Comme M. Weil l'a dit avec raison,
il faut rayer, p. 18, dernière ligne, le mot *alaihi*.
2) *Raihân*, fol. 200 v.

ment lorsqu'il fallut élire un calife. Les Coraichites
ne voulaient pas d'un Défenseur, et les Défenseurs ne
voulaient pas d'un Coraichite. Cependant, comme
on sentait le besoin de la concorde, on résolut de
laisser la grande question en suspens et de choisir
des chefs provisoires. On choisirait un nouveau calife quand Yézîd serait détrôné [1].

Quant à celui-ci, le courrier expédié par les Omaiyades lui avait rendu compte de ce qui était arrivé.
En apprenant ces nouvelles, il fut plutôt surpris et
indigné de la conduite passive de ses parents qu'irrité
contre les séditieux.

— Les Omaiyades ne pouvaient-ils donc réunir un
millier d'hommes en rassemblant leurs affranchis?
demanda-t-il.

— Assurément, lui répondit le messager; ils auraient pu en réunir sans peine trois mille.

— Et avec des forces aussi considérables, ils n'ont
pas même tenté de résister pendant au moins une
heure?

— Le nombre des rebelles était trop grand; toute
résistance eût été impraticable [2].

Si Yézîd n'eût écouté que sa juste indignation contre des hommes qui s'étaient révoltés après avoir accepté sans scrupule ses cadeaux et son argent, il eût

---

1) Weil, t. I, p. 326, dans la note.
2) *Aghâni*, t. I, p. 21.

envoyé dès lors une armée pour les châtier ; mais il voulait encore éviter, s'il était possible, de se brouiller pour toujours avec les dévots ; il se rappelait peut-être que le Prophète avait dit : «Celui qui tirera l'épée contre les Médinois, Dieu et les anges et les hommes le maudiront [1]," et pour la seconde fois il fit preuve d'une modération dont il faut lui tenir compte, d'autant plus qu'elle n'était pas dans son caractère. Voulant encore tenter la voie de la douceur, il envoya à Médine le Défenseur Nomân, fils de Bachîr. Ce fut en vain. Les Défenseurs, il est vrai, ne demeurèrent pas tout à fait insensibles aux sages conseils de leur contribule, qui leur représentait qu'ils étaient trop faibles, trop peu nombreux, pour pouvoir résister aux armées de la Syrie ; mais les Coraichites ne voulaient que la guerre, et leur chef, Abdallâh, fils de Motî, dit à Nomân : «Pars d'ici, car tu n'es venu que pour détruire la concorde qui, grâce à Dieu, règne à présent parmi nous. — Ah! tu es bien brave, bien hardi, en ce moment, lui répondit Nomân ; mais je sais ce que tu feras quand l'armée de Syrie sera devant les portes de Médine ; alors tu fuiras vers la Mecque, monté sur le plus rapide de tes mulets, et tu abandonneras à leur sort ces infortunés, ces Défenseurs, qui seront égorgés dans leurs rues, dans leurs mosquées et devant les portes de

---

1) Soyoutî, *Tarîkh al-kholafâ*, p. 209, éd. Lees.

leurs maisons.» Enfin, voyant tous ses efforts inutiles, Nomân retourna auprès de Yézîd, auquel il rendit compte du mauvais succès de sa mission [1]. «Puisqu'il le faut donc absolument, dit alors le calife, je les ferai écraser par les chevaux de mes Syriens [2].»

L'armée, forte de dix mille hommes, qui allait marcher vers le Hidjâz, devrait réduire non-seulement Médine, mais encore l'autre ville sainte, la Mecque. Comme le général auquel Yézîd en avait confié le commandement venait de mourir, les autres généraux, brûlant d'anéantir une fois pour toutes la nouvelle aristocratie, se disputèrent l'honneur de prendre sa place [3]. Yézîd ne s'était pas encore décidé pour l'un ou pour l'autre des différents compétiteurs, lorsqu'un homme vieilli dans le métier de la guerre vint se mettre sur les rangs.

C'était le borgne que nous avons déjà rencontré sur la grande route près de Tibérias.

Nul, peut-être, ne représentait aussi bien le vieux temps et le principe païen, que ce borgne, Moslim, fils d'Ocba, de la tribu de Mozaina [4]. En lui il n'y avait pas même l'ombre de la foi mahométane; de tout ce qui était sacré aux yeux des musulmans,

1) Ibn-Khaldoun, t. II, fol. 169 r. et v.

2) Samhoudî.

3) Voir note A, à la fin de ce volume.

4) Dans plusieurs manuscrits on lit par erreur *Morrî*, au lieu de *Mozanî*. La véritable leçon se trouve chez Fâkihî, fol. 400 r.

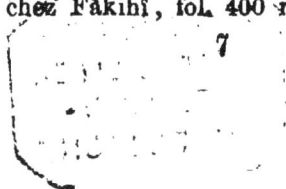

T. I.   7

rıen ne l'était pour lui. Moâwia connaissait ses sen‑
timents et les appréciait: il l'avait recommandé à son
fils comme l'homme le plus propre à réduire les Mé‑
dinois, dans le cas où ils se révolteraient [1]. Cepen‑
dant, s'il ne croyait pas à la mission divine de Ma‑
homet, il n'en croyait que plus fermement aux préju‑
gés superstitieux du paganisme, aux songes prophéti‑
ques, aux mystérieuses paroles qui sortaient des *ghar‑
cad*, espèces de grandes ronces épineuses qui, pen‑
dant le paganisme et dans certaines contrées de l'Ara‑
bie, passaient pour des oracles. C'est ce qu'il mon‑
tra lorsque, se présentant à Yézîd, il lui dit: « Tout
homme que vous enverriez contre Médine échouerait
complétement. Moi seul je puis vaincre.... Je vis
en songe un *gharcad*, d'où sortait ce cri: Par la
main de Moslim!... Je m'approchai du lieu d'où ve‑
nait la voix, et j'entendis dire: C'est toi qui vengeras
Othmân sur les Médinois, ses meurtriers [2]! »

Convaincu que Moslim était l'homme qu'il lui fal‑
lait, Yézîd l'accepta comme général, et lui donna
ses ordres en ces termes: «Avant d'attaquer les Mé‑
dinois, tu les sommeras pendant trois jours de se
soumettre; attaque-les, s'ils refusent de le faire, et
si tu remportes la victoire, tu livreras la ville pen‑
dant trois jours au pillage; tout ce que tes soldats y

1) Ibn-Khaldoun, fol. 169 v.; Samhoudî.
2) *Aghânî*, t. I, p. 21.

trouveront d'argent, de nourriture et d'armes, leur appartiendra[1]. Ensuite tu feras jurer aux Médinois d'être mes esclaves, et tu feras couper la tête à quiconque refusera de le faire[2].»

L'armée, dans laquelle on remarquait Ibn-Idhâh, le chef des Acharites[3], dont nous avons rapporté l'entretien avec le fils de Zobair, arriva sans accident à Wâdî-'l-corâ, où se trouvaient les Omaiyades expulsés de Médine. Moslim les fit venir l'un après l'autre, afin de les consulter sur les meilleurs moyens qu'il pourrait employer pour se rendre maître de la ville. Un fils du calife Othmân ayant refusé de violer le serment que les Médinois lui avaient fait prêter: «Si tu n'étais le fils d'Othmân, lui dit le fougueux Moslim, je te couperais la tête; mais quoique je t'épargne, je n'épargnerai aucun autre Coraichite qui me refusera son appui et ses conseils.» Vint le tour de Merwân. Lui aussi éprouvait des scrupules de conscience; d'un autre côté, il craignait pour sa tête, car chez Moslim l'effet suivait de près la menace, et puis sa haine des Médinois était trop forte pour qu'il manquât l'occasion de l'assouvir. Par bonheur, il savait qu'on trouve avec le ciel des accommodements, qu'on peut violer un serment sans en

---

1) Ibn-Khaldoun; Samhoudî.
2) Fâkihî, fol. 400 r.
3) Ibn-al-Athîr, man. de Paris (C. P.), t. III, fol. 78 r.

7 *

avoir l'air. Il donna ses instructions à son fils Abdalmélic qui n'avait pas juré. «Entre avant moi,
ajouta-t-il; peut-être Moslim ne me demandera-t-il
rien quand il t'aura entendu.» Introduit auprès du
général, Abdalmélic lui conseilla d'avancer avec ses
troupes jusqu'aux premières plantations de palmiers;
là l'armée devrait passer la nuit, et le lendemain
matin elle devrait se porter à Harra, à l'est de Médine, de sorte que les Médinois, qui ne manqueraient
pas d'aller à la rencontre de l'ennemi, eussent le soleil en face [1]. Abdalmélic fit aussi entrevoir à Moslim que son père saurait bien se mettre en relation
avec certains Médinois qui, le combat engagé, tra-
hiraient peut-être leurs concitoyens [2]. Fort content
de ce qu'il venait d'entendre, Moslim s'écria avec un
sourire moqueur: «Quel homme admirable que ton
père!» et, sans forcer Merwân à en dire davantage,
il suivit ponctuellement les conseils d'Abdalmélic, alla
se camper à l'est de Médine, sur la grande route
qui conduisait à Coufa, et fit annoncer aux Médinois
qu'il leur donnait un répit de trois jours pour se
raviser. Les trois jours passés, les Médinois répondirent qu'ils refusaient de se soumettre [3].

Ainsi que Merwân l'avait prévu, les Médinois, au

1) Ibn-Khaldoun.
2) *Raihân*, fol. 200 v.
3) Ibn-Khaldoun.

lieu d'attendre l'ennemi dans leur ville, qu'ils avaient fortifiée autant que possible, allèrent à sa rencontre (26 août 683), divisés en quatre corps suivant la différence de leur origine. Les Emigrés avaient à leur tête Makil, fils de Sinân[1], compagnon de Mahomet qui, à la tête de sa tribu, celle d'Achdja, avait assisté à la prise de la Mecque, et qui doit avoir joui d'une grande considération à Médine, puisque les Emigrés lui avaient donné le commandement encore qu'il ne fût pas de leur tribu. Ceux des Coraichites que l'on ne comptait pas parmi les Emigrés, mais qui, à différentes époques et après la prise de la Mecque, s'étaient établis à Médine, étaient partagés en deux compagnies, dont l'une commandée par Abdallâh, fils de Motî, l'autre par un compagnon du Prophète. Enfin le corps le plus considérable, celui des Défenseurs, avait pour commandant Abdallâh, fils de Handhala. Gardant un profond et religieux silence, on s'avança vers Harra, où se tenaient les impies, les païens, qu'on allait combattre.

Le général de l'armée syrienne était dangereusement malade; cependant il se fit porter sur un siége un peu en avant des rangs, confia sa bannière à un brave page, Grec d'origine, et cria à ses soldats:

---

1) *Voir* sur lui Nawawî, p. 567, Ibn-Cotaiba, p. 152, Samhoudî, fol. 32.

«Arabes de Syrie! montrez maintenant que vous savez défendre votre général! A la charge!»

Le combat s'engagea. Les Syriens attaquèrent l'ennemi avec tant d'impétuosité que trois corps médinois, celui des Emigrés et ceux des Coraichites, lâchèrent pied; mais le quatrième, celui des Défenseurs, força les Syriens à reculer et à se grouper autour de leur général. Des deux côtés on se battait avec acharnement, lorsque l'intrépide Fadhl, qui combattait aux côtés d'Abdallâh, fils de Handhala, à la tête d'une vingtaine de cavaliers, dit à son chef: «Mettez sous mes ordres toute la cavalerie; je tâcherai alors de pénétrer jusqu'à Moslim, et que ce soit lui ou moi, l'un de nous deux y laissera la vie.» Abdallâh y ayant consenti, Fadhl chargea si vigoureusement, que les Syriens reculèrent de nouveau. «Encore une charge comme celle-là, mes chers et braves amis, cria-t-il alors; par Dieu! si j'aperçois leur général, l'un de nous deux ne survivra pas à ce jour. Souvenez-vous que la victoire est la récompense de la bravoure!» Ses soldats attaquèrent de nouveau avec un redoublement de courage, rompirent les rangs de la cavalerie syrienne, et pénétrèrent jusqu'à l'endroit où se trouvait Moslim. Cinq cents piétons l'entouraient les piques baissées; mais Fadhl, se frayant un chemin avec son épée, poussa son cheval droit à la bannière de Moslim, assena au page qui la portait un coup qui lui fendit le casque et le crâne, et

s'écria : «Par le Seigneur de la Caba! j'ai tué le tyran! — Non, tu t'es trompé,» lui répondit Moslim,
et saisissant lui-même sa bannière, tout malade qu'il
était, il ranima ses Syriens par ses paroles et par
son exemple. Fadhl mourut percé de coups, tout
près de Moslim.

Au moment où les Médinois voyaient le corps d'Ibn-
Idhâh et d'autres prêts à se lancer de nouveau sur
eux, ils entendirent retentir dans leur ville le cri de
victoire, le cri de : Dieu est grand!... Ils avaient
été trahis : Merwân avait tenu parole à Moslim. Ga-
gnés par ses promesses brillantes, les Beni-Hâritha,
famille qui appartenait aux Défenseurs, avaient introduit secrètement des troupes syriennes dans la ville.
Elle était au pouvoir de l'ennemi; tout était perdu;
les Médinois allaient se trouver entre deux feux. La
plupart se mirent à courir vers la ville pour sauver
les femmes et les enfants; quelques-uns, tels qu'Abdallâh, fils de Motî[1], s'enfuirent dans la direction
de la Mecque; mais Abdallâh, fils de Handhala, résolu à ne pas survivre à ce jour fatal, cria aux siens:
«Nos ennemis vont avoir l'avantage. En moins d'une
heure tout sera décidé. Pieux musulmans, habitants
d'une cité qui a donné asile au Prophète, un jour
nous devrons tous cesser de vivre, et la plus belle
mort est celle du martyr. Laissons-nous donc tuer

---

1) Ibn-Cotaiba, p. 201.

aujourd'hui, aujourd'hui que Dieu nous offre l'occasion de mourir pour sa sainte cause!» Déjà les
flèches des Syriens pleuvaient de tous côtés, lorsqu'il
s'écria de nouveau: «Que ceux qui désirent entrer
immédiatement dans le paradis, suivent ma bannière!»
Tous la suivirent; tous combattirent en désespérés,
résolus à vendre chèrement leur vie. Abdallâh lança
ses fils, l'un après l'autre, au plus fort de la mêlée:
il les vit immoler tous. Tandis que Moslim promettait de l'or à quiconque lui apporterait une tête ennemie, Abdallâh abattait des têtes à droite et à gauche, et la conviction qu'un châtiment bien plus terrible attendait ses victimes au delà de la tombe, lui
causait une joie féroce. D'après la coutume arabe
il récitait des vers en combattant. Ils exprimaient
bien la pensée d'un fanatique qui se cramponne à la
foi, afin de pouvoir haïr à son aise. «Tu meurs,
criait-il à chacune de ses victimes, tu meurs, mais
tes forfaits te survivent! Dieu nous l'a dit, il nous
l'a dit dans son Livre: L'enfer attend les mécréants!»
A la fin il succomba. Son frère utérin tomba à ses
côtés, blessé à mort. «Puisque je meurs par les épées
de ces hommes, je suis plus sûr d'aller en paradis,
que si j'eusse été tué par les Dailemites païens;» telles
furent ses dernières paroles. Ce fut une boucherie
horrible. Parmi ceux qui succombèrent se trouvaient
sept cents personnes qui savaient le Coran par cœur;
quatre-vingts étaient revêtues du caractère sacré de

compagnons de Mahomet. Aucun des vénérables vieillards qui avaient combattu à Bedr, où le Prophète avait remporté sa première victoire sur les Mecquois, ne survécut à cette catastrophe funeste.

Les vainqueurs irrités entrèrent dans la ville, après que leur général leur eut donné la permission de la saccager pendant trois jours consécutifs. Embarrassés de leurs chevaux, les cavaliers galopèrent vers la mosquée pour en faire une écurie! Un seul Médinois s'y trouvait à cette heure; c'était Saîd, fils de Mosaiyab, le plus savant théologien de son époque. Il vit les Syriens entrer dans la mosquée et attacher leurs chevaux dans l'espace compris entre la chaire du Prophète et son tombeau, endroit sacré que Mahomet avait appelé un jardin du paradis!... A la vue de cet horrible sacrilége, Saïd, croyant que toute la nature était menacée d'un événement sinistre, resta immobile et plongé dans la stupeur. «Regardez donc cet imbécile, ce docteur,» se dirent les Syriens en ricanant; mais ils ne lui firent point de mal, ils avaient hâte d'aller piller.

On n'épargna rien. Les enfants furent emmenés en esclavage ou massacrés, les femmes violées; dans la suite un millier de ces malheureuses donnèrent la vie à autant de parias, flétris à jamais du nom d'*enfants de Harra.*

Parmi les prisonniers se trouvait Makil, fils de Sinân. Il mourait de soif et s'en plaignait amèrement.

Moslim se le fit amener et le reçut d'une mine aussi bienveillante que cela lui était possible.

— Tu as soif, n'est-ce pas, fils de Sinân? lui demanda-t-il.

— Oui, général.

— Donne-lui de cette boisson que le calife nous a donnée, dit Moslim en s'adressant à un de ses soldats.

Quand cet ordre eut été exécuté et que Makil eut bu:

— Tu n'as plus soif maintenant? reprit Moslim.

— Non, je n'ai plus soif.

— Eh bien, dit le général en changeant tout à coup de ton et de visage, tu as bu pour la dernière fois. Prépare-toi à mourir.

Le vieillard se mit à genoux et demanda grâce.

— Toi, tu espères que je t'épargne? N'est-ce pas toi que j'ai rencontré sur la route près de Tibérias, la nuit où tu retournais à Médine avec les autres députés? n'est-ce pas toi que j'ai entendu accabler Yézîd d'injures? et n'est-ce pas toi à qui j'ai entendu dire: «Dès que nous serons de retour à Médine, nous devrons déclarer solennellement que nous n'obéirons plus à ce libertin, fils d'un libertin; ensuite nous ferons bien de prêter hommage au fils d'un Emigré?»... Eh bien, en ce moment-là j'ai juré que si jamais je te rencontrais de nouveau et que j'eusse ta vie en mon pouvoir, je te tuerais. Par Dieu, je tiendrai mon serment! Que l'on tue cet homme!»

Cet ordre fut exécuté sur-le-champ.

Ensuite les Médinois qui restaient encore dans la ville, car la plupart avaient déjà cherché leur salut dans la fuite, furent sommés de prêter serment à Yézîd. Ce n'était pas le serment ordinaire, le serment par lequel on s'engageait à obéir au calife tant qu'il obéirait lui-même au Coran et aux commandements de Mahomet; loin de là. Les Médinois devaient jurer d'être esclaves de Yézîd, esclaves qu'il pourrait affranchir ou vendre selon son bon plaisir, telle était la formule; ils devaient lui reconnaître un pouvoir illimité sur tout ce qu'ils possédaient, sur leurs femmes, sur leurs enfants, sur leur vie. La mort attendait ceux qui refuseraient de prêter cet horrible serment. Pourtant deux Coraichites déclarèrent avec fermeté qu'ils ne prêteraient que le serment qui avait toujours été en usage. Moslim ordonna aussitôt de leur couper la tête. Coraichite lui-même, Merwân osa blâmer cet ordre; mais Moslim, le piquant avec son bâton dans le ventre, lui dit rudement: «Par Dieu, si tu avais dit toi-même ce qu'ils ont osé dire, je t'aurais tué!» Néanmoins Merwân osa encore demander la grâce d'un autre qui était allié à sa famille et qui refusait également de jurer. Le général syrien ne se laissa point fléchir. Ce fut autre chose quand un Coraichite dont la mère appartenait à la tribu de Kinda, refusa le serment,

et qu'un des chefs de l'armée syrienne qui appartenait aux Sacoun, sous-tribu de Kinda, s'écria: «Le
fils de notre sœur ne prêtera pas un tel serment.»
Moslim l'en dispensa [1].

Les Arabes de Syrie avaient réglé leur compte
avec les fils de ces sectaires fanatiques qui avaient
inondé l'Arabie du sang de leurs pères. L'ancienne
noblesse avait écrasé la nouvelle. Représentant de la
vieille aristocratie mecquoise, Yézîd avait vengé et le
meurtre du calife Othmân et les défaites que les Médinois, alors qu'ils combattaient sous la bannière de
Mahomet, avaient fait éprouver à son aïeul. La ré-
action du principe païen contre le principe musulman
avait été cruelle, terrible, inexorable. Jamais les
Défenseurs ne se relevèrent de ce coup fatal; leur
force fut brisée pour toujours. Leur ville presque
déserte resta quelque temps abandonnée aux chiens,
les champs d'alentour aux bêtes fauves [2], car la plupart des habitants, cherchant une patrie nouvelle et
un sort moins dur dans un climat lointain, étaient
allés joindre l'armée d'Afrique. Les autres étaient
bien à plaindre; les Omaiyades ne laissèrent échapper aucune occasion pour les accabler sous le poids
de leur dédain, de leur mépris, de leur haine impla-

---

1) Ibn-al-Athîr, t. III, fol. 78 r. — 79 v.; Samhoudî, fol 31 r.
et suiv.; Ibn-Khaldoun, t. II, fol. 169 v. — 170 v.; *Raihán*,
fol. 200 v., 201 r.
2) Samhoudî, fol. 31 r.

cable, pour les abreuver de dégoûts et d'amertumes.
Dix ans après la bataille de Harra, Haddjâdj, gouverneur de la province, fit subir la marque à plusieurs saints vieillards qui avaient été compagnons de
Mahomet. Pour lui chaque Médinois était un meurtrier d'Othmân, comme si ce crime, supposé même
que les Défenseurs en eussent été plus coupables
qu'ils ne l'étaient, n'eût pas été expié suffisamment
par le massacre de Harra et le sac de Médine! Et
quand Haddjâdj quitta la ville: «Dieu soit loué,
s'écria-t-il, puisqu'il me permet de m'éloigner de la
plus impure de toutes les cités, de celle qui a toujours récompensé les bontés du calife par des perfi-
dies et des révoltes! Par Dieu, si mon souverain ne
m'ordonnait pas dans chacune de ses lettres d'épargner ces infâmes, je détruirais leur ville et je leur
ferais pousser des gémissements autour de la chaire
du Prophète!» Ces paroles ayant été rapportées à
l'un des vieillards que Haddjâdj avait fait flétrir, il
dit: «Un terrible châtiment l'attend dans l'autre vie!
Ce qu'il a dit est digne de Pharaon [1].» Hélas! la conviction que leurs tyrans seraient torturés dans les
flammes éternelles, c'était dorénavant l'unique consolation de ces malheureux et leur unique espérance.
Mais cette consolation, ils se la donnèrent abondam-
ment. Prédictions des compagnons de Mahomet, pro-

---

1) Ibn-al-Athîr, t. IV, fol. 17 r.

phéties de Mahomet lui-même, miracles opérés en
leur faveur, ils acceptèrent tout avec une crédulité
avide et insatiable. Le théologien Saîd qui se trouvait dans la mosquée au moment où les cavaliers syriens vinrent en faire une écurie, racontait à qui
voulait l'entendre, qu'étant resté dans le temple il
avait entendu, à l'heure de la prière, sortir du tombeau du Prophète une voix qui proféra les paroles
solennelles destinées à annoncer cette heure [1]. Dans
le terrible Moslim, l'homme de Mozaina, les Médinois
voyaient le monstre le plus hideux que la terre eût
porté jusque-là; ils croyaient qu'il ne trouverait un
émule qu'à la fin des siècles et dans un homme de
cette même tribu; ils racontaient que le Prophète
avait dit: «Les derniers qui seront ressuscités, ce
seront deux hommes de Mozaina. Ils trouveront la
terre inhabitée. Ils viendront à Médine, où ils ne
verront que des bêtes fauves. Alors deux anges des-
cendront du ciel, les jetteront sur le ventre et les
traîneront ainsi vers l'endroit où se trouveront les
autres hommes [2]»....

Opprimés, en butte à tous les outrages, foulés aux
pieds, il ne restait aux Médinois d'autre parti à prendre que d'imiter l'exemple que leur avaient donné
leurs concitoyens qui s'étaient enrôlés dans l'armée

---

1) Samhoudî; *Raihân*.
2) Samhoudî, fol. 30 r.

d'Afrique. C'est ce qu'ils firent. De l'Afrique, ils
allèrent en Espagne. Presque tous les descendants
des anciens Défenseurs se trouvaient dans l'armée
avec laquelle Mousâ passa le Détroit. C'est en Espagne qu'ils s'établirent, principalement dans les provinces de l'est et de l'ouest, où leur tribu devint la
plus nombreuse de toutes [1]. A Médine ils avaient
disparu. Lorsqu'un voyageur du XIIIe siècle arriva
dans cette ville et qu'il s'informa par curiosité si
des descendants des Défenseurs s'y trouvaient encore,
on ne put lui montrer qu'un seul homme et une seule
femme, tous les deux déjà vieux [2]. Il est donc permis de révoquer en doute l'origine illustre de cette
dizaine de pauvres familles qui demeurent aujourd'hui
dans les faubourgs de Médine et qui prétendent descendre des Défenseurs [3].

Mais même en Espagne, les Défenseurs ne furent
pas à l'abri de la haine des Arabes de Syrie. C'est
sur les bords du Guadalquivir que nous verrons la
lutte recommencer, à une époque où l'Espagne avait
pour gouverneur un Coraichite qui, dans la désastreuse bataille de Harra, avait combattu dans les
rangs de l'armée médinoise, et qui, après la déroute,

---

1) Maccarî, t. I, p. 187.
2) Le même, *ibid.*
3) Voyez Burckhardt, *Travels in Arabia*, t. II, p. 237. D'après
Burton (*Pilgrimage*, t. II, p. 1), il n'y aurait à Médine que quatre
de ces familles.

avait pris la fuite pour joindre l'armée d'Afrique.

Ce qui appelle maintenant notre attention, c'est une lutte d'une nature différente, mais qui se continua aussi dans la péninsule espagnole. En la racontant, nous aurons l'occasion de reparler en passant d'Abdallâh, fils de Zobair, et de voir que le sort de cet autre représentant des compagnons de Mahomet ne fut pas moins malheureux que ne l'avait été celui des Médinois.

VI.

Si l'on en excepte les luttes soulevées par ces principes fondamentaux qui ont toujours été en litige et
qui le seront éternellement, il n'y en a point qui, en
Asie comme en Europe, parmi les musulmans comme
parmi les chrétiens, aient eu plus de persistance que
celles qui provenaient de l'antipathie de race; antipathie qui, se perpétuant à travers les siècles, survit
longtemps à toutes les révolutions politiques, sociales
et religieuses. Incidemment nous avons déjà eu l'occasion de dire que la nation arabe se composait de
deux peuples distincts et ennemis l'un de l'autre;
mais c'est ici l'endroit d'exposer ce fait avec plus de
précision et avec les développements nécessaires.

Suivant la coutume des Orientaux qui font descendre toute une nation d'un seul homme, le plus ancien de ces deux peuples se disait issu d'un certain
Cahtân, personnage que les Arabes, quand ils eurent
fait connaissance avec la Bible, ont identifié avec
Yoctan, l'un des descendants de Sem selon la Genèse.
La postérité de Cahtân avait envahi l'Arabie méri-

dionale, plusieurs siècles avant notre ère, et subjugué la race, d'origine incertaine, qui habitait ce pays. Les Cahtânides portent ordinairement le nom de Yéménites, emprunté à la province la plus florissante de l'Arabie méridionale, et c'est ainsi que nous les appellerons dans la suite.

L'autre peuple, issu d'Adnân, l'un des descendants d'Ismaël, à ce que l'on prétend, habitait le Hidjâz, province qui s'étend depuis la Palestine jusqu'au Yémen et dans laquelle se trouvent la Mecque et Médine; le Nadjd, c'est-à-dire le vaste plateau, parsemé de quelques ondulations de terrain, qui occupe toute l'Arabie centrale; bref, le nord de l'Arabie. On lui donne le nom de Maäddites, de Nizârites, de Modharites ou de Caisites; noms qui indiquent tous le même peuple ou une partie de ce peuple; car Cais descendait de Modhar; celui-ci était l'un des fils de Nizâr, et Nizâr était fils de Maädd. Pour désigner cette race nous emploierons le terme de Maäddites.

Dans l'histoire de l'Europe il n'y a rien d'analogue à la haine, quelquefois sourde, plus souvent flagrante, des deux peuples arabes, qui s'entr'égorgeaient sur le prétexte le plus futile. Ainsi le territoire de Damas fut, pendant deux années, le théâtre d'une guerre cruelle, parce qu'un Maäddite avait cueilli un melon dans le jardin d'un Yéménite [1], et dans la pro-

---

1) Abou-'l-fedâ, t. II, p. 64.

vince de Murcie le sang coula à grands flots durant
sept années, parce qu'un Maäddite, longeant par hasard la terre d'un Yéménite, avait détaché, sans y
penser, une feuille de vigne[1]. Ce n'est pas qu'en
Europe l'antipathie de race n'ait été très-forte aussi,
mais du moins elle y était motivée; il y avait eu
conquête et asservissement. En Arabie, au contraire,
l'une des deux races n'avait point été opprimée par
l'autre. Anciennement, il est vrai, une partie des
Maäddites, ceux du Nadjd, reconnaissaient la souveraineté du roi du Yémen et lui payaient un tribut;
mais c'est qu'ils le voulaient bien; c'est qu'il fallait
à ces hordes anarchiques un maître qui les empêchât
de s'entre-tuer, et que ce maître ne pouvait être
choisi dans l'une de leurs familles, parce que les autres auraient refusé de lui obéir. Aussi quand les
tribus maäddites, après s'être réunies momentanément sous un chef de leur choix, s'étaient affranchies
de cette dépendance, comme cela arrivait de temps
en temps, des guerres civiles les forçaient bientôt d'y
revenir. N'ayant à choisir qu'entre l'anarchie et la
domination étrangère, les chefs des tribus se disaient
après une longue guerre civile: «Nous n'avons d'autre parti à prendre que de nous donner de nouveau
au roi du Yémen, auquel nous payerons un tribut en
brebis et en chameaux, et qui empêchera le fort d'é-

---

1) Ibn-Adhârî, t. II, p. 84.

craser le faible [1].» Plus tard, lorsque le Yémen eut
été conquis par les Abyssins, les Maäddites du Nadjd
avaient accordé de leur plein gré à un autre prince
d'origine yéménite, au roi de Hîra, la faible autorité
qu'ils avaient donnée jusque-là au roi du Yémen. Entre
une soumission si spontanée et l'asservissement par
un peuple étranger, il y a une différence énorme.

En Europe, d'ailleurs, la diversité d'idiomes et de
coutumes élevait une barrière insurmontable entre les
deux peuples que la conquête avait violemment réunis
sur le même sol. Il n'en était pas de même dans
l'empire musulman. Longtemps avant Mahomet la
langue yéménite ou himyarique, comme on l'appelle,
née du mélange de l'arabe et de l'idiome des vaincus,
avait cédé la place à l'arabe pur, la langue des
Maäddites, lesquels avaient acquis une certaine pré-
pondérance intellectuelle. Sauf quelques légères dif-
férences de dialecte, les deux peuples parlaient donc
la même langue, et jamais l'on ne trouve que, dans
les armées musulmanes, un Maäddite ait eu de la
peine à comprendre un Yéménite [2]. Ils avaient en
outre les mêmes goûts, les mêmes idées, les mêmes
coutumes, car, des deux côtés, la grande masse de
la nation était nomade. Enfin, ayant adopté tous

---

1) Caussin, t. II, p. 285.

2) Dans le Mahra, il est vrai, l'ancienne langue s'était conservée,
et les autres Arabes ne comprenaient presque pas la langue de cette
province. Voyez Içtakhrî, p. 14.

les deux l'islamisme, ils avaient la même religion. En un mot, la différence qui existait entre eux était bien moins sensible que celle qui existait entre tel et tel peuple germanique dans le temps où les barbares vinrent inonder l'empire romain.

Et pourtant, bien que les raisons qui expliquent l'antipathie de race en Europe n'existent pas en Orient, cette antipathie y porte un caractère de ténacité que l'on ne trouve pas chez nous. Au bout de trois ou quatre cents ans l'hostilité originelle s'est effacée en Europe : parmi les Bédouins elle dure depuis vingt-cinq siècles; elle remonte aux premiers temps historiques de la nation, et de nos jours elle est encore loin d'être éteinte [1]. «L'hostilité originelle, disait un ancien poète, nous vient de nos ancêtres, et tant que ceux-ci auront des descendants, elle subsistera [2].» Et puis elle n'a point eu en Europe ce caractère atroce qu'elle a eu en Orient; elle n'a point étouffé chez nos aïeux les sentiments les plus doux et les plus sacrés de la nature; un fils n'a point méprisé, n'a point haï sa mère pour la seule raison qu'elle appartenait à une autre race que son père. «Vous priez

---

1) Voyez sur ce dernier point, Volney, *Voyage en Syrie et en Egypte*, t. I, p. 440; Journ. asiat. allemand, t. V, p. 501, t. VI, p. 389, 390; Robinson, *La Palestine*, t. II, p. 481, 601 de la traduction allemande, et la note dans laquelle l'auteur renvoie aux voyages de Niebuhr et de Burckhardt.

2) *Hamâsa* de Bohtorî, man. de Leyde, p. 35.

pour votre père, dit quelqu'un à un Yéménite qui faisait la procession solennelle autour du temple de la Mecque; mais pourquoi ne priez-vous pas pour votre mère? — Pour ma mère? répliqua le Yéménite d'un air de dédain; comment pourrais-je prier pour elle? Elle était de la race de Maädd![1] »

Cette haine qui se prolonge de génération en génération, en dépit d'une entière communauté de langue, de droits, de coutumes, d'idées, de religion, et même jusqu'à un certain point d'origine, puisque les deux peuples sont l'un et l'autre de race sémitique, cette haine qui ne s'explique point par des antécédents, elle est dans le sang, c'est tout ce que l'on peut en dire; et probablement les Arabes du VII° siècle auraient été aussi peu capables d'en déterminer la véritable cause, que les Yéménites qui parcourent aujourd'hui les déserts de la province de Jérusalem, et qui, quand les voyageurs leur demandent pour quel motif ils sont ennemis jurés des Caisites (Maäddites) de la province d'Hébron, répondent qu'ils n'en savent absolument rien, si ce n'est que cette haine réciproque date d'un temps immémorial[2].

L'islamisme, loin de diminuer l'aversion instinctive des deux peuples, lui a donné une vigueur et une vivacité qu'elle n'avait point auparavant. S'observant

---

1) Mobarrad, p. 195.
2) Robinson, t. II, p. 601.

toujours avec défiance, les Yéménites et les Maäddites furent forcés désormais de combattre sous la même bannière, de vivre sur le même sol, de diviser les fruits de la conquête, et ces relations continuelles, ces rapports journaliers, engendrèrent autant de disputes et de rixes. En même temps cette inimitié acquit un intérêt et une importance qu'elle ne pouvait avoir alors qu'elle était restreinte à un coin presque ignoré de l'Asie. Dorénavant elle ensanglanta l'Espagne et la Sicile comme les déserts de l'Atlas et les rives du Gange, et elle exerça une influence considérable, non-seulement sur le sort des peuples vaincus, mais encore sur la destinée de toutes les nations romanes et germaniques, puisqu'elle arrêta les musulmans dans la voie de leurs conquêtes, au moment où ils menaçaient la France et tout l'Occident.

Dans toute l'étendue de l'empire musulman, les deux peuples se sont combattus; mais cet empire était trop vaste et il n'y avait pas assez d'unité entre les tribus, pour que la lutte pût être simultanée et dirigée vers un but fixé d'avance. Chaque province eut donc sa guerre particulière, sa guerre à elle, et les noms des deux partis, empruntés aux deux tribus qui, dans la localité où l'on se combattait, étaient les plus nombreuses, différaient presque partout. Dans le Khorâsân, par exemple, les Yéménites portaient le nom d'Azdites et les Maäddites celui de Témîmites, parce que les tribus d'Azd et de Témîm y étaient

les plus considérables [1]. En Syrie, province dont
nous aurons à nous occuper principalement, il y avait
d'un côté les Kelbites et de l'autre les Caisites. Les
premiers, d'origine yéménite, y formaient la majorité de la population arabe [2], car sous le califat d'Abou-
Becr et d'Omar, lorsque beaucoup de tribus yéménites
allèrent s'établir en Syrie, les Maäddites préférèrent
de se fixer en Irâc [3].

Les Kelbites et les Caisites étaient également attachés à Moâwia qui, grâce à sa politique prudente
et sage, sut maintenir parmi eux un certain équilibre
et se concilier l'affection des uns comme des autres.
Cependant, quelque bien calculées que fussent ses
mesures, il ne put empêcher que leur haine réciproque n'éclatât de temps en temps; sous son règne les
Kelbites et les Fezâra, tribu des Caisites, se livrèrent
même une bataille à Banât-Cain [4], et Moâwia éprouva
des difficultés de la part des Caisites lorsqu'il voulut
faire reconnaître Yézîd pour son successeur, car la
mère de Yézîd était une Kelbite; elle était fille de
Mâlic ibn-Bahdal, le chef de cette tribu, et pour les
Caisites, Yézîd, élevé dans le désert de Semâwa,

---

1) *Commentaire de Soccarî sur le Divan de Ferazdac*, man.
d'Oxford, fol. 93 v.

2) Içtakhrî, p. 13.

3) Tabarî, t. II, p. 254; Abou-Ismâîl al-Baçrî, *Fotouh as-Châm*,
p. 12, 195.

4) Wüstenfeld, *Tables généalogiques*, p. 265.

parmi la famille de sa mère, n'était plus un Omaïyade, c'était un Kelbite [1]. On ignore de quelle manière Moâwia gagna leurs suffrages; on sait seulement qu'à la fin ils reconnurent Yézîd pour l'héritier présomptif du trône et qu'ils lui restèrent fidèles tant qu'il régna. Mais son règne ne dura que trois années. Il mourut en novembre 683, deux mois et demi après la bataille de Harra, âgé de trente-huit ans seulement.

A sa mort l'immense empire se trouva tout à coup sans maître. Ce n'est pas que Yézîd mourût sans laisser de fils, il en laissa plusieurs; mais le califat n'était pas héréditaire, il était électif. Ce grand principe n'avait pas été posé par Mahomet, lequel n'avait rien décidé à cet égard, mais par le calife Omar qui ne manquait pas aussi absolument que le Prophète d'esprit politique, et qui jouissait, comme législateur, d'une autorité incontestée. C'est lui qui avait dit dans une harangue prononcée dans la mosquée de Médine: « Si quelqu'un s'avise de proclamer un homme pour souverain, sans que tous les musulmans en aient délibéré, cette inauguration sera nulle [2]. » Il est vrai que l'on avait toujours éludé l'application du principe, et que Yézîd lui-même n'avait pas été élu par la nation; mais du moins son père avait pris la précau-

---

1) *Hamâsa*, p. 319, 658.

2) *Sîrat ar-rasoul*, dans le *Journal des savants* de 1832, p. 542.

tion de lui faire prêter serment comme à son successeur futur. Cette précaution, Yézîd l'avait négligée; la mort l'avait surpris à la fleur de l'âge, et son fils aîné, qui s'appelait Moâwia comme son aïeul, n'avait aucun droit au califat. Cependant il aurait probablement réussi à se faire reconnaître, si les Syriens, les faiseurs de califes à cette époque, eussent été d'accord pour le soutenir. Ils ne l'étaient pas, et Moâwia lui-même, dit-on, ne voulait pas du trône. Le plus profond mystère enveloppe les sentiments de ce jeune homme. S'il fallait en croire les historiens musulmans, Moâwia n'aurait ressemblé en rien à son père; à ses yeux la bonne cause aurait été celle que défendaient les Médinois, et, ayant appris la victoire de Harra, le pillage de Médine et la mort des vieux compagnons de Mahomet, il aurait fondu en larmes [1]. Mais ces historiens qui, prévenus d'idées théologiques, ont quelquefois faussé l'histoire, se trouvent en opposition avec un chroniqueur espagnol presque contemporain [2] qui, pour ainsi dire, écrivait sous la dictée des Syriens établis en Espagne, et qui affirme que Moâwia était la fidèle image de son père. Quoi qu'il en soit, les Caisites ne voulaient pas obéir à un prince qui avait une Kelbite pour aïeule et une Kelbite pour mère; ils ne voulaient pas de la domina-

---

1) *Raihân*, fol. 202 r.
2) Isidore, c. 18.

tion du Kelbite Hassân ibn-Mâlic ibn-Bahdal, gouverneur de la Palestine et du district du Jourdain, qui avait pris la conduite des affaires au nom de son arrière-neveu [1]. Partout ils prirent une attitude hostile, et un de leurs chefs, Zofar, de la tribu de Kilâb, leva l'étendard de la révolte dans le district de Kinnesrîn, dont il chassa le gouverneur Kelbite, Saïd ibn-Bahdal. Comme il fallait bien opposer un prétendant à celui des Kelbites, Zofar se déclara pour Abdallâh, fils de Zobair, dont la cause était au fond parfaitement indifférente aux Caisites. Le parti pieux venait d'acquérir un allié bien étrange. Puisqu'il allait soutenir les intérêts des fils des compagnons de Mahomet, Zofar crut de son devoir de prononcer en chaire un sermon édifiant. Mais quoique grand orateur et excellent poète, comme les Arabes païens l'avaient été, il n'était pas habitué malheureusement aux formules religieuses, au style onctueux. Quand il eut prononcé la moitié de sa première phrase, il demeura court. Et ses frères d'armes de rire aux éclats [2].

Moâwia II ne survécut à son père que quarante jours, ou deux mois, ou trois mois; — on ne le sait pas au juste et il importe peu de le savoir. La confusion était au comble. Les provinces, lasses d'être

---

1) *Hamása*, p. 319; cf. *Raihán*, fol. 187 r.
2) *Raihán*, fol. 187 r.

traitées par les Syriens en pays conquis, avaient se-
coué le joug. Dans l'Irâc on faisait chaque jour un
calife ou un émir, et le lendemain on le défaisait [1].
Ibn-Bahdal n'avait pas encore arrêté son plan; tantôt
il voulait se faire déclarer calife, tantôt, voyant qu'il
ne serait reconnu que par ses Kelbites, il se déclarait prêt à obéir à l'Omaiyade que le peuple choisirait [2]. Mais comme il y avait fort peu de chances de
succès, il était difficile de trouver un Omaiyade qui
voulût se prêter au triste rôle de prétendant. Walîd, petit-fils d'Abou-Sofyân et ancien gouverneur de
Médine, l'avait accepté: frappé de la peste au moment où il faisait la prière sur le corps de Moâwia II,
il était tombé mort [3]. Ibn-Bahdal eût bien voulu
donner le califat à Khâlid, frère de Moâwia II, mais
comme celui-ci ne comptait que seize ans et que les
Arabes ne veulent obéir qu'à un adulte, il ne l'osa
pas. Il l'offrit donc à Othmân : celui-ci, qui croyait
la cause de sa famille entièrement perdue, refusa, et
alla joindre l'heureux prétendant Ibn-Zobair, dont le
parti s'augmentait de jour en jour. En Syrie tous
les Caisites se déclarèrent pour lui. Déjà maîtres de
Kinnesrîn, ils le devinrent bientôt de la Palestine,
et le gouverneur d'Emèse, Nomân, fils de Bachîr,

---

1) *Voir* Ibn-Khaldoun, t. II, fol. 171 r. et v.
2) *Hamâsa*, p. 319.
3) Ibn-Khaldoun, t. II, fol. 170 v.

le Défenseur, se déclara aussi pour Ibn-Zobair [1]. Ibn-Bahdal, au contraire, ne pouvait compter que sur un seul district, celui du Jourdain, le moins considérable des cinq districts de la Syrie [2]. Là on avait juré de lui obéir, mais à condition qu'il ne donnerait pas le califat à un fils de Yézîd, puisqu'ils étaient trop jeunes. Quant au district de Damas, le plus important de tous, son gouverneur Dhahhâc, de la tribu de Fihr [3], n'était d'aucun parti. Il n'était pas d'accord avec soi-même: ancien commandant de la garde de Moâwia Ier et l'un de ses confidents les plus intimes, il ne voulait pas du prétendant mecquois; Maâddite, il ne voulait pas faire cause commune avec le chef des Kelbites; de là ses hésitations et sa neutralité. Afin de sonder ses intentions et celles du peuple de Damas, Ibn-Bahdal lui envoya une lettre, destinée à être lue dans la mosquée le vendredi. Cette lettre était pleine des louanges des Omaiyades et d'invectives contre Ibn-Zobair; mais comme Ibn-Bahdal craignait que Dhahhâc ne refusât d'en faire la lecture devant le peuple, il prit soin d'en donner une copie à son messager et de lui dire: «Si Dhahhâc ne lit pas celle-là aux Arabes de Damas, tu leur liras celle-ci.» Ce qu'il avait prévu arriva. Le

---

1) *Raihân*, fol. 187 r.; Ibn-Khaldoun, fol. 172 r.
2) *Voir* Içtakhrî, p. 37.
3) Les Fihr étaient les Coraichites de la banlieue de la Mecque.

vendredi, quand Dhahhâc fut monté en chaire, il ne
dit pas le moindre mot au sujet de la lettre qu'il
avait reçue. Alors le messager d'Ibn-Bahdal se leva
et la lut devant le peuple. Cette lecture à peine
achevée, des cris s'élevèrent de tous côtés. «Ibn-
Bahdal dit vrai!» criaient les uns; «non, il ment!»
criaient les autres. Le tumulte devint effroyable, et
l'enceinte sacrée qui, comme partout dans les pays
musulmans, servait tant aux cérémonies religieuses
qu'aux délibérations politiques, retentissait des injures dont les Kelbites et les Caisites se chargeaient les
uns les autres. A la fin Dhahhâc obtint le silence,
acheva la cérémonie religieuse, et persista à ne point
se prononcer [1].

Telle était la situation de la Syrie, lorsque les soldats de Moslim rentrèrent dans leur pays natal. Mais
ce n'était plus Moslim qui les commandait, et voici
en peu de mots ce qui était arrivé dans l'intervalle.

Depuis la prise de Médine, Moslim, déjà bien malade à l'époque de la bataille de Harra, avait renoncé
au régime rigoureux que les médecins lui avaient
prescrit. «Maintenant que j'ai châtié les rebelles, je
mourrai content, avait-il dit; et comme j'ai tué les
meurtriers d'Othmân, Dieu me pardonnera mes péchés [2].» Arrivé avec son armée à trois journées de

---

1) Ibn-Khaldoun, fol. 172 r.
2) Abou-'l-mahâsin, *apud* Weil, t. I, p. 331, dans la note.

distance de la Mecque et sentant sa fin approcher, il fit venir le général Hoçaïn, qui avait été désigné par Yézîd pour commander l'armée dans le cas où Moslim viendrait à mourir. Hoçaïn était de la tribu de Sacoun et par conséquent Kelbite comme Moslim; mais Moslim le méprisait, car il doutait de sa pénétration et de sa fermeté. L'apostrophant donc avec cette franchise brutale qui formait le fond de son caractère et qu'il ne nous est pas permis de pallier, il lui dit: «Âné que tu es, tu vas prendre le commandement à ma place. Je ne te le confierais pas, moi, mais il faut que la volonté du calife s'exécute. Ecoute maintenant mes conseils; je sais que tu en as besoin, car je te connais. Tiens-toi sur tes gardes contre les ruses des Coraïchites, ferme l'oreille à leurs discours mielleux, et souviens-toi qu'arrivé devant la Mecque, tu n'auras que trois choses à faire: combattre à outrance, enchaîner les habitants de la ville et retourner en Syrie [1].» Cela dit, il rendit le dernier soupir.

Hoçaïn, quand il eut mis le siége devant la Mecque, se comporta comme s'il eût pris à tâche de prouver que les préventions de Moslim à son égard n'étaient nullement fondées. Loin de manquer d'audace, loin de se laisser arrêter par des scrupules re-

---

1) Fâkihî, fol. 400 v.; *Raihân*, fol. 201 v.; Ibn-Khaldoun, fol. 170 v.

ligieux, il enchérit sur les sacriléges de Moslim lui-
même. Ses balistes firent pleuvoir sur le temple, la
Caba, des pierres énormes qui écrasèrent les colonnes
de l'édifice. A son instigation, un cavalier syrien
darda, pendant la nuit, une torche attachée à l'extrémité de sa lance sur le pavillon d'Ibn-Zobair, dressé
dans le préau de la mosquée. Le pavillon s'embrasa
à l'instant, et la flamme s'étant communiquée aux
voiles qui enveloppaient le temple, la sainte Caba, la
plus révérée de toutes les mosquées musulmanes, fut
entièrement consumée[1].... De leur côté les Mecquois, secondés par une foule de non-conformistes
qui, oubliant momentanément leur haine contre la
haute Eglise, étaient accourus pleins d'enthousiasme
pour défendre le territoire sacré, soutenaient le siége
avec un grand courage, lorsque la nouvelle de la
mort de Yézîd vint changer tout à coup la face des
affaires. Au fils de Zobair cette nouvelle inattendue
causa une joie indicible; pour Hoçain elle fut un coup
de foudre. Ce général, esprit froid, égoïste et cal-
culateur, au lieu que Moslim avait été dévoué corps
et âme aux maîtres qu'il servait, connaissait trop
bien la fermentation des partis en Syrie, pour ne
pas prévoir qu'une guerre civile y éclaterait, et ne se

---

1) Il y a d'autres traditions sur la cause de cet incendie; mais
celle que je donne dans le texte paraît la seule vraie à Ibn-Khaldoun (fol. 170 v.); c'est aussi la seule qui se trouve chez l'auteur
le plus ancien et le plus digne de foi, Fâkihî (fol. 400 v.).

faisant point illusion sur la faiblesse des Omaiyades, il vit dans la soumission au calife mecquois l'unique remède contre l'anarchie, l'unique moyen de salut pour son armée gravement compromise et pour lui-même qui l'était plus encore. Il fit donc inviter Ibn-Zobair à s'aboucher avec lui la nuit suivante dans un lieu qu'il nomma. Ibn-Zobair s'étant trouvé à cette conférence, Hoçaïn lui dit à voix basse, afin que les Syriens ne pussent l'entendre :

— Je suis prêt à te reconnaître pour calife, mais à condition que tu t'engages à proclamer une amnistie générale et à ne tirer aucune vengeance du sang répandu pendant le siége de la Mecque et dans la bataille de Harra.

— Non, lui répondit Ibn-Zobair à haute voix, je ne serais point encore satisfait, si je tuais dix ennemis pour chacun de mes compagnons.

— Maudit soit celui qui te regardera désormais comme un homme d'esprit, s'écria alors Hoçaïn. J'avais cru jusqu'à présent à ta prudence ; mais quand je te parle bas, tu réponds à voix haute ; je t'offre le califat, et tu me menaces de la mort!

Certain désormais qu'entre lui et cet homme la réconciliation n'était pas possible, Hoçaïn rompit aussitôt la conférence et reprit avec son armée le chemin de la Syrie. En route il rencontra Merwân. Rentré dans Médine après la bataille de Harra, mais expulsé de nouveau de cette ville sur l'ordre d'Ibn-Zobair,

Merwân s'était rendu à Damas. Là il avait trouvé la cause de sa famille à peu près désespérée, et dans une entrevue avec Dhahhâc, il s'était engagé à se rendre à la Mecque, afin d'annoncer à Ibn-Zobair que les Syriens étaient prêts à obéir à ses ordres [1]; c'était le meilleur moyen pour gagner les bonnes grâces de son ancien ennemi. Ce fut donc pendant son voyage de Damas à la Mecque que Merwân rencontra Hoçaïn [2]. Ce général, après l'avoir assuré qu'il ne reconnaîtrait point le prétendant mecquois, lui déclara que s'il avait le courage de relever la bannière omaiyade, il pourrait compter sur son appui. Merwân ayant accepté cette proposition, on résolut de convoquer à Djâbia une espèce de diète où l'on délibérerait sur le choix d'un calife.

Invités à se rendre à cette diète, Ibn-Bahdal et ses Kelbites le firent. Dhahhâc promit aussi de venir et s'excusa sur la conduite qu'il avait tenue jusque-là. En effet, il se mit en marche avec les siens; mais en route les Caisites, persuadés que les Kelbites ne donneraient leurs suffrages qu'à celui qui était allié à leur tribu, à Khâlid, le jeune frère de Moâwia II, refusèrent d'aller plus loin. Dhahhâc retourna donc sur ses pas et alla se camper dans la prairie de Râ-

---

1) *Raihân*, fol. 187 v.; *Hamâsa*, p. 318.
2) Ibn-Khaldoun, fol. 172 v.

hit, à l'est de Damas[1]. Cependant les Caisites comprirent que leur querelle avec les Kelbites allait bientôt se vider par les armes, et plus le moment décisif approchait, plus ils sentaient la monstruosité de leur coalition avec le chef du parti pieux. Comme ils avaient beaucoup plus de sympathie pour Dhahhâc, l'ancien frère d'armes de Moâwia Ier, ils lui dirent: «Pourquoi ne vous déclareriez-vous pas calife? Vous ne valez pas moins qu'Ibn-Bahdal ou Ibn-Zobair.» Flatté de ces paroles et trop heureux de pouvoir sortir de sa fausse position, Dhahhâc ne s'opposa point à la proposition des Caisites et reçut leurs serments[2].

Quant aux délibérations des Kelbites réunis à Djâbia, elles ne durèrent pas moins de quarante jours. Ibn-Bahdal et ses amis voulaient donner le califat à Khâlid — les Caisites ne se trompaient pas quand ils leur supposaient ce dessein — et Hoçain ne put faire accepter son candidat, Merwân. Il avait beau dire: «Eh quoi! Nos ennemis nous opposent un homme âgé, et nous leur opposerions un jeune homme presque enfant encore?» on lui répondait que Merwân était trop puissant. «Si Merwân obtient le califat, disait-on, nous serons ses esclaves; il a dix fils, dix

___

1) *Raihân*, fol. 187 v.; *Hamâsa*; Ibn-Khaldoun, fol. 172 r. et v.

2) *Hamâsa*, p. 318.

9 *

frères, dix neveux [1].» On le considérait d'ailleurs comme un étranger. La branche des Omaiyades à laquelle appartenait Khâlid était naturalisée en Syrie, mais Merwân et sa famille avaient toujours habité Médine [2]. Toutefois Ibn-Bahdal et ses amis cédèrent enfin; ils acceptèrent Merwân, mais ils lui firent sentir qu'en lui conférant le califat, ils lui montraient une grande faveur, et ils lui prescrivirent des conditions aussi dures qu'humiliantes. Merwân dut s'engager solennellement à confier tous les emplois importants aux Kelbites, à ne gouverner que d'après leurs conseils, à leur payer annuellement une somme fort considérable [3]. Ibn-Bahdal fit décréter en outre que le jeune Khâlid serait le successeur de Merwân et qu'en attendant il aurait le gouvernement d'Emèse [4]. Tout ayant été réglé ainsi, l'un des chefs de la tribu de Sacoun, Mâlic, fils de Hobaira, qui s'était montré zélé partisan de Khâlid, dit à Merwân d'un air hautain et menaçant: «Nous ne te prêterons point le serment que l'on prête au calife, au successeur du Prophète, car en combattant sous ta bannière, nous n'avons en vue que les biens de ce monde. Si donc tu nous traites bien, comme l'ont fait Moâwia et Yé-

---

1) Ibn-Khaldoun, fol. 172 v.

2) Voir *Hamâsa*, p. 659, vs. 5 du poème.

3) Masoudî. — Tout cela ressemblait assez à la *capitulation* que la noblesse danoise faisait jurer par celui qu'elle avait élu roi.

4) Ibn-Khaldoun.

zîd, nous l'aiderons; sinon, tu éprouveras à tes dépens que nous n'avons pas plus de prédilection pour toi que pour un autre Coraichite [1].»

La diète de Djâbia s'étant terminée à la fin du mois de juin de l'année 684 [2], plus de sept mois après la mort de Yézîd, Merwân, accompagné des Kelb, des Ghassân, des Sacsac, des Sacoun et d'autres tribus yéménites, marcha contre Dhahhâc, auquel les trois gouverneurs qui tenaient son parti avaient envoyé leurs contingents. Zofar commandait en personne les soldats de Kinnesrîn, sa province. Pendant sa marche, Merwân reçut une nouvelle aussi inattendue qu'agréable : Damas s'était déclaré pour lui. Un chef de la tribu de Ghassân, au lieu de se rendre à Djâbia, s'était tenu caché dans la capitale. Ayant rassemblé les Yéménites quand il eut appris l'élection de Merwân, il s'était emparé de Damas par un coup de main, et avait forcé le gouverneur, nommé par Dhahhâc, à chercher son salut dans une fuite tellement précipitée, qu'il ne put même emporter le trésor public. L'audacieux Ghassânite s'empressa d'informer Merwân du succès de son entreprise et de lui envoyer de l'argent, des armes et des soldats [3].

Quand les deux armées, ou plutôt les deux peu-

---

1) Masoudî.
2) Ibn-Khaldoun.
3) Ibn-al-Athîr, t. III, fol. 84 v.; Ibn-Khaldoun.

ples, furent en présence dans la prairie de Râhit, vingt jours se passèrent d'abord en escarmouches et en duels. Enfin le combat devint général. Il fut sanglant comme nul autre ne l'avait jamais été, dit un historien arabe, et les Caisites, après avoir perdu quatre-vingts de leurs chefs, parmi lesquels se trouvait Dhahhâc lui-même, essuyèrent une déroute complète [1].

Entre Kelbites et Caisites, cette bataille de la Prairie ne s'oublia jamais, et soixante-douze ans plus tard, elle recommença, pour ainsi dire, en Espagne. C'était là le sujet que les poètes des deux factions rivales traitaient de préférence à tout autre ; d'un côté, ce sont des chants de joie et de triomphe, de l'autre, des cris de douleur et de vengeance.

Au moment où tout fuyait, Zofar avait à ses côtés deux chefs de la tribu de Solaim. Son coursier fut le seul qui pût lutter de vitesse avec ceux des Kelbites qui les poursuivaient, et ses deux compagnons, voyant que les ennemis allaient les atteindre, lui crièrent : « Fuyez, Zofar, fuyez ; on va nous tuer. » Poussant son cheval, Zofar se sauva ; ses deux amis furent massacrés [2].

---

1) Ibn-al-Athír ; Ibn-Khaldoun. Voir la note B, à la fin de ce volume.

2) Masoudí.

Quel bonheur, dit-il plus tard, quel bonheur pourrais-je encore goûter, depuis que j'ai abandonné Ibn-Amr et Ibn-Man, depuis que Hammâm [1] a été tué? Jamais personne ne m'avait vu lâche; mais pendant ce soir funeste, lorsqu'on me poursuivait, lorsque, environné d'ennemis, personne ne venait me secourir, ce soir-là j'ai abandonné mes deux amis et je me suis sauvé en lâche!... Un seul jour de faiblesse effacera-t-il donc tous mes exploits, toutes mes actions héroïques? Laisserons-nous les Kelbites en repos? Nos lances ne les frapperont-elles pas? Nos frères tombés à Râhit, ne seront-ils pas vengés?... Sans doute, l'herbe repoussera sur la terre fraîchement remuée qui couvre leurs ossements; mais jamais nous ne les oublierons, et toujours nous aurons pour nos ennemis une haine implacable. Donne-moi mes armes, femme! A mon avis, la guerre doit être perpétuelle. Certes, la bataille de Râhit a ouvert un abîme entre Merwân et nous [2].

Un poète kelbite lui répondit dans un poème dont il ne nous reste que ces deux vers:

Certes, depuis la bataille de Râhit Zofar a gagné une maladie dont il ne guérira jamais. Jamais il ne cessera de pleurer les Solaim, les Amir et les Dhobyân, tués dans ce combat, et, trompé dans ses plus chères espérances, il renouvellera sans relâche par ses vers la douleur des veuves et des orphelines [3].

---

1) Chef des Nomair; voyez *Hamâsa*, p. 318.

2) Masoudî; *Hamâsa*, p. 72; *Raihân*, fol. 187 v.; Ibn-Badroun, p. 185; *Hamâsa* de Bohtorî, p. 34.

3) *Raihân*, fol. 187 v.

Un autre poète kelbite [1] chanta la victoire de ses
contribules. Quelle honte pour les Caisites : tandis
qu'ils fuyaient à toutes jambes, ils abandonnaient leurs
bannières, et celles-ci tombaient, «semblables à des
oiseaux qui, quand ils ont soif, décrivent d'abord
plusieurs cercles dans les airs, puis fondent sur l'eau.»
Le poète énumère un à un les chefs caisites, — chaque tribu pleure la perte du sien! Les lâches! ils
avaient été frappés dans le dos! «Certes, il y eut
dans la Prairie des hommes qui tressaillaient d'aise:
c'étaient ceux qui y ont coupé aux Caisites le nez,
les mains et les oreilles, c'étaient ceux qui les y ont
châtrés.»

---

1) *Hamâsa*, p. 317, où il faut lire *Kelbî* au lieu de *Kilâbî*; cf.
p. 656.

VII.

Pendant que Merwân, maître de la Syrie par suite
de la victoire qu'il avait remportée dans la Prairie
de Râhit, allait soumettre l'Egypte, Zofar, désormais
le chef de son parti, se jeta dans Carkîsiâ, forteresse de la Mésopotamie, située à l'est de Kinnesrîn,
là où le Khâbour (Chaboras) se jette dans l'Euphrate.
Peu à peu Carkîsiâ devint le rendez-vous général des
Caisites. La grande guerre étant devenue impossible, ils durent se borner à une guerre d'embûches
et d'attaques nocturnes; mais du moins la firent-ils
à feu et à sang. Commandés par le lieutenant de
Zofar, Omair, fils de Hobâb, ils pillaient les camps
kelbites dans le désert de Semâwa, ne faisaient point
de quartier, poussaient la cruauté jusqu'à éventrer
les femmes, et quand Zofar les voyait revenir chargés de butin et couverts de sang :

Kelbites, disait-il, à présent c'est pour vous que les temps
sont durs : nous nous vengeons, nous vous punissons. Dans
le désert de Semâwa il n'y a plus de sûreté pour vous; quit-
tez-le donc, emmenez avec vous les fils de Bahdal, et allez

chercher un asile là où de vils esclaves cultivent les oli-
viers [1] !

Toutefois les Caisites n'eurent à cette époque qu'une
importance secondaire. Carkîsiâ, il est vrai, était
la terreur et le fléau des alentours, mais après tout
ce n'était qu'un nid de brigands qui ne pouvait inspirer à Merwân de sérieuses alarmes, et comme il
lui importait avant tout de conquérir l'Irâc, il eut à
combattre des ennemis bien autrement redoutables.

L'Irâc présentait alors un spectacle curieux et complet. Les doctrines les plus étranges et parfois les
plus extravagantes s'y disputaient la popularité ; l'hé-
rédité et l'élection, le despotisme et la liberté, le
droit divin et la souveraineté nationale, le fanatisme
et l'indifférence y étaient aux prises ; les vainqueurs
arabes et les vaincus persans, les riches et les pauvres, les visionnaires et les incrédules s'y combattaient. Il y avait d'abord les modérés, qui ne voulaient ni des Omaiyades, ni d'Ibn-Zobair. Peut-être
aucun Irâcain n'éprouvait-il de la sympathie ni pour
le caractère de ce dernier, ni pour les principes
qu'il représentait ; et pourtant, chaque tentative faite
pour constituer un gouvernement national ayant échoué
à Baçra comme à Coufa, les modérés finirent par le
reconnaître, parce qu'ils le considéraient comme le

---

1) *Raihân*, fol. 187 v. Cf. *Nouveau Journ. asiat.*, t. XIII,
p. 301.

seul qui fût en état de maintenir un peu d'ordre dans la province. Les uns, musulmans sans répugnance comme sans ferveur, vivaient naturellement et d'une vie calme, douce et paresseuse; les autres, encore plus insoucieux du lendemain, mettaient le doute au-dessus de l'entraînement, la négation au-dessus de l'espérance. Ils n'adoraient qu'un Dieu et ne sacrifiaient qu'à lui. Ce Dieu, c'était le plaisir, le bonheur des sens. L'élégant, le spirituel Omar ibn-abî-Rabîa, l'Anacréon des Arabes, avait écrit leur liturgie. Les deux nobles les plus considérés et les influents de Baçra, Ahnaf et Hâritha, représentaient à merveille les deux nuances de ce parti. Le nom du premier se trouve mêlé à tous les événements de cette époque; mais il ne fait guère autre chose que donner des conseils; il parle toujours, jamais il n'agit. Chef des Témîm, il jouissait dans sa tribu d'une considération si illimitée, que Moâwia Ier avait coutume de dire: «S'il se met en courroux, cent mille Témîmites partagent sa colère, sans lui en demander la cause.» Heureusement il n'en était pas capable; sa longanimité était proverbiale; même quand il appelait sa tribu aux armes, on savait qu'il ne le faisait que pour complaire à la belle Zabrâ, sa maîtresse, qui le dominait complétement. «Zabrâ est de mauvaise humeur aujourd'hui,» se disaient alors les soldats. Comme il observait la juste mesure en toutes choses, sa dévotion tenait le milieu entre la ferveur et

l'indifférence. Il faisait pénitence de ses péchés,
mais cette pénitence n'était pas trop rude. En expiation de chaque péché il passait son doigt sur la
flamme d'une bougie, et alors, poussant un petit
cri de douleur: «Pourquoi as-tu commis ce péché-là?»
disait-il. Se laisser guider par un égoïsme prudent
et réfléchi, mais qui n'allait pas jusques à la dupli-
cité ou la bassesse; garder la neutralité entre les
partis aussi longtemps qu'il le pouvait; s'accommoder
de chaque gouvernement, quelque illégitime qu'il fût,
sans le blâmer, mais aussi sans le flatter, sans rechercher ses faveurs, voilà la ligne de conduite qu'il
s'était tracée dès sa jeunesse et dont il ne s'écarta
jamais. C'était un caractère sans expansion, sans
dévoûment, sans grandeur, et ce représentant du
juste milieu et de la vulgarité égoïste, cet ami des
temporisations et des moyens termes, était aussi incapable d'inspirer l'enthousiasme que de l'éprouver;
mais tout le monde l'aimait à cause de sa douceur,
de son humeur aimable, conciliante et toujours égale [1].

Brillant et spirituel représentant de la vieille noblesse
païenne, Hâritha passait pour hardi buveur et ne niait
point qu'il le fût. Le district qu'il préféra à tout

---

1) Ibn-Khallicân, t. I, p. 323 et suiv., éd. de Slane; Ibn-Nobâta, *apud* Rasmussen, *Additamenta ad historiam Arabum*, p. 16 et
suiv. du texte.

autre quand il eut une préfecture à choisir, fut celui qui produisait les vins les plus savoureux. Ses sentiments religieux n'étaient point un mystère pour ses amis. « Quel étrange spectacle, disait un poète de sa famille, que de voir Hàritha assister à la prière publique, lui qui est aussi incrédule qu'on peut l'être [1]. » Mais il était d'une courtoisie exquise; on vantait sa conversation à la fois enjouée et instructive [2]; et puis, il se distinguait honorablement de ses concitoyens par sa bravoure. Car il faut bien le dire: les Irâcains étaient le plus souvent d'une poltronnerie incroyable. Quand Obaidallâh était encore gouverneur de la province, deux mille Irâcains, envoyés par lui pour réduire une quarantaine de non-conformistes, n'avaient pas osé les attaquer. « Je me soucie médiocrement d'avoir mon éloge funèbre prononcé par Obaidallâh, avait dit leur général; j'aime mieux qu'il me blâme [3]. »

Les deux autres partis, celui des non-conformistes et celui des Chiites, se composaient l'un et l'autre de croyants sincères et fervents. Mais ces deux sectes qui se confinaient presque au point de départ, se séparèrent de plus en plus en avançant, et finirent par comprendre la religion et l'Etat d'une manière directement opposée.

---

1) Mobarrad, p. 699. « Plus incrédule qu'un âne, » dit le texte.
2) Ibn-Khallicân, t. I, p. 325, éd. de Slane.
3) Mobarrad, p. 651.

Les non-conformistes, c'étaient les âmes nobles et chaleureuses, qui, dans un siècle d'égoïsme, avaient conservé la pureté du cœur, qui ne mettaient pas leur ambition dans les biens de la terre, qui avaient une trop grande idée de Dieu pour le servir machinalement, pour s'endormir dans une piété commune et facile; c'étaient les véritables disciples de Mahomet, mais de Mahomet tel qu'il était dans la première époque de sa mission, alors que la vertu et la religion remplissaient seules son âme enthousiaste, tandis que les orthodoxes de Médine étaient plutôt les disciples de l'autre Mahomet, de l'imposteur dont l'insatiable ambition aspirait à conquérir le monde par le glaive. Dans un temps où la guerre civile ravageait si cruellement les provinces du vaste empire, où chaque tribu se faisait de sa noble origine un titre au pouvoir, ils s'en tenaient aux belles paroles du Coran : « Tous les musulmans sont frères.» «Ne nous demandez pas, disaient-ils, si nous descendons de Cais ou bien de Témîm; nous sommes tous fils de l'islamisme, tous nous rendons hommage à l'unité de Dieu, et celui que Dieu préfère aux autres, c'est celui qui lui montre le mieux sa gratitude [1].» Mais aussi, s'ils prêchaient l'égalité et la fraternité, c'est qu'ils se recrutaient parmi la classe

---

1) Mobarrad, p. 588.

ouvrière plutôt que parmi la noblesse[1]. Justement
indignés de la corruption de leurs contemporains, qui
s'adonnaient sans scrupule, sans honte, à toutes les
dissolutions et à tous les vices, croyant qu'il suffisait, pour effacer tous les péchés, d'assister aux prières publiques et de faire le pèlerinage de la Mecque,
ils prêchaient que la foi sans les œuvres est insuffi-
sante, et que les pécheurs seront damnés aussi bien
que les incrédules[2]. En effet, on avait alors sur la
puissance absolutoire de la foi les idées les plus exa-
gérées. Et qu'était-ce encore que cette foi? Souvent
un simple déisme, rien de plus. Les beaux esprits
aux mœurs relâchées, si par hasard ils croyaient au
ciel, comptaient le conquérir à bon marché. «Qu'as-
tu préparé pour un jour semblable à celui-ci?» demanda le pieux théologien Hasan de Baçra au poète
Ferazdac *le Débauché*, qui assistait avec lui à un
convoi. «Le témoignage que je rends depuis soixante
ans à l'unité de Dieu,» répliqua tranquillement le
poète[3]. Les non-conformistes protestaient contre
cette théorie. «A ce compte, disaient-ils, Satan lui-
même eût échappé à la damnation éternelle; n'était-
il pas convaincu, lui aussi, de l'unité de Dieu[4]?»

---

1) Mobarrad, p. 704.
2) Chahrastâni et Mobarrad, *passim.*
3) *Nouveau Journ. asiat.*, t. XIII, p. 543.
4) Chahrastâni, p. 91.

Aux yeux d'une société légère, frivole, sceptique, à demi païenne, une religion si passionnée, jointe à une vertu si austère, fut une hérésie. Il fallait l'extirper, se disait-on; car il arrive parfois au scepticisme de proscrire la piété au nom de la philosophie, comme il arrive à la piété de proscrire la raison indépendante au nom de Dieu. De son côté, le gouvernement s'alarmait à juste titre de ces démocrates, de ces niveleurs. Les Omaiyades eussent pu les laisser faire, les applaudir même, s'ils se fussent bornés à déclarer que les chefs du parti orthodoxe, les soi-disant saints de l'islamisme, tels que Talha, Zobair, Alî et Aïcha, la veuve du Prophète, n'étaient que des hypocrites ambitieux; mais ils allèrent plus loin. Sans compter qu'à l'exemple des orthodoxes de Médine ils traitaient les Omaiyades d'incrédules, ils contestaient aux Coraichites le droit exclusif au califat; ils niaient hardiment que le Prophète eût dit que le gouvernement spirituel et temporel n'appartenait qu'à cette tribu. Chacun, prêchaient-ils, pouvait être élu au califat, quelle que fût sa condition, qu'il appartînt à la plus haute noblesse ou aux derniers rangs de la société, qu'il fût Coraichite ou esclave; — dangereuse théorie qui sapait le droit public dans sa racine. Ce n'est pas tout encore: rêvant une société parfaite, ces âmes candides et passionnées pour la liberté prêchaient qu'un calife n'était nécessaire que pour contenir les méchants, et que les vrais croyants, les hommes vertueux, pouvaient fort bien s'en passer [1].

Le gouvernement et l'aristocratie de l'Irâc se donnant donc la main pour écraser d'un commun effort les non-conformistes et leurs doctrines, de même que la noblesse syrienne avait secondé les Omaiyades dans leur lutte contre les compagnons du Prophète, une persécution cruelle et terrible commença. Le gouverneur Obaidallâh la dirigeait. Lui sceptique, lui philosophe, lui qui avait fait tuer le petit-fils du Prophète, il répandit à grands flots le sang de ces hommes qu'au fond de l'âme il devait regarder comme les véritables disciples de Mahomet! Ce n'est pas qu'ils fussent à craindre pour le moment : vaincus par Alî en deux sanglantes batailles, ils ne prêchaient plus en public, ils se cachaient, ils avaient même déposé leur chef parce qu'il désapprouvait leur inaction, leur commerce avec les Arabes qui n'étaient pas de leur secte [2]; mais c'était — et leurs ennemis le savaient bien — c'était un tison enfoui sous les cendres qui n'attendait que l'air pour se ranimer. Ils propageaient en secret leurs principes, avec une éloquence vive, emportée, entraînante, irrésistible parce qu'elle venait du cœur. «Il me faut étouffer cette hérésie dans son germe, répondit Obaidallâh

---

1) Chahrastânî, p. 87, 90.
2) Mobarrad, p. 575.

quand on lui dit que ces sectaires n'étaient pas assez dangereux pour motiver tant de cruautés ; ces
hommes sont plus redoutables que vous ne pensez ;
leurs moindres discours embrasent les esprits comme
une légère étincelle fait flamber un monceau de
jonc [1].»

Les non-conformistes soutinrent cette terrible épreuve avec une fermeté vraiment admirable. Confiants
et résignés, ils marchaient à l'échafaud d'un pas ferme, récitant des prières et des versets du Coran, et
recevaient le dernier coup en glorifiant le Seigneur.
Jamais aucun d'entre eux ne faussait sa parole pour
sauver sa vie menacée. Un agent de l'autorité arrêta
un sectaire dans la rue. «Permettez-moi d'entrer
un instant dans ma maison, lui dit le non-conformiste, afin que je me purifie et que je prie ensuite. — Et qui me répond que tu reviendras? — Dieu,»
répliqua le non-conformiste, et il revint [2]. Un autre,
enfermé dans la prison, étonna jusqu'à son geôlier
par sa piété exemplaire et son éloquence persuasive.
«Votre doctrine me semble belle et sainte, lui dit le
geôlier, et je veux vous rendre service. Je vous per-
mettrai donc d'aller voir votre famille pendant la
nuit, si vous me promettez de revenir ici au lever
de l'aube. — Je vous le promets,» lui répondit le

---

1) Mobarrad, p. 647.
2) Mobarrad, p. 659.

non-conformistè, et depuis lors le geôlier le laissait sortir chaque soir après le coucher du soleil. Mais une nuit que le non-conformiste était avec sa famille, des amis vinrent lui dire que le gouverneur, irrité de ce qu'un de ses bourreaux avait été assassiné, avait donné l'ordre de décapiter tous les hérétiques qui se trouvaient dans la prison. Malgré les prières de ses amis, malgré les pleurs de sa femme et de ses enfants, qui le conjuraient de ne pas aller se livrer à une mort certaine, le non-conformiste retourna à la prison en disant: «Pourrais-je me présenter devant Dieu, si j'avais manqué de parole?» De retour dans son cachot et voyant que la physionomie du bon geôlier exprimait la tristesse: «Tranquillisez-vous, lui dit-il, je connaissais le dessein de votre maître. — Quoi! vous le connaissiez et vous n'en êtes pas moins revenu!» s'écria le geôlier frappé d'étonnement et d'admiration [1].

Et les femmes rivalisaient de courage avec les hommes. La pieuse Baldjâ, avertie que la veille Obaidallâh avait prononcé son nom, ce qui, dans sa bouche, équivalait à une sentence de mort, refusa de se cacher comme ses amis le lui conseillaient. «S'il me fait arrêter, tant pis pour lui, car Dieu l'en punira, dit-elle; mais je ne veux pas qu'un seul de nos frères soit inquiété à cause de moi.» Calme et résignée,

----

1) Mobarrad, p. 647, 648.

elle attendit les bourreaux, qui, après lui avoir coupé les mains et les jambes, jetèrent son tronc sur le marché [1].

Tant d'héroïsme, tant de grandeur, tant de sainteté excitaient l'intérêt et l'admiration des âmes justes et imposaient parfois du respect aux bourreaux mêmes. A la vue de ces hommes hâves et pâles, qui ne mangeaient et ne dormaient guère [2] et qui semblaient revêtus d'une auréole de gloire, une sainte horreur arrêtait leur bras prêt à frapper [3]. Dans la suite, ce n'était plus le respect qui les faisait hésiter, c'était la peur. La secte persécutée était devenue une société secrète, dont les membres étaient solidaires les uns des autres. Le lendemain de chaque exécution, on pouvait être sûr de trouver le bourreau assassiné [4]. C'était déjà un commencement de résistance à main armée, mais qui ne contentait pas les exaltés du parti. Et en effet, au point de vue de la secte, et même des musulmans en général, la patiente résignation aux supplices, loin d'être un mérite, était une faiblesse. L'Eglise musulmane est une Eglise essentiellement militante et elle l'est dans un autre sens que l'Eglise catholique. Aussi

1) Mobarrad, p. 647.
2) Chahrastânî, p. 89; Mobarrad, p. 590.
3) Mobarrad, p. 670.
4) Mobarrad, p. 648 et ailleurs.

les exaltés reprochaient-ils aux modérés leur commerce avec *les brigands et les incrédules* [1], leur inaction, leur lâcheté, et les poètes, s'associant à ce
blâme, faisaient un appel aux armes [2], lorsqu'on apprit que l'armée de Moslim allait attaquer les deux
villes saintes. Ce fut un moment décisif dans la
destinée de la secte, dont Nâfi, fils d'Azrac, était
alors l'homme le plus éminent. Il vola avec ses amis
à la défense du territoire sacré, et Ibn-Zobair qui
disait que, pour combattre les Arabes de Syrie, il
accepterait le secours des Dailemites, des Turcs, des
païens, des barbares [3], l'accueillit à bras ouverts,
l'assura même qu'il partageait ses doctrines. Tant
que dura le siége de la Mecque, les non-conformistes
firent des prodiges de valeur; mais ils ne tardèrent
pas à s'apercevoir qu'entre eux et le chef de la haute
Eglise il n'y avait pas d'union possible. Ils retournèrent donc à Baçra; puis, profitant du désordre universel, ils s'établirent dans la province d'Ahwâz,
après en avoir expulsé les employés du gouvernement.

A partir de cette époque, les non-conformistes,
ceux de l'Ahwâz du moins, que les Arabes appellent
les Azrakites, du nom du père de Nâfi, ne se con-

---

1) Mobarrad, p. 577.
2) Mobarrad, p. 661.
3) Mobarrad, p. 678.

tentèrent pas de rompre tout commerce avec les Arabes étrangers à leur secte, de déclarer que c'était un péché que de vivre dans leur société, de manger des animaux tués par eux, de contracter des mariages dans leurs familles : exaspérés par plusieurs années de persécution et altérés de vengeance, ils prirent un caractère cruel et féroce, tirèrent de leurs principes les conséquences les plus rigoureuses, et puisèrent dans le Coran, qu'ils interprétaient comme certaines sectes de l'Angleterre et de l'Ecosse ont interprété la Bible au XVII° siècle, des arguments pour justifier leur haine implacable et la sanctifier. Les autres Arabes étant tous ou des incrédules ou des pécheurs, ce qui revenait au même, il fallait les extirper s'ils refusaient d'accepter les croyances du peuple de Dieu, attendu que Mahomet n'avait laissé aux Arabes païens d'autre choix que l'islamisme ou la mort. Nul ne devait être épargné, pas même les femmes, pas même les enfants à la mamelle, car Noé disait dans le Coran : « Seigneur, ne laisse subsister sur la terre aucune famille infidèle; car, si tu en laissais, ils séduiraient tes serviteurs et n'enfanteraient que des impies et des incrédules [1]. » On avait voulu les exterminer : à leur tour ils voulaient exterminer leurs persécuteurs. De martyrs, ils devinrent bourreaux.

---

1) Mobarrad, p. 680; 683.

Bientôt, marquant leur passage par des torrents de sang, ils s'avancèrent jusqu'à deux jours de marche de Baçra. Une consternation indicible régnait dans cette ville. Les habitants qui, comme l'on sait, avouaient d'ordinaire leur poltronnerie avec un cynisme révoltant, ne pouvaient compter que sur leurs propres forces et leur propre courage; car c'était justement l'époque où ils s'étaient affranchis de la domination des Omaiyades et où ils refusaient encore de reconnaître Ibn-Zobair. Pour comble de malheur, ils avaient été assez étourdis pour mettre à la tête du gouvernement le Coraichite Babba [1], homme d'une corpulence excessive et d'une parfaite nullité. Toutefois, comme ils avaient à sauver leurs biens, leurs femmes, leurs enfants et leur propre vie, la gravité du péril leur rendit un peu d'énergie, et ils allèrent à la rencontre de l'ennemi avec plus d'empressement et de courage qu'ils n'en montraient d'ordinaire quand il fallait combattre. On en vint aux prises près de Doulâb et l'on se battit pendant tout un mois. Nâfi fut tué dans un de ces combats; de leur côté, les Arabes de Baçra perdirent les trois généraux qui se succédèrent dans le commandement [2], et à la fin, fatigués par une si longue campagne, dé-

---

1) Comparez Ibn-Khaldoun, t. II, fol. 171 v., avec Mobarrad, p. 688.
2) Mobarrad, p. 688—690.

couragés de ce que tant de combats restaient sans
résultat décisif, épuisés par des efforts auxquels ils
étaient si peu accoutumés, ils sentirent qu'ils avaient
pris la volonté pour la force et rentrèrent dans leurs
foyers. L'Irâc eût été inondé alors par les farouches
sectaires, si Hâritha ne leur eût barré le passage à
la tête de ses contribules, les Ghoddân. «Honte
éternelle sur nous, dit-il à ses compagnons d'armes,
si nous abandonnons nos frères de Baçra à la rage
brutale des non-conformistes;» et combattant en volontaire, sans qu'il fût revêtu d'un caractère officiel,
il préserva l'Irâc du terrible fléau qui le menaçait.

Mais comme le danger était toujours imminent,
comme Hâritha pouvait être battu à toute heure et
qu'alors rien n'empêchait l'ennemi de pénétrer jusqu'à
Baçra, les habitants de cette ville ne virent d'autre
moyen de salut que de se coaliser avec Ibn-Zobair et
de le reconnaître pour calife. C'est ce qu'ils firent.
Ibn-Zobair leur envoya un gouverneur. Ce gouverneur confia le commandement des troupes à son frère,
nommé Othmân. Arrivé en face des ennemis et
voyant qu'il avait sur eux l'avantage du nombre,
Othmân dit à Hâritha qui s'était réuni à lui:

— Eh quoi! c'est là toute leur armée?

— Ah! c'est que vous ne les connaissez pas, lui
répondit Hâritha; ils vous donneront assez à faire,
je vous en réponds.

— Par Dieu! reprit Othmân d'un air de dédain,

avant de me mettre à table, je veux voir s'ils savent
se battre.

— Sachez, général, qu'une fois rangés en bataille,
ces hommes ne reculent jamais.

— Je sais que les Irâcains sont des lâches. Et
vous, Hâritha, que savez-vous de la guerre?...
Vous vous entendez à faire autre chose....

Othmân avait accompagné ces paroles d'un geste
significatif, et Hâritha, furieux d'avoir eu à essuyer
de cet étranger, de ce piétiste, le double reproche
de lâcheté et d'ivrognerie, demeura à l'écart avec
ses hommes, sans prendre part au combat.

Victime de son outrecuidance, Othmân, après
avoir vu ses troupes prendre la fuite, périt sur le
champ de bataille. Les non-conformistes allaient recueillir les fruits de leur victoire, lorsque Hâritha,
ramassant l'étendard tombé à terre et rangeant ses
contribules en bataille, arrêta l'élan de l'armée ennemie. «Si Hâritha n'eût pas été là, disait avec raison un poète, aucun Irâcain n'eût survécu à cette
journée fatale. Quand on demande: «Quel est celui
qui a sauvé la province?» Maâddites et Yéménites
disent d'un commun accord: — C'est lui!»

Malheureusement les piétistes qu'Ibn-Zobair envoya
successivement pour gouverner l'Irâc, ne surent pas
apprécier cet homme, le seul pourtant qui, au milieu
de la lâcheté générale, eût fait preuve de courage et
d'énergie. C'était, leur disait-on, un ivrogne, un

incrédule, et ils s'obstinaient à lui refuser la position officielle qu'il sollicitait, à ne pas lui envoyer les renforts dont il avait absolument besoin pour soutenir les efforts de l'ennemi. Pressé de plus en plus, le brave guerrier ne put sauver son armée épuisée que par une retraite qui ressemblait à une fuite. Poursuivi par l'ennemi, l'on arriva au Petit-Tigre et l'on se jeta précipitamment dans des bateaux pour le passer. Les barques étant déjà au milieu du fleuve, Hâritha entendit les cris de détresse que poussait un brave Témîmite qui, arrivé trop tard pour s'embarquer, allait être atteint par les ennemis. Il ordonna aussitôt au batelier de regagner la rive. Le batelier obéit; mais la rive où l'on aborda étant fort escarpée, le Témîmite, pesamment armé, se laissa choir dans la barque. La pesanteur de sa chute la fit chavirer. Tous périrent engloutis par les vagues [1].

L'Irâc avait perdu son dernier défenseur. Et l'ennemi avançait; déjà il s'occupait à jeter un pont sur l'Euphrate. Une foule d'habitants avaient quitté Baçra pour aller chercher un asile ailleurs; d'autres se préparaient à les suivre, et la peur qu'inspiraient les terribles *têtes rasées* était si grande, si universelle, que le gouverneur ne trouva plus personne qui voulût se charger du commandement de l'armée. Mais alors, comme par une inspiration du ciel, une seule pensée

---

1) Mobarrad, p. 698—700.

remplit tous les cœurs, un seul cri sortit de toutes les bouches: « Il n'y a que Mohallab qui puisse nous sauver [1] ! »

Et Mohallab les sauva. C'était sans contredit un homme supérieur, digne en tout point de l'admiration enthousiaste que témoignait pour lui un héros chrétien, le Cid, quand, dans son palais de Valence, il se faisait lire les hauts faits des anciens preux de l'islamisme [2]. Comme rien n'échappait à sa clairvoyance, il comprit dès le début qu'une guerre de ce genre demandait dans un général quelque chose de plus que des talents militaires; que pour réduire ces fanatiques toujours prêts à vaincre ou à périr et qui, bien que percés d'outre en outre par les lances ennemies, se ruaient sur leurs adversaires en criant: « Nous venons à toi, Seigneur [3], » il fallait leur opposer des soldats non-seulement aguerris et bien disciplinés, mais animés, à un égal degré, de l'enthousiasme religieux. Et il opéra un miracle: il sut transformer les sceptiques Irâcains en croyants zélés, leur persuader que les non-conformistes étaient les ennemis les plus acharnés de l'Eternel, leur inspirer le désir d'obtenir la couronne du martyre. Quand les courages chancelaient, il attribuait hardiment à

---

1) Mobarrad, p. 701; cf. p. 593 et Ibn-Cotaiba, p. 203.
2) Voyez mes *Recherches*, t. II, p. 25.
3) Mobarrad, p. 623.

Mahomet des paroles prophétiques qui promettaient la victoire à ses soldats [1], car, par un singulier contraste, le talent de l'imposture lui était aussi naturel qu'un magnanime courage. Alors les soldats n'hésitaient plus et remportaient la victoire, parce qu'ils étaient convaincus que le ciel la leur avait promise. Il y eut donc dans cette guerre qui dura dix-neuf ans [2], une émulation de violence et de haine fanatique, et l'on ne saurait dire lequel des deux partis se montra le plus ardent, le plus acharné, le plus passionnément implacable. « Si je voyais venir d'un côté les Dailemites païens, et les non-conformistes de l'autre, disait-on dans l'armée de Mohallab, je m'élancerais sur ces derniers; car celui qui meurt tué par eux jouira là-haut d'une auréole dix fois resplendissante comme celle dont seront revêtus les autres martyrs [3]. »

Pendant que Baçra avait besoin de toutes ses forces, de toute son énergie, pour repousser les non-conformistes, une autre secte, celle des Chiites, inspirait les plus vives alarmes tant aux Omaiyades qu'à Ibn-Zobair.

Si les principes des non-conformistes devaient aboutir de toute nécessité à la démocratie, ceux des

---

1) Ibn-Khallicân, Fasc. IX, p. 48, éd. Wüstenfeld.
2) Chahrastânî, p. 89.
3) Mobarrad, p. 704.

Chiites menaient droit au plus terrible despotisme.
Ne pouvant admettre que le Prophète eût eu l'imprudence d'abandonner le choix de son successeur à la
multitude, ils se fondaient sur certaines expressions
assez équivoques de Mahomet pour enseigner que
celui-ci avait expressément désigné Alî pour lui succéder, et que le califat était héréditaire dans la famille de l'époux de Fatime. Ils considéraient donc
comme des usurpateurs, non-seulement les Omaiyades, mais encore Abou-Becr, Omar et Othmân, et
ils élevaient en même temps leur calife au rang d'un
Dieu, car ils croyaient qu'il ne péchait jamais, qu'il
ne participait à aucune des faiblesses et des imper-
fections de l'humanité. De cette déification du calife,
la secte qui dominait à cette époque et qui avait été
fondée par Caisân [1], affranchi d'Alî, arriva, par une
conséquence logique, à la triste doctrine que la foi,
la religion et la vertu consistent uniquement dans la
soumission passive et l'obéissance illimitée aux ordres
de l'homme-Dieu [2]; bizarre et monstrueuse pensée,
antipathique au caractère arabe, mais éclose dans le
cerveau des anciens sectateurs de Zoroastre qui, accoutumés à voir, dans leurs rois et leurs prêtres,

---

1) Quelques auteurs arabes identifient à tort Caisân avec Mokhtâr.
Ce Caisân devint plus tard chef de la garde de Mokhtâr; voyez
Ibn-Khaldoun, t. II, fol. 176 v.

2) Chahrastânî, p. 108, 109.

les descendants des dieux, des génies célestes, des
divinités, transportaient aux chefs de la nouvelle religion la vénération qu'ils accordaient précédemment
à leurs souverains [1]. Car les Chiites étaient une secte
essentiellement persane; ils se recrutaient de préférence parmi les affranchis [2], c'est-à-dire parmi les
Persans. De là vient aussi que cette secte donnait à
ses croyances l'aspect formidable d'une guerre aveugle et furieuse contre la société: haïssant la nation
dominante et lui enviant ses richesses, ces Persans
demandaient leur part des biens d'ici-bas [3]. Leurs
chefs, toutefois, étaient ordinairement des Arabes,
qui exploitaient à leur profit la crédulité et le fanatisme de ces sectaires. A cette époque ils se laissaient guider par Mokhtâr, esprit à la fois audacieux
et souple, violent et fourbe, héros et scélérat, tigre
dans la colère et renard dans la réflexion. Tour à
tour non-conformiste, orthodoxe — Zobairite, comme
on disait alors — et Chiite, il avait passé par tous
les partis, depuis celui qui représentait la démocratie jusqu'à celui qui prêchait l'absolutisme; et pour
justifier ces variations continuelles, bien propres à
inspirer des doutes sur sa sincérité et sa bonne foi,
il s'était créé un Dieu à son image; un Dieu essen-

---

1) De Sacy, *Exposé de la religion des Druzes*, t. I, Introduc-
tion, p. XXVII.
2) Tabarî *apud* Weil, t. I, p. 378, dans la note.
3) Ibn-Khaldoun, *passim*.

tiellement variable, qui sait, qui veut, qui ordonne
le lendemain le contraire de ce qu'il avait su, voulu
et ordonné la veille. Cette bizarre doctrine avait
pour lui encore un autre avantage: comme il se pi-
quait de pouvoir prédire l'avenir, elle mettait ses
pressentiments et ses visions à l'abri de la critique;
car si l'événement ne les justifiait pas: « Dieu a
changé d'avis, » disait-il [1]. Et pourtant, malgré les
apparences contraires, nul n'était moins inconsé-
quent, moins variable que lui. S'il changeait, il ne
changeait que de moyens. Toutes ses actions avaient
un seul mobile: une ambition effrénée; tous ses efforts tendaient vers un seul but: le pouvoir et la domination. Il méprisait tout ce que les autres craignaient ou vénéraient. Son esprit orgueilleux planait
avec une dédaigneuse indifférence sur tous les systè-
mes politiques et toutes les croyances religieuses,
qu'il considérait comme autant de leurres faits pour
tromper la multitude, comme autant de préjugés
dont un homme habile doit savoir se servir pour
arriver à ses fins. Mais, quoi qu'il jouât tous les
rôles avec une incomparable adresse, celui de chef
des Chiites convenait le plus à son génie. Nulle autre secte n'était aussi simple et crédule, nulle autre
n'avait ce caractère d'obéissance passive, qui plaisait
à son humeur impérieuse.

---

1) Chahrastânî, p. 110.

Par un hardi coup de main il enleva Coufa à Ibn-Zobair; puis il fit marcher ses troupes au-devant de l'armée syrienne, envoyée contre lui par le calife Abdalmélic, qui venait de succéder à son père Merwân. Pour se soulever, les habitants de Coufa, qui ne subissaient qu'en frémissant d'indignation et de colère le joug de l'imposteur et des Persans, *leurs esclaves* comme ils disaient[1], n'avaient attendu que ce moment; mais Mokhtâr sut gagner du temps en les leurrant de protestations et de promesses, et il en profita pour envoyer à son général Ibrâhîm l'ordre de revenir au plus vite. Au moment où ils s'y attendaient le moins, les rebelles virent Ibrâhîm et ses Chiites se ruer sur eux, l'épée au poing. Quand la révolte eut été noyée dans le sang, Mokhtâr fit arrêter et décapiter deux cent cinquante personnes dont la plupart avaient combattu contre Hosain à Kerbelâ. La mort de Hosain lui servit de prétexte; son mobile, c'était d'ôter aux Arabes l'envie de recommencer. Et ils se gardèrent bien de le faire: pour échapper au despotisme de la hache, ils émigrèrent en foule.

Ensuite, ordonnant à ses troupes de marcher de nouveau contre l'armée syrienne, Mokhtâr ne négligea rien pour stimuler leur enthousiasme et leur fanatisme. Au moment du départ, il leur montra un vieux

---

[1] Ibn-Khaldoun, t. II, fol. 179 v.

siége, qu'il avait acheté d'un charpentier au prix
modique de deux pièces d'argent, mais qu'il avait
fait couvrir de soie et qu'il faisait passer pour le
trône d'Alî. «Ce trône, dit-il à ses soldats, sera pour
vous ce que l'arche d'alliance était pour les enfants
d'Israël. Placez-le dans la mêlée, là où elle sera la
plus sanglante, et sachez le défendre [1].» Puis il ajouta: «Si vous remportez la victoire, ce sera parce
que Dieu vous aura aidés; mais ne vous laissez point
décourager dans le cas où vous éprouveriez un échec,
car il m'a été révélé qu'alors Dieu enverra à votre
secours des anges, que vous verrez voler près des
nuages sous la forme de pigeons blancs.» Or, il faut
savoir que Mokhtâr avait donné à ses plus intimes
affidés des pigeons élevés dans les colombiers de Coufa, avec l'ordre de les lâcher si une issue fâcheuse
était à craindre [2]. Ces oiseaux viendraient donc annoncer à Mokhtâr que le moment d'aviser à sa propre
sûreté était venu, et exciteraient en même temps les
crédules soldats à employer tous leurs efforts pour
changer la défaite en victoire.

La bataille eut lieu sur les bords du Khâzir, non
loin de Mosoul (août 686). Les Chiites eurent d'abord
le dessous. Alors on lâcha les pigeons. La vue de
ces oiseaux releva leur courage, et tandis que, dans

---

1) Mobarrad, p. 667.
2) Mobarrad, p. 665.

leur exaltation fanatique, ils se précipitaient sur l'ennemi avec une rage effrénée en criant : « Les anges,
les anges! » un autre cri se fit entendre dans l'aile
gauche de l'armée syrienne. Elle était entièrement
composée de Caisites; Omair, l'ancien lieutenant de
Zofar, la commandait. La nuit précédente il avait
eu une entrevue avec le général des Chiites. Renver-
sant maintenant sa bannière il cria: « Vengeance,
vengeance pour la Prairie! » Dès lors les Caisites
demeurèrent spectateurs immobiles, mais non indifférents, du combat, et, à l'entrée de la nuit, l'armée
syrienne, après avoir perdu son général en chef Obaï-
dallâh, était en pleine déroute[1].

Pendant que Mokhtâr s'enivrait encore de son triomphe, les émigrés de Coufa suppliaient Moçab, frère
d'Ibn-Zobair et gouverneur de Baçra, d'aller attaquer
l'imposteur, l'assurant qu'il n'aurait qu'à se montrer
pour que tous les hommes sensés de Coufa se décla-
rassent pour lui. Cédant à leurs prières, Moçab rappela Mohallab à Baçra, marcha avec lui contre les
Chiites, remporta sur eux deux victoires, et assiégea
Mokhtâr qui s'était jeté dans la citadelle de Coufa.
Ce dernier, voyant la ruine de son parti inévitable,
était décidé à n'y point survivre. « Précipitons-nous
sur les assiégeants, dit-il à ses soldats. Mieux vaut
mourir en braves, que de périr ici de faim, ou de

---

1) Mobarrad, p. 666, 667; Masoudî, fol. 125 r. et v.

nous y laisser égorger comme des agueaux.» Mais il avait perdu son prestige : de six ou sept mille hommes, vingt seulement répondirent à son appel. Ils vendirent chèrement leur vie. Quant aux autres, leur lâcheté ne leur profita point. C'étaient, disaient les émigrés, des bandits, des assassins, et l'impitoyable Moçab les livra tous au bourreau (687). Mais il ne jouit pas longtemps de ses succès. Sans le vouloir, il avait rendu au rival de son frère un éclatant service, puisqu'il l'avait débarrassé des Chiites, ses ennemis les plus redoutables; et Abdalmélic, n'ayant désormais rien à craindre de ce côté-là, faisait les plus grands préparatifs pour attaquer les Zobairites dans l'Irâc. Pour ne pas laisser d'ennemi derrière lui, il commença par assiéger Carkîsiâ, où Zofar jouait un rôle fort étrange. Tantôt il prétendait combattre pour Ibn-Zobair, tantôt il fournissait des vivres aux Chiites et leur proposait de marcher avec eux contre les Syriens[1]. Tous les ennemis des Omaiyades, quelque différentes que fussent leurs prétentions, étaient pour lui des alliés, des amis. Assiégé par Abdalmélic qui, sur les remontrances des Kelbites, tenait prudemment ses soldats caisites hors de combat, Zofar défendit son repaire avec une opiniâtreté extrême; une fois même, ses soldats firent une sortie si vigoureuse, qu'ils pénétrèrent jusqu'à

---

1) Ibn-Khaldoun, fol. 174 v., 175 r.

la tente du calife; et comme celui-ci était pressé d'en finir pour pouvoir marcher contre Moçab, il entama une négociation, qu'il rompit quand la destruction de quatre tours lui eut rendu l'espoir de prendre la ville de vive force, et qu'il renoua quand l'assaut eut été repoussé. Au prix de quelque argent qui serait distribué entre les soldats du calife, Zofar obtint les conditions les plus honorables: l'amnistie pour ses frères d'armes, pour lui-même le gouvernement de Carkîsiâ [1]. Pour contenter sa fierté, il stipula en outre qu'il ne serait forcé de prêter serment au calife ómaiyade qu'après la mort d'Ibn-Zobair. Enfin, pour sceller leur réconciliation, ils convinrent entre eux que Maslama, fils du calife, épouserait une fille de Zofar. La paix conclue, Zofar se rendit auprès d'Abdalmélic, qui le reçut avec de grands égards et le fit asseoir à côté de lui sur son trône [2]. C'était un spectacle touchant que de voir ces hommes, si longtemps ennemis, se donner toutes les assurances d'une amitié fraternelle. Apparence trompeuse! Afin que l'amitié d'Abdalmélic pour Zofar fît place à une haine ardente, il suffit de lui rappeler un seul vers. Un noble Yéménite, Ibn-Dhî-'l-calâ, entra dans la tente, et voyant la place d'honneur qu'occupait Zofar, il se

---

1) Ibn-Khaldoun ne fait pas mention de cette clause, mais voyez le *Nouveau Journ. asiat.*, t. XIII, p. 305.

2) Ibn-Khaldoun, fol. 182 v., 183 r.

mit à verser des larmes. Le calife lui demanda la cause de son émotion. « Commandeur des croyants, dit-il, comment ne répandrais-je pas des pleurs amers, quand j'aperçois cet homme naguère révolté contre vous, dont le sabre dégoutte encore du sang de ma famille, victime de sa fidélité à vous servir, quand je vois, dis-je, ce meurtrier des miens assis avec vous sur ce trône au pied duquel je suis placé ? — Si je l'ai fait asseoir à mes côtés, répondit le calife, ce n'est pas que je veuille l'élever au-dessus de toi ; c'est seulement parce que son langage est le mien et que sa conversation m'intéresse.»

Le poète Akhtal qui, dans ce moment, était à boire dans une autre tente, fut informé de l'accueil que Zofar recevait du calife. Il haïssait, il abhorrait le brigand de Carkîsiâ, qui souvent avait été sur le point d'exterminer toute sa tribu, celle de Taghlib. « Je vais, dit-il, frapper un coup que n'a pu porter Ibn-Dhî-'l-calâ.» Il se présenta aussitôt chez le calife, et, après l'avoir quelques instants regardé fixement, il déclama ces vers :

La liqueur qui remplit ma coupe a le brillant éclat de l'œil vif et animé du coq. Elle exalte l'esprit du buveur. Celui qui en boit trois rasades sans mélange d'eau sent naître en lui le désir de répandre des bienfaits. Il marche en se balançant mollement comme une charmante fille de Coraich, et laisse flotter au gré des vents les pans de sa robe.

— A quel propos viens-tu me réciter ces vers ?

lui dit le calife. Tu as sans doute quelque idée en
tête.

— Il est vrai, commandeur des croyants, reprit
Akhtal, bien des idées viennent m'assaillir en effet
lorsque je vois assis auprès de vous sur votre trône
cet homme qui disait hier : « Sans doute l'herbe repoussera sur la terre fraîchement remuée qui couvre
les ossements de nos frères ; mais jamais nous ne les
oublierons, et toujours nous aurons pour nos ennemis une haine implacable.»

A ces mots, Abdalmélic bondit comme s'il eût été
piqué d'une guêpe. Furieux, haletant de colère,
les yeux étincelants d'une haine farouche, il donna
un violent coup de pied dans la poitrine de Zofar
et le renversa de dessus le trône.... Zofar avoua
depuis qu'il ne s'était jamais cru aussi près de sa
dernière heure qu'à ce moment-là [1].

Le temps d'une réconciliation sincère n'était pas
encore venu, et les Caisites ne tardèrent pas à donner aux Omaiyades une nouvelle preuve de leur haine
invétérée. Zofar avait renforcé l'armée d'Abdalmélic,
quand elle alla combattre Moçab, par une division
de Caisites, commandée par son fils Hodhail ; mais
aussitôt que les deux armées furent en présence, ces
Caisites passèrent à l'ennemi avec armes et bagages [2].

---

1) *Nouveau Journ. asiat.*, t. XIII, p. 304—307.
2) Ibn-Khaldoun, fol. 181 v.

Cette défection n'eut pas, toutefois, les suites fâcheuses qu'avait eues celle d'Omair. La fortune, au contraire, souriait à Abdalmélic. Légers et mobiles, les Irâcains avaient déjà oublié leurs griefs contre les Omaiyades; toujours peu disposés à combattre pour qui que ce fût, et n'ayant, à plus forte raison, nulle envie de se faire tuer pour un prétendant qu'ils méprisaient, ils avaient prêté une oreille avide aux émissaires d'Abdalmélic, qui parcouraient l'Irâc en prodiguant l'or et les plus séduisantes promesses. Moçab était donc entouré de généraux qui s'étaient déjà vendus aux Omaiyades et qui, la bataille engagée, ne tardèrent pas à lui montrer leurs véritables sentiments. «Je ne veux pas, lui répondit l'un quand il lui ordonna de charger, je ne veux pas que ma tribu périsse en combattant pour une cause qui ne la touche en rien.» — «Eh quoi! vous m'ordonnez de marcher vers l'ennemi? lui dit un autre en le regardant d'un air insolent et railleur; aucun de mes soldats ne me suivrait, et si j'allais seul à la charge, je me rendrais ridicule[1].» Pour un homme fier et brave comme Moçab l'était, il n'y avait qu'un parti à prendre. S'adressant à son fils Isâ: «Pars, lui dit-il; va annoncer à ton oncle que les perfides Irâcains m'ont trahi, et dis adieu à ton père qui n'a plus que peu d'instants à vivre. — Non, mon

---

1) Ibn-Badroun, p. 189.

père, lui répondit le jeune homme, jamais les Coraichites ne me reprocheront que je vous ai abandonné à l'heure du péril.» Le père et le fils se jetèrent au plus fort de la mêlée, et bientôt après on
présenta leurs têtes à Abdalmélic (690).

Tout l'Irâc prêta serment à l'Omaiyade. Mohallab
qui, la veille encore, ignorant la mort de Moçab
déjà connue des non-conformistes, avait déclaré, dans
une conférence avec les chefs de ces sectaires, que
Moçab était son seigneur dans ce monde et dans
l'autre, qu'il était prêt à mourir pour lui et que
c'était le devoir de tout bon musulman de combattre
Abdalmélic, ce fils d'un maudit, Mohallab imita
l'exemple de ses compatriotes aussitôt qu'il eut reçu
le diplôme par lequel le calife omaiyade le confirmait
dans toutes ses charges et dignités. Voilà de quelle
manière les Irâcains, même les meilleurs, comprenaient l'honneur et la loyauté! « Décidez vous-mê-
mes maintenant si l'erreur est de votre côté ou du
nôtre, s'écrièrent les non-conformistes dans leur juste
indignation, et ayez au moins la bonne foi d'avouer
qu'esclaves des biens de ce bas monde, vous servez
et encensez chaque pouvoir pourvu qu'il vous paie,
frères de Satan que vous êtes [1]»

---

1) Weil, t. I, p. 411, 412; Mobarrad, p. 736.

VIII.

Abdalmélic touchait au but de ses souhaits. Pour régner sans compétiteur sur le monde musulman, il ne lui restait à conquérir que la Mecque, résidence et dernier asile de son concurrent. Ce serait, à la vérité, un sacrilége, et Abdalmélic eût frémi d'horreur rien que d'y penser, s'il eût conservé les pieux sentiments par lesquels il s'était distingué dans sa jeunesse [1]. Mais ce n'était plus le jeune homme candide et chaleureux qui, dans l'élan d'une sainte indignation, appelait Yézîd l'ennemi de l'Eternel, parce qu'il avait osé envoyer des soldats contre Médine, la ville du Prophète [2]. Les années, le commerce du monde et l'exercice du pouvoir avaient flétri en lui sa candeur enfantine et sa foi naïve, et l'on raconte que le jour où son cousin Achdac cessa de vivre, ce jour où Abdalmélic se souilla du double crime de parjure et d'assassinat, il avait fermé le livre de Dieu

---

1) Voyez Soyoutî, *Tarîkh al-kholafâ*, p. 216, 217, éd. Lees.
2) Mobarrad, p. 636.

en disant d'un air sombre et froid : « Désormais il n'y a plus rien de commun entre nous [1]. » Aussi ses sentiments religieux étaient assez connus pour que nul ne s'étonnât en apprenant qu'il allait envoyer des troupes contre la Mecque ; mais ce dont tout le monde fut surpris, ce fut que le calife choisit, pour commander cette expédition importante, un homme né dans la poussière, un certain Haddjâdj, qui autrefois avait exercé l'humble profession de maître d'école à Tâïf en Arabie, et qui, dans ce temps-là, s'estimait heureux, si en enseignant à lire *soir et matin* aux petits garçons, il parvenait à gagner de quoi acheter un morceau de pain sec [2]. Connu seulement pour avoir rétabli un peu de discipline dans la garde d'Abdalmélic [3], pour avoir commandé une division dans l'Irâc où l'ennemi lui avait ôté, par sa défection, le moyen de montrer, soit sa bravoure, soit sa lâcheté, enfin, pour s'être laissé battre, sous le règne de Merwân, par les Zobairites [4], il fut redevable de sa nomination à une circonstance assez bizarre. Quand il sollicita l'honneur de commander l'armée qui allait assiéger Ibn-Zobair, le calife lui répondit d'abord par un *tais-toi* hautain et dédaigneux [5] ; mais par une de

---

1) Mobarrad, p. 635.
2) Ibn-Cotaiba, p. 272.
3) Ibn-Khallicân, t. I, p. 182 éd. de Slane.
4) Ibn-Cotaiba, p. 201.
5) Fâkihî, fol. 401 r.

ces anomalies normales du cœur humain, Abdalmélic, qui de reste croyait à fort peu de chose, croyait
fermement aux songes, et Haddjâdj savait en faire
tout à propos. « J'ai rêvé, dit-il, que j'écorchais
Ibn-Zobair, » et aussitôt le calife lui confia le commandement qu'il sollicitait [1].

Quant à Ibn-Zobair, il avait reçu avec assez de
calme et de résignation la nouvelle de la perte de
l'Irâc et de la mort de son frère. Il est vrai de dire
qu'il n'avait pas été sans inquiétude sur les projets
de Moçab qui, à son avis, aimait un peu trop à trancher du souverain, et il se consola d'autant plus
aisément de sa perte qu'il y trouva l'occasion de dé-
ployer ses talents oratoires en prononçant un sermon
qui nous paraîtrait froid et guindé peut-être, mais
qui sans doute lui semblait fort édifiant, et dans lequel il disait naïvement que la mort de son frère
l'avait tout à la fois rempli de tristesse et de joie :
de tristesse, parce qu'il se voyait « privé d'un ami,
dont la mort était pour lui une blessure bien cui-
sante, qui ne laissait à l'homme sensé que la ressource de la patience et de la résignation ; » — de
joie, « parce que Dieu, en accordant à son frère la
gloire du martyre, avait voulu lui donner un témoignage de sa bienveillance [2]. » Mais quand il lui

---

1) Ibn-Cotaiba, p. 202.
2) *Nouveau Journ. asiat.*, t. X, p. 140.

fallut, non prêcher, mais combattre, quand
Mecque cernée de toutes parts et livrée au
de la plus affreuse disette, alors son cou
cela. Ce n'est pas qu'il manquât de ce c
gaire que tout soldat, à moins qu'il ne so
poltron, possède sur le champ de batail
manquait d'énergie morale, et, étant ve
sa mère, femme d'une fierté toute romaine
de ses cent ans:

— Ma mère, lui dit-il, tout le monde
donné et mes ennemis m'offrent encore d
tions fort acceptables. Que pensez-vous que
faire?

— Mourir, dit-elle.

— Mais je crains, reprit-il d'un air piteu
crains, si je succombe sous les coups des Syri
qu'ils n'assouvissent leur vengeance sur mon corps.

— Et qu'est-ce que cela te fait? La brebis, qua
elle a été égorgée, souffre-t-elle donc si on l'éco
che?

Ces fières paroles firent monter la rougeur de la
honte au front d'Abdallâh; il se hâta d'assurer à sa
mère qu'il partageait ses sentiments et qu'il n'avait
eu d'autre dessein que de l'éprouver.... Peu d'instants après, s'étant armé de pied en cap, il revint
auprès d'elle pour lui dire un dernier adieu. Elle le
serra sur son cœur. Sa main rencontra une cotte
de mailles.

— Quand on est décidé à mourir, on n'a pas besoin de cela, dit-elle.

— Je n'ai revêtu cette armure que pour vous inspirer quelque espoir, répliqua-t-il un peu déconcer-
certé.

— J'ai dit adieu à l'espoir; — ôte cela.

Il obéit. Ensuite, ayant passé quelques heures à
prier dans la Caba, ce héros sans héroïsme fondit
sur les ennemis et mourut d'une manière plus honorable qu'il n'avait vécu. Sa tête fut envoyée à Damas, son corps attaché à un gibet dans une position
renversée (692).

Pendant les six ou huit mois qu'avait duré le siége
de la Mecque, Haddjâdj avait déployé un grand courage, une activité infatigable, une persévérance à
toute épreuve, et, pour dire tout, une indifférence
pour les choses saintes que les théologiens ne lui
ont jamais pardonnée, mais qui prouvait qu'il s'était
dévoué corps et âme à la cause de son maître. Rien
ne l'avait arrêté, ni l'inviolabilité immémoriale du
temple, ni ce que d'autres appelaient les signes de
la colère du ciel. Un orage s'étant élevé, un jour
que les Syriens étaient occupés à lancer des pierres
sur la Caba, douze soldats furent frappés de la foudre. Saisis d'une terreur superstitieuse, les Syriens
s'arrêtèrent et pas un ne voulut recommencer; mais
Haddjâdj retroussa aussitôt sa robe, prit une pierre
et la plaça sur une baliste dont il mit les cordes en

mouvement, en disant d'un air leste et dégagé:
« Cela ne signifie rien; je connais ce pays, moi, j'y
sus né; — les orages y sont très-fréquents.»

Tant de dévoûment à la cause omaiyade méritait
une récompense éclatante. Aussi Haddjâdj fut-il nommé par Abdalmélic gouverneur de la Mecque, et, peu
de mois après, de tout le Hidjâz. Comme il était
Caisite par sa naissance, sa promotion aurait probablement inspiré aux Kelbites des soupçons et des
alarmes, s'il eût été d'une origine plus illustre; mais
ce n'était qu'un parvenu, un homme sans conséquence. D'ailleurs les Kelbites pouvaient se préva-
loir, eux aussi, des services importants qu'ils avaient
rendus pendant le siége de la Mecque; ils pouvaient
dire, par exemple, que la pierre fatale qui avait tué
Ibn-Zobair, avait été lancée par un des leurs, par
Homaid ibn-Bahdal [1]. Ce qui acheva de les rassurer,
ce fut que le calife se complaisait à louer leur bravoure et leur fidélité, qu'il flattait et cajolait leurs
chefs en prose et en vers [2], qu'il continuait à leur
donner les emplois à l'exclusion de leurs ennemis,
enfin qu'ils avaient pour eux plusieurs princes tels
que Khâlid, fils de Yézîd Iᵉʳ, et Abdalazîz, frère du
calife et fils d'une femme kelbite.

Cependant les Caisites ne manquaient pas non plus

---

1) *Hamâsa*, p. 658.
2) Voyez les vers d'Abdalmélic cités dans le *Raihân*, fol. 204 r.

de protecteurs à la cour. Bichr surtout, frère du calife et fils d'une Caisite, avait épousé leurs intérêts et leur querelle, et comme il disait à tout propos qu'ils surpassaient les Kelbites en bravoure, ses fanfaronnades allumèrent à un tel point le courroux de Khâlid, que celui-ci dit un jour aux Kelbites:

— N'y a-t-il personne parmi vous qui voudrait se charger de faire une razzia dans le désert des Cais? Il faut absolument que l'orgueil des princes qui ont des femmes caisites pour mères soit humilié, car ils ne cessent de prétendre que, dans toutes les rencontres, avant comme après le Prophète, les Caisites ont eu l'avantage sur nous.

— Je me charge volontiers de l'affaire, lui répondit Homaid ibn-Bahdal, si vous m'êtes garant que le sultan ne me punira pas.

— Je vous réponds de tout.

— Mais comment ferez-vous donc?

— Rien de plus simple. Vous savez que depuis la mort d'Ibn-Zobair les Caisites n'ont pas encore payé la dîme au calife. Je vous donnerai donc un ordre qui vous autorisera à lever la dîme parmi les Caisites et qu'Abdalmélic sera supposé avoir écrit. De cette manière vous trouverez facilement l'occasion de les traiter comme ils le méritent.

Ibn-Bahdal se mit en route, mais avec une suite peu nombreuse pour ne pas éveiller de soupçons, et parce qu'il était sûr de trouver des soldats partout où il rencontrerait des contribules. Arrivé auprès des Beni-Abd-Wadd et des Beni-Olaim, deux sous-tribus de Kelb qui demeuraient dans le Désert, au sud de Douma et de Khabt, il leur communiqua le projet de Khâlid, et, les hommes les plus braves et les plus déterminés de ces deux tribus lui ayant déclaré qu'ils ne demandaient pas mieux que de le suivre, il s'enfonça avec eux dans le Désert, après leur avoir fait jurer qu'ils seraient sans pitié pour les Caisites.

Un homme de Fazâra, sous-tribu de Cais, fut leur première victime. Il sortait d'une riche et puissante lignée; son bisaïeul, Hodhaïfa ibn-Badr, avait été le chef des Dhobyân dans la célèbre guerre de Dâhis; mais comme il avait le malheur d'avoir pour mère une esclave, ses fiers contribules le méprisaient à un tel point qu'ils avaient refusé de lui donner une de leurs filles en mariage (ce qui l'avait obligé à prendre femme dans une tribu yéménite) et que, ne voulant pas l'admettre dans leur société, ils l'avaient relégué aux lisières du camp. Ce malheureux paria récitait à haute voix les prières du matin, et c'est ce qui le perdit. Guidés par sa voix, les Kelbites fondirent sur lui, le massacrèrent, et, joignant le vol au meurtre, ils s'emparèrent de ses chameaux, au nombre de cent. Ensuite, ayant rencontré cinq familles qui descendaient aussi de Hodhaïfa, ils les attaquèrent. Le combat fut acharné et se prolongea jusqu'au soir; mais alors tous les Caisites gisaient sur le champ de bataille et leurs ennemis les croyaient morts. Ils ne l'étaient pas cependant; leurs blessures, quoique nombreuses, n'étaient pas mortelles, et, grâce au sable qui, poussé par un violent vent d'ouest, vint les couvrir et arrêter l'écoulement de leur sang, ils échappèrent tous à la mort.

Continuant leur route pendant la nuit, les Kelbites rencontrèrent, le lendemain matin, un autre descendant de Hodhaifa, nommé Abdallâh. Ce vieillard était en voyage avec sa famille; mais il n'avait auprès de lui personne en état de porter les armes, excepté Djad, son fils, qui, dès qu'il vit arriver la bande kelbite, prit ses armes, monta à cheval et alla se placer à quelque distance. Quand les Kelbites eurent mis pied à terre, Abdallâh leur demanda qui ils étaient. Ils répondirent qu'ils étaient des dîmeurs envoyés par Abdalmélic.

— Pouvez-vous me montrer un ordre à l'appui de ce que vous dites? demanda le vieillard.

— Certainement, lui répondit Ibn-Bahdal, cet ordre, le voici; — et il lui montra un diplôme revêtu du sceau califal.

— Et quelle est la teneur de cet écrit?

— On y lit ceci: «De la part d'Abdalmélic, fils de Merwân, pour Homaid ibn-Bahdal. Au dit Homaid ibn-Bahdal est ordonné par la présente d'aller lever la dîme sur tous les Bédouins qu'il pourra rencontrer.

Celui qui paiera cette dîme et se fera inscrire sur le registre, sera considéré comme sujet obéissant et fidèle; celui au contraire, qui refusera de le faire sera tenu pour rebelle à Dieu, à son Prophète et au .commandeur des croyants.»

— Fort bien; je suis prêt à obéir et à vous payer ma dîme.

— Cela ne suffit pas. Il faut faire autre chose encore.

— Quoi donc?

— Nous voulons que vous alliez à la recherche de tous les individus de votre tribu, afin de recueillir la dîme de chacun d'entre eux, et que vous nous indiquiez un endroit où nous viendrons recevoir cet argent de vos mains.

— Cela m'est impossible. Les Fazâra se trouvent dispersés sur une grande étendue du Désert; je ne suis plus jeune, moi, tant s'en faut; je ne pourrais donc entreprendre une si longue course, et je n'ai auprès de moi qu'un seul de mes fils. Vous qui venez de si loin et qui devez être habitués aux longs voyages, vous trouverez mes contribules bien plus facilement que moi; chaque jour vous arriverez à un de leurs campements, car ils s'arrêtent partout où ils trouvent de bons pâturages.

— Oui, nous connaissons cela. Ce n'est pas pour chercher des pâturages qu'ils se sont dispersés dans le Désert, c'est pour se soustraire au paiement de la dîme. Ce sont des rebelles.

— Je puis vous jurer que ce sont des sujets fidèles ; c'est seulement pour chercher des pâturages....

— Brisons là-dessus et faites ce que nous vous
disons.

— Je ne le puis pas. Voici la dîme que je dois
au calife, prenez-la !

— Votre obéissance n'est point sincère, car voilà
votre fils qui, du haut de son cheval, nous jette des
regards dédaigneux.

— Vous n'avez rien à craindre de mon fils ; prenez
ma dîme et allez-vous-en, si vous êtes véritablement
des dîmeurs.

— Votre conduite ne montre que trop que l'on
disait vrai quand on nous assurait que vous et vos
contribules vous avez combattu pour Ibn-Zobair.

— Nous n'avons pas fait cela. Nous lui avons
bien payé la dîme, mais c'est que nous autres Bédouins, étrangers à la politique, nous la payons à
celui qui est le maître du pays.

— Prouvez que vous dites la vérité en faisant
descendre votre fils de son cheval.

— Qu'avez-vous à faire avec mon fils ? Ce jeune
homme a eu peur en voyant des cavaliers armés.

— Qu'il descende donc ; il n'a rien à craindre.

Le vieillard alla vers son fils et lui dit de mettre
pied à terre.

— Mon père, lui répondit le jeune homme, je le
vois à leurs yeux qui me dévorent, ils veulent me

massacrer. Donnez-leur ce que vous voudrez, mais laissez-moi me défendre.

Ayant rejoint les Kelbites, Abdallâh leur dit :

— Ce jeune homme craint pour sa vie. Prenez ma dîme et laissez-nous en paix.

— Nous n'accepterons rien de vous tant que votre fils restera à cheval.

— Il ne veut pas m'obéir, et d'ailleurs, à quoi cela vous servirait-il ?

— Bien, vous vous montrez rebelle. Esclave, ce qu'il faut pour écrire ! Nos affaires sont terminées ici. Nous allons écrire au commandeur des croyants qu'Abdallâh, petit-fils d'Oyaina, nous a empêchés de remplir notre mission auprès des Beni-Fazâra.

— Ne le faites pas, je vous en conjure, car je ne suis pas coupable d'un tel acte.

Sans faire attention aux prières du vieillard, Ibn-Bahdal écrivit un billet, et, l'ayant donné à un de ses cavaliers, celui-ci prit aussitôt la route de Damas.

Consterné de ce qui venait d'arriver, Abdallâh s'écria :

— Ne m'accusez pas ainsi injustement ! Je vous en conjure au nom de Dieu, ne me représentez pas aux yeux du calife comme un rebelle, car je suis prêt à obéir à tous ses ordres !

— Faites donc descendre votre fils.

— On nous a donné de vous une mauvaise opinion ; mais promettez-vous qu'il ne lui arrivera aucun mal ?

Les Kelbites le lui ayant promis de la manière la plus solennelle, Abdallâh dit à son fils :

— Que Dieu me maudisse si tu ne descends pas de ton cheval !

Alors Djad obéit, et, jetant sa lance à terre, il s'avança lentement vers les Kelbites, en disant d'une voix sombre :

— Ce jour vous portera malheur, mon père !

De même que le tigre joue avec l'ennemi qu'il tient sous sa griffe, avant de lui donner le dernier coup, les Kelbites commencèrent par insulter et railler le jeune homme ; puis ils l'étendirent sur une roche pour l'égorger. Pendant son agonie, le malheureux jeta à son père un dernier regard, à la fois plein de tristesse, de résignation et de reproche.

Quant au vieillard, ses cheveux blancs imposèrent aux Kelbites, tout féroces qu'ils étaient, un certain respect ; n'osant l'égorger comme ils avaient égorgé son fils, ils essayèrent de l'assommer à coups de bâton et le laissèrent pour mort sur le sable. Il revint à la vie ; mais rongé par le remords, il ne cessait de dire : « Dussé-je oublier toutes les calamités que j'ai éprouvées, jamais le regard que me jeta mon fils alors que je l'eus livré à ses bourreaux, ne sortira de ma mémoire. »

Le cheval de Djad refusa de quitter l'endroit où le

meurtre avait été accompli. Les yeux toujours tour-
nés vers le sol et grattant du pied le sable qui présentait encore les traces du sang de son maître, le
fidèle animal se laissa mourir de faim.

D'autres meurtres suivirent ceux qui avaient déjà
été commis. Parmi les victimes se trouvait Borda,
fils d'un chef illustre, de Halhala, et les sanguinaires
Kelbites ne retournèrent vers Damas que quand les
Caisites, éclairés sur leur but véritable, se furent
dérobés à leur aveugle fureur en s'enfonçant dans le
Désert.

Tous les Kelbites étaient comme ivres de joie et
d'orgueil, et un poète de Djohaina, tribu qui, de
même que Kelb, descendait de Codhâa, exprima leurs
sentiments avec une singulière énergie et une exaltation fanatique.

Le savez-vous, mes frères, disait-il, vous, les alliés des
Kelb? Savez-vous que l'intrépide Homaid ibn-Bahdal a rendu
la santé et la joie aux Kelbites? Savez-vous qu'il a couvert les Cais de honte, qu'il les a forcés à décamper? Pour
qu'ils le fissent, ils doivent avoir éprouvé des défaites bien
terribles.... Privées de sépulture, les victimes de Homaid
ibn-Bahdal gisent sur le sable du Désert; les Cais, poursuivis
par leurs vainqueurs, n'ont pas eu le temps de les enterrer.
Réjouissez-vous-en, mes frères! Les victoires des Kelb sont
les nôtres; eux et nous, ce sont deux mains d'un même
corps: quand, dans le combat, la main droite a été coupée,
c'est la main gauche qui brandit le sabre.

Grande fut aussi la joie des princes omaiyades qui

avaient des femmes kelbites pour mères. Dès qu'il eut reçu avis de ce qui s'était passé, Abdalazîz dit à son frère Bichr, en présence du calife :

— Eh bien, savez-vous déjà comment mes oncles maternels ont traité les vôtres ?

— Qu'ont-ils donc fait ? demanda Bichr.

— Des cavaliers kelbites ont attaqué et exterminé un campement caisite.

— Impossible ! Vos oncles maternels sont trop lâches et trop couards pour oser se mesurer avec les miens !

Mais le lendemain matin Bichr acquit la certitude que son frère avait dit la vérité. Halhala, Saîd et un troisième chef des Fazâra étant arrivés à Damas sans manteaux, nu-pieds et la robe déchirée, vinrent se jeter à ses genoux, le suppliant de leur accorder sa protection et de prendre leur cause en main. Il le leur promit, et, s'étant rendu auprès de son frère le calife, il lui parla avec tant de chaleur en faveur de ses protégés, qu'Abdalmélic, malgré sa haine des Caisites, promit de retenir la réparation pécuniaire due aux Fazâra sur la solde des Kelbites. Mais cette décision, quoique conforme à la loi, ne satisfit point les Fazâra. Ce n'était pas de l'argent qu'ils voulaient, c'était du sang. Quand ils eurent refusé l'accommodement qu'on leur proposait : « Eh bien, dit le calife, le trésor public vous paiera immédiatement la moitié de la somme qui vous est due, et si dans la suite vous me restez fidèles, ce dont je doute fort, je vous paierai aussi l'autre moitié.» Irrités de ce soupçon injurieux, d'autant plus peut-être qu'ils ne pouvaient prétendre qu'il manquât de fondement, résolus d'ailleurs à exiger la peine du talion, les Fazârites étaient sur le point de refuser encore; mais Zofar les prit à part et leur conseilla d'accepter l'argent qu'on leur offrait, afin qu'ils pussent l'employer à acheter des chevaux et des armes. Approuvant cette idée, ils consentirent à recevoir l'argent, et, ayant acheté quantité d'armes et de chevaux, ils reprirent la route du Désert.

Quand ils furent de retour dans leur camp, ils convoquèrent le conseil de la tribu. Dans cette assemblée, Halhala prononça quelques paroles chaleureuses pour exciter ses contribules à se venger des Kelbites. Ses fils l'appuyèrent; mais il y en avait parmi les membres du conseil qui, moins aveuglés par la haine, jugeaient une telle expédition périlleuse et téméraire. «Votre propre maison, dit l'un des opposants à Halhala, est trop affaiblie en ce moment pour pouvoir prendre part à la lutte. Les Kelbites, ces hyènes, ont tué la plupart de vos guerriers et vous ont enlevé toutes vos richesses. Je suis sûr que, dans ces circonstances, vous ne nous accompagneriez pas. — Fils de mon frère, lui répondit Halhala, je partirai avec les autres, car j'ai la rage dans le cœur.... Ils m'ont tué mon fils, mon Borda

que j'aimais tant , » ajouta-t-il d'une voix sourde, et
ce douloureux souvenir l'ayant jeté dans un de ces
accès de rage qui lui étaient habituels depuis la mort
de son fils, il se mit à pousser des cris aigus et
perçants, qui ressemblaient plutôt aux rugissements
d'une bête fauve privée de ses petits, qu'aux sons de
la voix humaine. « Qui a vu Borda? criait-il. Où
est-il? Rendez-le-moi, c'est mon fils, mon fils bien-
aimé, l'espoir et l'orgueil de ma race! »... Puis, il
se mit à énumérer un à un et lentement les noms
de tous ceux qui avaient péri sous le glaive des Kelbites, et à chaque nom qu'il prononçait, il criait:
« Où est-il?... Où est-il?... Vengeance! vengeance! »

Tous, ceux même qui, un instant auparavant,
s'étaient montrés les plus calmes et les plus opposés
au projet, se laissèrent fasciner et entraîner par cette
éloquence rude et sauvage; et, une expédition contre
les Kelb ayant été résolue, on se mit en marche vers
Banât-Cain, où il y avait un camp kelbite. A la fin
de la nuit, les Fazâra fondirent à l'improviste sur
leurs ennemis, en criant: « Vengeance à Borda,
vengeance à Djad, vengeance à nos frères! » Les
représailles furent atroces comme les violences qui les
avaient provoquées. Un seul Kelbite échappa, grâce
à l'incomparable rapidité de sa course; tous les autres furent massacrés, et les Fazâra examinèrent avec
soin leurs corps, afin de voir si quelque Kelbite res-

pirait encore, d'insulter à son agonie et de l'achever.

Dès qu'il eut reçu la nouvelle de cette razzia, le prince Bichr prit sa revanche. En présence du calife, il dit à son frère Abdalazîz :

— Eh bien, savez-vous déjà comment mes oncles maternels ont traité les vôtres ?

— Quoi ! s'écria Abdalazîz, ont-ils fait une razzia après que la paix a été conclue et que le calife les a indemnisés ?

Le calife, fort irrité de ce qu'il venait d'apprendre, mais attendant encore, pour prendre une décision, qu'il eût reçu des nouvelles plus précises, leur imposa silence d'un ton qui ne souffrait pas de réplique. Bientôt après, un Kelbite, sans manteau, sans chaussure, et qui avait déchiré sa robe, arriva auprès d'Abdalazîz, qui l'introduisit aussitôt chez le calife en disant : « Souffrirez-vous, commandeur des croyants, que l'on outrage ceux que vous avez pris sous votre protection, que l'on méprise vos ordres, que l'on tire de vous de l'argent pour l'employer contre vous, et que l'on égorge vos sujets ? » Le Kelbite raconta alors ce qui était arrivé. Exaspéré et furieux, le calife ne songea même pas à un accommodement. Décidé à faire éprouver aux Caisites tout le poids de son ressentiment et de sa haine invétérée, il envoya sur-le-champ à Haddjâdj, alors

gouverneur de toute l'Arabie, l'ordre de passer au
fil de l'épée tous les Fazârites adultes.

Quoique cette tribu fût alliée à la sienne, Haddjâdj
n'hésita point à obéir. Il était fort attaché à sa race,
mais en même temps il était dévoré d'ambition. Il
avait deviné de suite que lui et son parti n'avaient
qu'une attitude à prendre, qu'un chemin à suivre.
La bonne et saine logique dont il était doué lui avait
appris que l'opposition ne mènerait à rien; qu'il fallait tâcher de regagner la faveur du calife, et que,
pour y parvenir, il fallait se soumettre sans restric-
tion et sans arrière-pensée à tous ses ordres, lors
même qu'il commanderait la destruction du sanctuaire
le plus vénéré ou le supplice d'un proche parent.
Mais le cœur lui saignait. « Quand j'aurai exterminé
les Fazâra, dit-il au moment où il se mit en marche
avec ses troupes, mon nom sera flétri et abhorré
comme celui du Caisite le plus dénaturé qu'aura porté
la terre.» L'ordre qu'il avait reçu était d'ailleurs
bien difficile à exécuter. Les Ghatafân, alliés des
Fazâra, avaient juré de les secourir, et, qui plus
est, le même serment avait été prêté par toutes les
tribus caisites. Le premier acte d'hostilité serait donc
le signal d'une cruelle guerre civile, dont l'issue était
impossible à prévoir. Haddjâdj ne savait que faire,
lorsque l'arrivée de Halhala et de Saîd vint le tirer d'embarras. Ces deux chefs, satisfaits d'avoir assouvi leur

vengeance à Banât-Cain et tremblant à l'idée de voir
s'allumer une guerre qui pourrait avoir pour leur
tribu les suites les plus funestes, se sacrifièrent, avec
un noble dévoûment, pour détourner de leurs contribules les maux dont ils étaient menacés ; car chez
eux l'amour de la tribu avait autant de force et de
persistance que la haine des Kelbites. Plaçant ami-
calement leurs mains dans celle de Haddjâdj : « Pourquoi, lui dirent-ils, pourquoi en voulez-vous aux Fazâra ? Nous deux, nous sommes les vrais coupables.»
Joyeux de ce dénoûment inattendu, le gouverneur
les retint prisonniers et écrivit sur-le-champ au calife pour lui dire qu'il n'avait pas osé s'engager dans
une guerre contre toutes les tribus caisites, et pour
le conjurer de se contenter des deux chefs qui s'étaient
remis spontanément entre ses mains. Le calife approuva entièrement sa conduite et lui enjoignit d'envoyer les deux prisonniers à Damas.

Quand ceux-ci furent introduits dans la grande
salle où se tenait le souverain entouré des Kelbites,
les gardes leur ordonnèrent de le saluer. Au lieu
d'obéir, Halhala se mit à réciter, d'une voix forte
et retentissante, ces vers empruntés à un poème qu'il
avait composé jadis :

Salut à nos alliés, salut aux Adî, aux Mâzin, aux Chamkh [1],

---

1) Ce sont les noms de trois sous-tribus de Fazâra.

salut surtout à Abou-Wahb [1], mon fidèle ami! On peut me condamner à la mort maintenant que j'ai étanché la soif du sang des Kelbites qui me dévorait. J'ai goûté le bonheur, j'ai massacré tous ceux qui se trouvaient sous mon glaive; à présent qu'ils ont cessé de vivre, mon cœur jouit d'un doux repos.

Afin de lui rendre insolence pour insolence, le calife, en lui adressant la parole, estropia à dessein son nom, comme si ce nom eût été trop obscur pour mériter l'honneur d'être prononcé régulièrement. Au lieu de Halhala, il l'appela Halhal; mais l'autre, l'interrompant aussitôt:

— C'est Halhala que je m'appelle, dit-il.

— Mais non, c'est Halhal.

— Du tout, c'est Halhala; c'est ainsi que m'appelait mon père et il me semble qu'il était plus à même que qui que ce soit de savoir mon nom.

— Eh bien, Halhala — puisque Halhala il y a — tu as outragé ceux que j'avais pris sous ma protection, moi, le commandeur des croyants; tu as méprisé mes ordres, et tu m'as volé mon argent.

— Je n'ai fait rien de semblable: j'ai accompli mon vœu, contenté ma haine et assouvi ma vengeance.

---

1) Un des Mâzin.

— Et à présent Dieu te livre à la main vengeresse de la justice.

— Je ne suis coupable d'aucun crime, *fils de Zarcâ!* (C'était une injure que d'appeler Abdalmélic par ce nom qu'il devait à une aïeule de scandaleuse mémoire [1].)

Le calife le livra au Kelbite Soair, qui avait à venger sur lui le sang de son père tué à Banât-Cain.

— Dis donc, Halhala, lui dit Soair, quand as-tu vu mon père pour la dernière fois?

— C'était à Banât-Cain, répondit l'autre d'un air nonchalant. Il tremblait alors depuis les pieds jusqu'à la tête, le pauvre homme.

— Par Dieu! je te tuerai.

— Toi? Tu mens. Par Dieu! tu es trop vil et trop lâche pour tuer un homme tel que moi. Je sais que je vais mourir, mais ce sera parce que tel est le bon plaisir du fils de Zarcâ.

Cela dit, il marcha vers le lieu du supplice avec une froide indifférence et une insolente gaîté, récitant de temps à autre quelque fragment de la vieille poésie du Désert, et n'ayant nullement besoin d'être stimulé par les paroles encourageantes que lui adressait le prince Bichr, lequel avait voulu être témoin

---

1) Voyez *Aghâni*, t. I, p. 27.

de son supplice et qui était tout orgueilleux de sa fermeté inébranlable. Au moment où Soair leva le bras pour lui trancher la tête : « Tâche, lui dit-il, que ce soit un coup aussi beau que celui que j'ai porté à ton père. »

Son compagnon Saîd, que le calife avait livré à un autre Kelbite, subit sa destinée avec un mépris pour la vie presque aussi profond que le sien [1].

---

1) *Hamâsa*, p. 260—264. Comparez, sur la mort de Halhala, Mobarrad, p. 870.

IX.

Pendant que les Syriens se pillaient et se tuaient les uns les autres, les Irâcains, race incorrigible et indomptable, n'étaient pas plus tranquilles, et long-temps après, les nobles turbulents de Coufa et de Baçra se rappelaient encore, en la regrettant, cette époque anarchique, ce bon temps comme ils disaient, alors qu'entourés de dix ou vingt clients [1], ils se pavanaient dans les rues, la tête haute et le regard menaçant, toujours prêts à dégainer pour peu qu'un autre noble leur montrât une mine trop fière, et certains que, lors même qu'ils étendraient deux ou trois adversaires sur le carreau, le gouverneur serait trop indulgent pour les punir. Et non-seulement les gouverneurs les laissaient faire, mais, par leur jalousie et leur haine de Mohallab, ils exposaient encore l'Irâc aux incursions des non-conformistes, toujours redoutables en dépit de leurs nombreuses défaites. Il y avait de quoi les remplir d'envie en effet.

---

1) Mobarrad, p. 220.

Dans Mohallab chaque Irâcain voyait le plus grand général de sa patrie, et, qui plus est, son propre sauveur; nul autre nom n'était aussi populaire que le sien; et comme il avait fait ses conditions avant de consentir à se charger du commandement, il avait amassé une fortune colossale, qu'il dépensait avec une superbe insouciance, donnant cent mille pièces d'argent à celui qui vint lui réciter un poème à sa louange, et cent mille autres à un second qui vint lui dire qu'il était l'auteur de ce poème[1]. Il éclipsait donc tous les gouverneurs par son luxe, son opulence princière et sa générosité sans bornes, aussi bien que par l'éclat de sa renommée et de sa puissance. « Les Arabes de cette ville n'ont des yeux que pour cet homme, » disait tristement l'Omaiyade Khâlid[2], le premier gouverneur de Baçra après la restauration; et il rappela Mohallab du théâtre de ses exploits, le condamna à l'inaction en lui donnant l'Ahwâz à gouverner, et confia le commandement de l'armée, forte de trente mille hommes, à son propre frère Abdalazîz, jeune homme sans expérience, mais non sans orgueil, car, se donnant un air d'importance et une tenue de triomphe: « Les habitants de Baçra, disait-il, prétendent qu'il n'y a que Mohallab

---

1) Ibn-Khallicân, Fasc. IX, p. 51, éd. Wüstenfeld.

2) Khâlid ibn-Abdallâh ibn-Asîd (et non Osaid; l'excellent manuscrit de Mobarrad donne toutes les voyelles).

qui puisse terminer cette guerre; eh bien, ils verront! » Il expia sa folle présomption par une défaite
sanglante et terrible. Méprisant les sages conseils de
ses officiers qui voulaient le dissuader de poursuivre
un escadron qui feignait de fuir, il tomba dans une
embuscade, perdit tous ses généraux, une foule de
ses soldats et jusqu'à sa jeune et belle épouse, et
n'échappa lui-même que par miracle aux épées d'une
trentaine d'ennemis qui le poursuivaient dans sa
fuite.

Ce désastre, Mohallab l'avait prévu. C'est pour
cette raison qu'il avait chargé un de ses affidés de
lui rendre compte, jour par jour, de tout ce qui se
passerait dans l'armée. Après la déroute, cet homme
vint le trouver.

— Quelles nouvelles? lui cria Mohallab d'aussi
loin qu'il l'aperçut.

— J'en apporte que vous serez bien aise d'apprendre : — *il* a été battu et son armée est en pleine
déroute.

— Comment, malheureux, tu crois que je suis
bien aise d'apprendre qu'un Coraichite a été battu
et qu'une armée musulmane est en pleine déroute?

— Peu importe que cela vous donne du chagrin
ou de la joie; la nouvelle est certaine, cela suffit[1].

---

1) Mobarrad, p. 740—745.

L'irritation contre Khâlid, le gouverneur, était extrême dans toute la province. «Voilà ce que c'est,
lui disait-on, que d'envoyer contre l'ennemi un jeune
homme d'un courage douteux, au lieu de lui opposer
le noble et loyal Mohallab, ce héros qui, grâce à sa
longue expérience de la guerre, sait prévoir tous les
périls et les écarter [1].» Khâlid se résignait à entendre ces reproches, de même qu'il s'était déjà accoutumé à la pensée de la honte de son frère; mais
s'il était peu susceptible sur le point d'honneur, en
revanche il tenait à son poste, à sa vie surtout, et
il attendait avec une anxiété toujours croissante l'arrivée d'un courrier de Damas. Eprouvant le besoin,
comme c'est le propre des gens faibles, qu'une nature plus forte que la sienne le rassurât, il fit venir
Mohallab et lui demanda:

— Que pensez-vous qu'Abdalmélic fera de moi?

— Il vous destituera, lui répondit laconiquement
le général, qui lui gardait trop de rancune pour consentir à calmer ses inquiétudes.

— Et, reprit Khâlid, n'aurais-je pas à craindre
quelque chose de plus fâcheux encore, bien que je
sois son parent?

— Certainement, répliqua Mohallab d'un air nonchalant, car au moment où le calife apprendra que
votre frère Abdalazîz a été battu par les non-confor-

---

1) Mobarrad, p. 746.

mistes de la Perse, il apprendra aussi que votre frère Omaiya a été mis en déroute par ceux du Bahrain.

Le courrier si redouté arriva à la fin, porteur d'une lettre du calife pour Khâlid. Dans cette lettre, Abdalmélic lui faisait les reproches les plus amers sur sa conduite ridicule et coupable, lui annonçait sa destitution, et terminait en disant: « Si je vous punissais comme vous le méritez, je vous ferais éprouver mon ressentiment d'une manière bien plus cruelle ; mais je veux me souvenir de notre alliance, et c'est pour cette raison que je me borne à vous destituer. »

En remplacement de Khâlid, le calife nomma son propre frère Bichr, déjà gouverneur de Coufa, au gouvernement de Baçra, en lui ordonnant de donner le commandement des troupes à Mohallab et de le renforcer par huit mille hommes de Coufa.

Il était impossible, dans les circonstances données, de faire un choix plus malheureux. Caisite outré et violent, comme on a vu par le récit qui précède, Bichr confondait toutes les tribus yéménites dans une haine commune et détestait Mohallab, le chef naturel de cette race dans l'Irâc. Aussi, quand il eut reçu l'ordre du calife, il entra dans une grande fureur et jura qu'il tuerait Mohallab. Son premier ministre, Mousâ ibn-Noçair (le futur conquérant de l'Espagne) [1],

---

1) D'abord Zobairite, Mousâ ibn-Noçair avait assisté à la bataille

eut grand'peine à le calmer, et se hâta d'écrire au général pour lui conseiller d'user d'une grande circonspection, de se mêler à la foule pour saluer Bichr alors qu'il ferait son entrée dans Baçra, mais de ne point venir à l'audience. Mohallab suivit ses conseils.

Arrivé dans le palais de Baçra, Bichr donna audience aux seigneurs de la ville, et, remarquant l'absence de Mohallab, il en demanda la cause. « Le général vous a salué en route perdu dans la foule, lui répondit-on ; mais il se sent trop indisposé pour pouvoir venir ici vous présenter ses respects.» Bichr crut alors avoir trouvé dans l'indisposition du général un excellent prétexte pour se dispenser de le mettre à la tête des troupes. Ses flatteurs ne manquaient pas de lui dire que, étant gouverneur, il avait bien le droit de nommer lui-même un général; cependant, n'osant désobéir à l'ordre formel du calife, il prit le parti de députer à ce dernier quelques personnes qu'il chargea de lui remettre une lettre dans laquelle il disait que Mohallab était malade, mais qu'il y avait dans l'Irâc d'autres généraux fort capables de prendre sa place.

---

de la Prairie. Proscrit par Merwân, il avait demandé et obtenu la protection d'Abdalazîz, le fils de ce calife. Depuis lors il était devenu un des plus fermes soutiens des Omaiyades. — Ibn-Asâkir, *Hist. de Damas*, man. de la Bibl. d'Aatif à Constantinople, article sur Mousâ ibn-Noçair. M. de Slane a eu la bonté de me communiquer la copie qu'il a faite de cet article.

Quand cette députation fut arrivée à Damas, Abdalmélic eut un entretien particulier avec Ibn-Hakîm qui en était le chef, et lui dit :

— Je sais que vous êtes d'une grande probité et d'une rare intelligence ; dites-moi donc franchement quel est, à votre avis, le général qui possède les talents et les qualités nécessaires pour terminer cette guerre avec succès.

Quoiqu'il ne fût point Yéménite, Ibn-Hakîm répondit sans hésiter que c'était Mohallab.

— Mais il est malade, reprit le calife.

— Ce n'est pas sa maladie, répliqua Ibn-Hakîm avec un sourire malin, qui l'empêchera de prendre le commandement.

— Ah ! je comprends, dit alors le calife ; Bichr veut entrer dans la même voie que Khâlid.

Et il lui écrivit aussitôt pour lui ordonner, d'un ton impérieux et absolu, de mettre Mohallab, et nul autre, à la tête des troupes.

Bichr obéit, mais de fort mauvaise grâce. Mohallab lui ayant remis la liste des soldats qu'il désirait enrôler, il en raya les noms des plus vaillants ; puis, ayant fait venir Ibn-Mikhnaf, le général des troupes auxiliaires de Coufa, il lui dit: « Vous savez que je vous estime et que je me fie à vous. Eh bien, si vous tenez à conserver mon amitié, faites ce que je vais vous dire: désobéissez à tous les ordres que vous donnera ce barbare de l'Omân, et faites en sorte que

toutes ses mesures aboutissent à un *fiasco* misérable.»
Ibn-Mikhnaf s'inclina, ce que Bichr prit pour un
signe d'assentiment; mais il s'était adressé mal. De
la même race, et, qui plus est, de la même tribu
que Mohallab, Ibn-Mikhnaf n'avait nulle envie de
jouer envers lui le rôle odieux que le gouverneur
lui destinait, et quand il fut sorti du palais: « Assurément, il a perdu l'esprit, *ce petit garçon*, dit-il
à ses amis, puisqu'il me croit capable de trahir le
plus illustre chef de ma tribu.»

L'armée entra en campagne, et Mohallab, quoique
privé de ses meilleurs officiers et de ses plus braves
soldats, réussit néanmoins à repousser les non-conformistes de l'Euphrate d'abord, puis de l'Ahwâz,
puis de Râm-Hormoz; mais alors la brillante série de
ses victoires fut soudainement interrompue par la
nouvelle de la mort de Bichr. Ce que cet esprit
brouillon n'avait pu faire vivant, sa mort le fit. Elle
causa dans l'armée un désordre effroyable. Jugeant
dans leur égoïsme que la guerre ne regardait que les
Arabes de Baçra, les soldats de Coufa se révoltèrent
contre leur général Ibn-Mikhnaf, et désertèrent en
masse pour retourner à leurs foyers. La plupart des
soldats de Baçra imitèrent leur exemple. Jamais,
dans cette guerre si longue et si opiniâtre, le danger
n'avait été plus imminent. L'Irâc était en proie à
l'anarchie la plus complète; il n'y avait pas la moindre
ombre d'autorité et de discipline. Le lieutenant de Bichr

à Coufa avait fait menacer les déserteurs de la mort s'ils ne retournaient pas à leur poste: pour toute réponse ils rentrèrent dans leur ville, et il ne fut point question de les punir[1]. Bientôt les non-conformistes écraseraient la poignée de braves restés fidèles aux drapeaux de Mohallab, franchiraient toutes les anciennes barrières, et inonderaient l'Irâc. Ils avaient fait mourir d'inanition, après les avoir enfermés, chargés de fers, dans un souterrain, les malheureux tombés entre leurs mains lors de la déroute d'Abdalazîz[2], et qui sait s'ils ne préparaient pas un sort semblable à tous les *païens* de la province?

Tout allait dépendre du nouveau gouverneur. Si le choix du calife était mauvais, comme tous ses choix l'avaient été jusque-là, l'Irâc était perdu.

Abdalmélic nomma Haddjâdj.

Celui-ci, qui se trouvait alors à Médine, n'eut pas plus tôt reçu sa nomination qu'il partit pour Coufa, accompagné de douze personnes seulement (décembre 694). Quand il y fut arrivé, il alla directement à la mosquée, où le peuple, déjà averti de sa venue, était rassemblé. Il y entra le sabre au côté, l'arc à la main, la tête à demi cachée par la large mousseline de son turban, monta dans la chaire, et promena longtemps son regard faible et incertain (car il avait

---

1) Mobarrad, p. 747—751.
2) Mobarrad, p. 741.

la vue courte [1]) sur l'auditoire, sans proférer une parole. Prenant ce silence prolongé pour de la timidité, les Irâcains s'en indignèrent, et comme ils étaient, sinon braves en action, du moins fort insolents en paroles, surtout quand il s'agissait d'insulter un gouverneur, ils se disaient déjà: « Que Dieu confonde les Omaiyades, puisqu'ils ont confié le gouvernement de notre province à un tel imbécile! » — déjà même l'un des plus hardis s'offrait pour lui jeter une pierre à la tête, lorsque Haddjâdj rompit tout à coup le silence qu'il avait si obstinément gardé jusque-là. Hardi novateur, en éloquence comme en politique, il ne débuta point par les formules ordinaires en l'honneur de Dieu et du Prophète. Soulevant le turban qui lui couvrait la figure, il se mit à réciter ce vers d'un ancien poète:

Je suis le soleil levant. Chaque obstacle, je le brise. Pour que l'on me connaisse, il suffit que je me dévoile.

Puis il continua d'une voix lente et solennelle:

— Je vois bien des têtes mûres pour être moissonnées... et le moissonneur, ce sera moi... Entre les turbans et les barbes qui couvrent les poitrines, je vois du sang... du sang...

Ensuite, s'animant peu à peu:

— Par Dieu, Irâcains, dit-il, je ne me laisse pas

---

1) Voyez Ibn-Cotaiba, p. 202.

chasser, moi, par des regards menaçants. Je ne
ressemble pas à ces chameaux que l'on fait galoper
ventre à terre en les effrayant par le bruit d'une outre vide et desséchée. De même que l'on examine la
bouche d'un cheval pour connaître son âge et savoir
s'il est propre au travail, on a examiné la mienne et
l'on a trouvé que j'avais mes dents de sagesse.

— Le commandeur des croyants a tiré ses flèches
de son carquois; — il les a étalées devant lui; — il
les a examinées une à une, attentivement, soigneusement. Quand il les eut éprouvées toutes, il a jugé
que la plus dure et la plus difficile à briser, c'était
moi. Voilà pourquoi il m'a envoyé vers vous....
Depuis bien longtemps vous marchez dans la voie de
l'anarchie et de la révolte; mais je le jure! je ferai
de vous ce que l'on fait de ces buissons épineux dont
on veut se servir comme de bois de chauffage, et
que l'on entoure d'une corde pour les couper ensuite [1]; — je vous rouerai de coups de même que les
bergers assomment les chameaux qui se sont attardés
dans le pâturage quand les autres sont déjà rentrés.
Et sachez-le bien: ce que je dis, je le fais; — les
projets que j'ai formés, je les accomplis; — une fois
que j'ai tracé sur le cuir la forme d'une sandale, je
coupe hardiment.

— Le commandeur des croyants m'a ordonné de

---

1) Voyez sur la phrase qu'emploie ici l'orateur, Mobarrad, p. 46.

vous payer votre solde et de vous diriger vers le
théâtre de la guerre, où vous combattrez sous les
ordres de Mohallab. Je vous donne trois jours pour
faire vos préparatifs, et je jure par tout ce qu'il y
a de plus sacré que, ce terme expiré, je couperai
la tête à tous ceux qui ne seront pas partis....

— Et maintenant, jeune homme, lis-leur la lettre
du commandeur des croyants.

La personne interpellée lit ces mots : «De la part
d'Abdalmélic, le commandeur des croyants, à tous
les musulmans de Coufa ; salut à vous! »

Il était d'usage que le peuple répondît à cette formule par les mots : «et salut au commandeur des
croyants.» Mais cette fois l'auditoire garda un morne
silence. Bien qu'on sentît instinctivement qu'on avait
trouvé un maître dans cet orateur à la parole brus-
que et saccadée, mais colorée et nerveuse, on ne
voulait pas encore en convenir avec soi-même.

«Arrête!» dit alors Haddjâdj au lecteur. Puis,
s'adressant de nouveau au peuple : «Comment donc,
s'écria-t-il, le commandeur des croyants vous salue
et vous ne lui répondez rien? Par Dieu, je saurai
vous donner une leçon de politesse.... Recommence,
jeune homme.»

En prononçant ces simples paroles, Haddjâdj avait
mis dans son geste, dans les traits de son visage,
dans le son de sa voix, une expression si menaçante
et si terrible, que, quand le lecteur prononça de nou-

veau les paroles *salut à vous*, toute l'assemblée s'écria d'une seule voix : « Et salut au commandeur des croyants [1]. »

Mêmes moyens, même succès à Baçra. Plusieurs habitants de cette ville, informés de ce qui s'était passé à Coufa, n'avaient pas même attendu l'arrivée du nouveau gouverneur pour aller rejoindre l'armée de Mohallab [2], et ce général, agréablement surpris du zèle bien insolite des Irâcains, s'écria dans l'élan de sa joie : « Dieu soit loué ! A la fin un *homme* est arrivé dans l'Irâc [3]. » Mais aussi, malheur à celui qui osait montrer quelque hésitation ou la plus légère velléité de résistance, car Haddjâdj comptait la vie d'un homme pour fort peu de chose. Deux ou trois personnes en firent l'épreuve à leurs dépens [4].

Cependant, si Haddjâdj croyait avoir gagné la partie, il se trompait. Un peu revenus de leur première frayeur, les Irâcains rougirent de s'être laissé intimider et étourdir comme des enfants par le *maître d'école*, et au moment où Haddjâdj conduisait une division de troupes vers Mohallab, une querelle au sujet de la paye devint le signal d'une émeute qui prit bientôt le formidable aspect d'une révolte. Le mot de ralliement était la nécessité de la déposition

---

1) Mobarrad, p. 220, 221.
2) Mobarrad, p. 753.
3) Weil, t. I, p. 433.
4) Mobarrad, p. 753.

du gouverneur ; les rebelles jurèrent d'exiger d'Abdalmélic son rappel, en menaçant que si celui-ci s'y refusait, ils le destitueraient eux-mêmes. Abandonné
de tout le monde, à l'exception de ses parents, de
ses amis intimes et des serviteurs de sa maison,
Haddjâdj vit les rebelles piller sa tente et enlever ses
femmes ; s'ils n'avaient été retenus par la crainte du
calife, ils l'auraient tué. Pourtant il ne faiblit pas
un instant. Repoussant avec indignation les conseils
de ses amis qui voulaient qu'il entrât en pourparlers
avec les rebelles : «Je ne le ferai que quand ils m'auront livré leurs chefs,» dit-il fièrement et comme s'il
eût été le maître de la situation. Selon toute probabilité, il aurait payé de sa vie son opiniâtreté in-
flexible, si, en ce moment critique, les Caisites l'eussent abandonné à son sort ; mais ils avaient déjà reconnu en lui leur espoir, leur soutien, leur chef ;
ils avaient compris qu'en suivant la ligne de conduite
qu'il leur traçait, ils se relèveraient de leur abaissement et reviendraient au pouvoir. Trois chefs caisites, parmi lesquels on distinguait le brave Cotaiba
ibn-Moslim, volèrent à son secours ; un contribule de
Mohallab et un chef témîmite mécontent des rebelles
imitèrent leur exemple, et dès que Haddjâdj vit six
mille hommes réunis autour de sa personne, il força
les révoltés à accepter la bataille. Un instant il fut
sur le point de la perdre ; mais étant parvenu à ral-
lier ses troupes et le chef des révoltés ayant été tué

par une flèche, il remporta la victoire, qu'il rendit complète et décisive par sa clémence envers les vaincus: il défendit de les poursuivre, leur accorda l'amnistie, et se contenta d'envoyer les têtes de dix-neuf chefs rebelles, tués dans le combat, au camp de Mohallab, afin qu'elles servissent d'avertissement à ceux qui sentiraient naître dans leur cœur le désir de se révolter [1].

Pour la première fois, les Caisites, ordinairement fauteurs de toutes les rébellions, avaient soutenu le pouvoir, et, une fois engagés dans cette voie, ils y marchèrent résolument; ils savaient que c'était le seul moyen pour se réhabiliter dans l'esprit du calife.

Après avoir rétabli l'ordre, Haddjâdj n'eut plus qu'une seule pensée: celle d'exciter, de stimuler Mohallab, qu'il suspectait de prolonger la guerre dans son intérêt personnel. Mêlant dans son impétuosité naturelle les mauvaises mesures aux bonnes, il lui écrivit lettre sur lettre, lui reprocha durement ce qu'il appelait sa lenteur, son inaction, sa lâcheté, menaça de le faire mettre à mort ou tout au moins de le destituer [2], et envoya coup sur coup des commissaires au camp [3]. Appartenant à la race du gouverneur et possédés de la rage de donner des conseils,

---

1) Ibn-Khaldoun, fol. 186 r. et v.
2) Mobarrad, p. 756.
3) Mobarrad, p. 759, 765.

surtout quand on ne leur en demandait pas, ces commissaires jetaient parfois le désordre dans l'armée [1], et fuyaient dans la bataille [2]. Mais le but fut atteint. Deux années ne s'étaient pas encore passées depuis que Haddjâdj avait été nommé au gouvernement de l'Irâc, que les non-conformistes mettaient bas les armes (vers la fin de l'année 696).

Nommé vice-roi de toutes les provinces orientales, en récompense de ses fidèles et utiles services, Haddjâdj eut encore mainte révolte à réprimer; mais il les réprima toutes; et à mesure qu'il affermissait la couronne sur la tête de son souverain, il relevait sa race de l'état d'abaissement où elle était tombée, et tâchait de la réconcilier avec le calife. Il y réussit sans trop de difficulté. Forcé de s'appuyer soit sur les Kelbites, soit sur les Caisites, le choix du calife ne pouvait être douteux. Les rois ont d'ordinaire peu de goût pour ceux qui, ayant contribué à leur élévation, peuvent prétendre à leur reconnaissance. Les services qu'ils avaient rendus avaient inspiré aux Kelbites une fierté qui devenait importune; à tout propos ils rappelaient au calife que, sans eux, ni lui ni son père ne seraient montés sur le trône; ils le regardaient comme leur obligé, c'est-à-dire comme leur créature et leur propriété. Les Caisites au contraire,

---

1) Mobarrad, p. 766.
2) Mobarrad, p. 785.

voulant lui faire oublier à tout prix qu'ils avaient été les ennemis de son père et les siens , briguaient ses faveurs à genoux et obéissaient aveuglément à toutes ses paroles , à tous ses gestes. Ils l'emportèrent, ils supplantèrent leurs rivaux [1].

Les Kelbites disgraciés jetèrent les hauts cris. . Le pouvoir du calife était trop solidement assis à cette époque pour qu'ils pussent se révolter contre lui ; mais leurs poètes lui reprochaient amèrement son ingratitude et ne lui épargnaient pas les menaces. Voici ce que disait Djauwâs, le père de Sad que nous verrons plus tard périr en Espagne, victime de la haine des Caisites :

Abdalmélic ! Tu ne nous as point récompensés , nous qui avons combattu vaillamment pour toi, et qui t'avons procuré la jouissance des biens de ce monde. Te rappelles-tu ce qui s'est passé à Djâbia dans le Djaulân ? Si Ibn-Bahdal n'avait pas assisté à l'assemblée qui s'y est tenue, tu vivrais ignoré et personne de ta famille ne réciterait dans la mosquée la prière publique. Et pourtant, après que tu as obtenu le pouvoir suprême et que tu t'es trouvé sans compétiteur, tu nous as tourné le dos et peu s'en faut que tu ne nous traites en ennemis. Ne dirait-on pas que tu ignores que le temps peut amener d'étranges révolutions ?

Dans un autre poème il disait:

La famille d'Omaiya nous a fait teindre nos lances dans

---

1) *Hamâsa*, p. 658.

le sang de ses ennemis , et maintenant elle ne veut pas que nous participions à sa fortune! Famille d'Omaya! Des escadrons innombrables, composés de fiers guerriers qui poussaient un cri de guerre qui n'était point le vôtre, nous les avons combattus avec nos lances et nos épées, et nous avons écarté le danger qui vous menaçait. Dieu peut-être nous récompensera de nos services et de ce qu'avec nos armes nous avons affermi ce trône, mais bien certainement la famille d'Omaiya ne nous récompensera pas. Etrangers, vous véniez du Hidjâz, d'un pays que le Désert sépare complétement du nôtre, et la Syrie ne connaissait nul d'entre vous[1]. En même temps les Caisites marchaient contre vous; la haine étincelait dans leurs yeux et leur bannière flottait dans les airs . . . .

Un autre poète kelbite, l'un de ceux qui auparavant avaient chanté la victoire de la Prairie, adressa ces vers aux Omaiyades:

Dans un tempt où vous n'aviez point de trône, nous avons précipité de celui de Damas ceux qui avaient osé s'y asseoir, et nous vous l'avons donné. Dans mainte bataille nous vous avons donné des preuves de notre dévoûment, et dans celle de la Prairie vous n'avez dû la victoire qu'à notre puissant secours. Ne payez donc pas d'ingratitude nos bons et loyaux services ; auparavant vous étïez bons pour nous: gardez-vous de devenir pour nous des tyrans. Même avant Merwân, lorsque les yeux d'un émir omaiyade étaient couverts de soucis comme d'un voile épais, nous avons déchiré

---

1) On se rappellera que la branche des Omaiyades à laquelle appartenait Merwân, était établie à Médine.

ce voile, de sorte qu'il a vu la lumière; quand il était déjà
sur le point de succomber et qu'il grinçait les dents, nous
l'avons sauvé[1], et tout joyeux il s'écriait alors: Dieu est
grand! Quand le Caïsite fait le vantard, rappelez-lui alors
la bravoure qu'il a montrée dans le champ de Dhahhâc, à
l'est de Djaubar[2]. Là aucun Caïsite ne s'est comporté en
homme de cœur: tous, montés sur leurs alezans, cherchaient
leur salut dans la fuite[3]!

Plaintes, murmures, menaces, rien ne servit aux
Kelbites. Le temps de leur grandeur était passé, et
passé pour toujours. Il est vrai que la politique de
la cour pouvait changer, que plus tard elle changea
en effet, et que les Kelbites continuèrent à jouer un
rôle important, surtout en Afrique et en Espagne;
mais jamais ils ne redevinrent ce qu'ils avaient été
sous Merwân, la plus puissante parmi les tribus
yéménites. Ce rang appartint désormais aux Azd; la
famille de Mohallab avait supplanté celle d'Ibn-Bahdal.
En même temps la lutte, sans rien perdre de sa
vivacité, prit des proportions plus vastes: dorénavant
les Caïsites eurent tous les Yéménites pour ennemis.

---

1) Le commentateur Tibrîzî a mal expliqué ce vers, parce qu'il
n'a pas remarqué que, par une licence poétique, *naffasna* s'y trouve
employé au lieu de *naffasnâ*; comparez Ibn-Cotaiba, p. 201, l. 18,
et dàns le *Hamâsa*, p. 263, l. 6 et 7, où l'on trouve *talana* et
naaina au lieu de *talanâ* et de *naainâ*, comme il résulte de la
11e ligne de cette page.

2) C'est-à-dire, dans la bataille de la Prairie.

3) *Hamâsa*, p. 656—659.

Le règne de Walîd qui, dans l'année 705, succéda à son père Abdalmélic, mit le comble à la puissance des Caisites. «Mon fils, avait dit Abdalmélic sur son lit de mort, aie toujours le plus profond respect pour Haddjâdj; c'est à lui que tu dois le trône, il est ton épée, il est ton bras droit, et tu as plus besoin de lui qu'il n'a besoin de toi[1].» Walîd n'oublia jamais cette recommandation. «Mon père, disait-il, avait coutume de dire: Haddjâdj, c'est la peau de mon front; mais moi je dis: Haddjâdj, c'est la peau de mon visage[2].» Cette parole résume tout son règne, d'ailleurs plus fertile qu'aucun autre en conquêtes, en gloire militaire, car ce fut alors que le Caisite Cotaiba planta les bannières musulmanes sur les murailles de Samarcand, que Mohammed ibn-Câsim, cousin de Haddjâdj, conquit l'Inde jusqu'au pied de l'Himalaya, et qu'à l'autre extrémité de l'empire, les Yéménites, après avoir achevé la conquête du nord de l'Afrique, annexèrent l'Espagne au vaste Etat qu'avait fondé le Prophète de la Mecque. Mais pour les Yéménites, ce fut un temps désastreux, et principalement pour les deux hommes les plus marquants, mais non les plus respectables, de ce parti: Yézîd, fils de Mohallab, et Mousâ, fils de Noçair. Pour son malheur, Yézîd, chef de sa maison depuis

---

1) Soyouti, *Tarîkh al-kholafâ*, p. 221, éd. Lees.
2) *Historia Khalifatus al-Walîdi*, éd. Anspach, p. 13.

14 *

la mort de son père, avait fourni des prétextes fort
plausibles à la haine de Haddjâdj. Comme tous les
membres de sa famille, la plus libérale de toutes
sous le règne des Omaiyades, de même que les Bar-
mécides l'ont été sous les Abbâsides[1], il semait l'argent sur ses pas, et, voulant être heureux, et que
tout le monde le fût, avec lui, il gaspillait la fortune
dans les plaisirs, dans l'amour des arts et dans les imprudentes largesses de sa munificence tout aristocra-
tique. Une fois, dit-on, se trouvant en route pour
faire le pèlerinage de la Mecque, il donna mille pièces
d'argent à un barbier qui venait de le raser. Stu-
péfait d'avoir reçu une récompense si considérable,
le barbier s'écria dans sa joie: «Je m'en vais de ce
pas racheter ma mère d'esclavage.» Touché de son
amour filial, Yézîd lui donna encore mille pièces.
«Je me condamne à répudier ma femme, reprit aussitôt le barbier, si de ma vie je rase une autre personne.» Et Yézîd lui donna encore deux mille pièces[2]. On raconte de lui une foule de traits semblables, qui montrent tous qu'entre ses doigts prodigues
l'or s'écoulait comme l'onde; mais comme il n'y a
point de fortune, si énorme qu'elle soit, qui tienne
contre une prodigalité poussée jusqu'à la folie, Yézîd
s'était vu forcé, pour échapper à la ruine, d'usurper

---

1) Ibn-Khallicân, Fasc. X, p. 107, éd. Wüstenfeld.
2) Ibn-Khallicân, Fasc. X, p. 105.

sur la part du calife. Condamné par Haddjâdj à
restituer six millions au trésor, et ne pouvant payer
que la moitié de cette somme, il fut jeté dans un
cachot et cruellement torturé. Au bout de quatre
ans [1], il réussit à s'évader avec deux de ses frères
qui partageaient sa captivité, et pendant que Haddjâdj, croyant qu'ils étaient allés mettre le Khorâsân
en révolution, envoyait des courriers à Cotaïba pour
lui enjoindre de se tenir sur ses gardes et d'étouffer
la révolte dans son germe, ils parcouraient, guidés
par un Kelbite [2], le désert de Samâwa, afin d'aller
implorer la protection de Solaimân, frère du calife,
héritier du trône en vertu des dispositions prises par
Abdalmélic, et chef du parti yéménite. Solaimân
jura que tant qu'il vivrait, les fils de Mohallab n'auraient rien à craindre, s'offrit pour payer au trésor
les trois millions que Yézîd n'avait pu acquitter, demanda la grâce de ce dernier et ne l'obtint qu'à
grand'peine et par une espèce de coup de théâtre. Depuis lors, Yézîd resta dans le palais de
son protecteur, attendant le moment où son parti re-
viendrait au pouvoir; et quand on lui demandait pourquoi il n'achetait point de maison: «Qu'en ferais-je?
répondait-il; j'en aurai bientôt une que je ne quitte-

---

1) Ibn-Khaldoun, fol. 196 v.
2) Le même, *ibid.*

rai plus: un palais de gouverneur si Solaimân devient calife, une prison s'il ne le devient pas [1].»

L'autre Yéménite, le conquérant de l'Espagne, n'était pas, comme Yézîd, d'une lignée illustre. C'était un affranchi, et s'il appartenait à la faction alors en disgrâce, c'est que son patron, le prince Abdalazîz, frère du calife Abdalmélic et gouverneur de l'Egypte, était chaudement attaché, comme on l'a vu, à la cause des Kelbites, parce que sa mère était de cette tribu. Déjà sous le règne d'Abdalmélic, lorsqu'il était encore percepteur des contributions à Baçra, Mousâ se rendit coupable de malversation. Le calife s'en aperçut et donna l'ordre à Haddjâdj de l'arrêter. Averti à temps, Mousâ se sauva en Egypte, où il implora la protection de son patron. Celui-ci le prit sous sa sauvegarde, et se rendit à la cour afin d'arranger l'affaire. Le calife ayant exigé cent mille pièces d'or pour son indemnité, Abdalazîz paya la moitié de cette somme, et, dans la suite, il nomma Mousâ au gouvernement de l'Afrique, car à cette époque le gouverneur de cette province était nommé par le gouverneur de l'Egypte [2]. Après avoir conquis l'Espagne, Mousâ, gorgé de richesses, au comble de la gloire et de la puissance, continua d'usurper sur la part du calife avec la même hardiesse qu'aupara-

---

1) Ibn-Khallicân, Fasc. X, p. 112—115.
2) Ibn-Adhârî, t. I, p. 24, 25.

vant. Il est vrai que tout le monde alors dans les finances faisait des affaires ; le tort de Mousâ fut d'en faire plus qu'un autre, et de ne pas appartenir au parti dominant. Depuis quelque temps Walîd avait l'œil sur ses procédés ; il lui ordonna donc de venir en Syrie rendre compte de sa gestion. Aussi longtemps qu'il le put, Mousâ éluda cet ordre ; mais, forcé enfin d'y obéir, il quitta l'Espagne, et, arrivé à la cour, il essaya de désarmer la colère du calife en lui offrant des présents magnifiques. Ce fut en vain. Les haines, depuis longtemps accumulées, de ses compagnons, de Târic, de Moghîth et d'autres, débordèrent ; ils l'accablaient d'accusations qui ne furent que trop bien accueillies, et le gouverneur infidèle fut chassé honteusement, séance tenante, de la salle d'audience. Le calife ne songea à rien moins qu'à le condamner à la mort ; mais, quelques personnes de considération, que Mousâ avait gagnées à force d'argent, ayant demandé et obtenu qu'il eût la vie sauve, il se contenta de lui imposer une amende fort considérable [1].

Peu de temps après, Walîd rendit le dernier soupir, laissant le trône à son frère Solaimân. La chute des Caisites fut immédiate et terrible. Haddjâdj n'était plus. « Allâh, accorde-moi de mourir avant le commandeur des croyants, et ne me donne point pour

[1) Isidore, c. 38, 40.

souverain un prince qui sera sans pitié pour moi[1] ; »
telle avait été sa prière et Dieu l'avait exaucée; mais
ses clients, ses créatures, ses amis avaient encore
tous les postes: ils furent destitués sur-le-champ et
remplacés par des Yéménites. Yézîd ibn-abî-Moslim,
affranchi et secrétaire de Haddjâdj, perdit le gouvernement de l'Irâc et fut jeté dans un cachot, d'où il
ne sortit que cinq ans plus tard, lors de l'avénement
du calife caisite Yézîd II, pour devenir aussitôt gouverneur de l'Afrique[2], tant les revirements de fortune étaient rapides alors. Plus malheureux que lui,
l'intrépide Cotaiba fut décapité, et l'illustre conquérant de l'Inde, Mohammed ibn-Câsim, cousin de Haddjâdj, expira dans les tortures, tandis que Yézîd,
fils de Mohallab, qui, sous le règne précédent, avait
été sur le point de subir le même sort, jouissait,
comme favori de Solaimân, d'un pouvoir illimité.

Mousâ seul ne profita point du triomphe du parti
auquel il appartenait. C'est que, dans le vain espoir
de se concilier la faveur de Walîd, il avait gravement offensé Solaimân. Au moment où Mousâ arriva
en Syrie, Walîd était déjà si dangereusement malade
qu'on pouvait croire sa mort prochaine, et Solaimân, qui convoitait lui-même les riches présents

---

1) Tabarî, *apud* Weil, t. I, p. 553.
2) Abou-Alî Tanoukhî, *Al-faradjo bada 's-chiddati*, man. de Leyde
61, p. 73.

que Mousâ ne manquerait pas d'offrir à Walîd, avait
fait inviter le gouverneur à ralentir sa marche de
manière qu'il n'arrivât à Damas que quand son frère
serait mort et qu'il serait monté lui-même sur le
trône. Mousâ n'ayant pas consenti à cette demande,
et les fils de Walîd ayant hérité par conséquent des
cadeaux qu'il avait faits à leur père, Solaimân lui
gardait rancune [1]; il ne lui remit donc point l'amende à laquelle il avait été condamné, et que d'ailleurs
il pouvait acquitter facilement avec l'aide de ses nombreux clients d'Espagne [2] et des membres de la tribu
de Lakhm, à laquelle appartenait son épouse [3]. Solaimân ne poussa pas plus loin sa vengeance. Il y
a bien, sur le sort de Mousâ, une traînée de légen-
des, les unes plus touchantes que les autres, mais
elles ont été inventées par des romanciers à une époque où l'on avait complétement oublié quelle était la
position des partis au VIIIe siècle, et où l'on ne se
souvenait plus que Mousâ jouissait, comme l'atteste
un auteur aussi ancien que digne de confiance [4], de
la protection et de l'amitié de Yézîd, fils de Mohallab,
le favori tout-puissant de Solaimân. Aucun motif,

---

1) Ibn-Habîb, man. d'Oxford, p. 153.

2) Isidore, c. 40. Pro multâ opulentiâ, dit cet auteur, parvum
impositum onus existimat, atque mirâ velocitate impositum pondus
exactat.

3) *Akhbâr madjmoua*, fol. 62 r.

4) Belâdhorî, man. de Leyde, p. 270.

même spécieux, ne peut autoriser ces indignes rumeurs, qui ne se fondent sur aucune autorité respectable et qui se trouvent en opposition directe avec le récit circonstancié d'un auteur contemporain [1].

Par une exception unique dans l'histoire des Omaiyades, le successeur de Solaimân, Omar II, n'était pas un homme de parti : c'était un respectable pontife, un saint homme qui avait en horreur les cris de la discorde et de la haine, qui remerciait Dieu de ne pas l'avoir fait vivre à l'époque où les saints de l'islamisme, où Alî, Aïcha et Moâwia se combattaient, et qui ne voulait pas même entendre parler de ces luttes funestes. Uniquement préoccupé des intérêts religieux et de la propagation de la foi, il rappelle cet excellent et vénérable pontife qui disait aux Florentins : « Ne soyez ni gibelins ni guelfes, ne soyez que chrétiens et concitoyens ! » Pas plus que Grégoire X, Omar II ne réussit à réaliser son rêve généreux. Yézîd II, qui lui succéda et qui avait épousé une nièce de Haddjâdj, fut Caisite. Puis Hichâm monta sur le trône. Il favorisa d'abord les Yéménites, et, ayant remplacé plusieurs gouverneurs que son prédécesseur avait nommés, par des hommes de cette faction [2], il permit à ceux qui remontaient au pou-

---

1) Cet auteur est Isidore de Béja.
2) Dans le Khorâsân, par exemple, le Caisite Moslim al-Kilâbî fut remplacé par le Yéménite Asad al-Casrî.

voir de persécuter cruellement ceux qui venaient de
le perdre [1]; mais quand, pour des raisons que nous
exposerons plus loin, il se fut déclaré pour l'autre
parti, les Caisites prirent leur revanche, surtout en
Afrique et en Espagne.

Comme la population arabe de ces deux pays était
presque exclusivement yéménîte, ils étaient d'ordinaire assez tranquilles quand ils étaient gouvernés
par des hommes de cette faction; mais, sous des
gouverneurs caisites, ils devenaient le théâtre des
violences les plus atroces. C'est ce qui arriva après
la mort de Bichr le Kelbite, gouverneur de l'Afrique.
Avant de rendre le dernier soupir, ce Bichr avait
confié le gouvernement de la province à un de ses
contribules, qui se flattait, à ce qu'il semble, que le
calife Hichâm le nommerait définitivement gouverneur. Son espoir fut trompé: Hichâm nomma le
Caisite Obaïda, de la tribu de Solaïm. Le Kelbite en
fut informé; mais il se croyait assez puissant pour
pouvoir se soutenir les armes à la main.

C'était un vendredi matin du mois de juin ou de
juillet de l'année 728. Le Kelbite venait de s'habiller
et était sur le point de se rendre à la mosquée pour
y présider à la prière publique, lorsque tout à coup
ses amis se précipitent dans sa chambre, en criant:
«L'émir Obaïda vient d'entrer dans la ville!» Atterré

---

1) *Voir* Abou-'l-mahâsin, t. I, p. 288.

du coup, le Kelbite, d'abord plongé dans une stupeur muette, ne recouvre la parole que pour s'écrier: «Dieu seul est puissant! L'heure du jugement dernier arrivera aussi inopinément!» Ses jambes refusent de le porter; glacé d'effroi, il tombe à terre.

Obaida avait compris que, pour faire reconnaître son autorité, il lui fallait surprendre la capitale. Heureusement pour lui, Cairawân n'avait point de murailles, et, marchant avec ses Caisites par des chemins détournés et dans le plus profond silence, il y était entré à l'improviste, tandis que les habitants de la ville le croyaient encore en Egypte ou en Syrie.

Maître de la capitale, il sévit contre les Kelbites avec une cruauté sans égale. Après les avoir fait jeter dans des cachots, il les mit à la torture, et, afin de contenter la cupidité de son souverain, il leur extorqua des sommes inouïes [1].

Vint le tour de l'Espagne, pays dont le gouverneur était nommé alors par celui de l'Afrique, mais qui jusque-là n'avait obéi qu'une seule fois à un Caisite. Après avoir échoué dans ses premières tentatives, Obaida y envoya, dans le mois d'avril de l'année 729, le Caisite Haitham, de la tribu de Kilâb [2], en menaçant

---

1) Ibn-Adhârî, t. I, p. 36; Ibn-al-Abbâr, p. 47, 49.

2) Moharram 111. Ibn-Bachcowâl, *apud* Maccarî, t. II, p. 10. Il faut lire *Kilâbî* comme on trouve chez Maccarî, chez Ibn-Khaldoun etc., non *Kinânî*, comme on lit chez d'autres écrivains. Dans l'écriture arabe il est facile de confondre ces deux noms.

les Arabes d'Espagne des châtiments les plus rigoureux au cas où ils oseraient s'opposer aux ordres
de leur nouveau gouverneur. Les Yéménites murmuraient, peut-être même conspiraient-ils contre le Caisite; celui-ci le croyait du moins, et, agissant sur
les instructions secrètes d'Obaida, il fit jeter en prison les chefs de ce parti, leur arracha par d'horribles tortures l'aveu d'un complot, et leur fit couper
la tête. Parmi ses victimes se trouvait un Kelbite
qui, à cause de son origine illustre, de ses richesses
et de son éloquence, jouissait d'une haute considération; c'était Sad, fils de ce Djauwâs [1] qui, dans ses
vers, avait si énergiquement reproché au calife Abdalmélic son ingratitude envers les Kelbites, dont la
bravoure dans la bataille de la Prairie avait décidé
du sort de l'empire et procuré le trône à Merwân.
Le supplice de Sad fit frémir les Kelbites d'indignation, et quelques-uns d'entre eux, tels qu'Abrach,
le secrétaire de Hichâm [2], qui n'avaient pas perdu
toute influence à la cour, l'employèrent si bien que
le calife consentit à envoyer en Espagne un certain
Mohammed, avec l'ordre de punir Haitham et de donner le gouvernement de la province au Yéménite
Abdérame al-Ghâfikî qui jouissait d'une grande popularité. Arrivé à Cordoue, Mohammed n'y trouva pas

---

1) Voyez note C, à la fin de ce volume.
2) Voyez Ibn-al-Abbâr, p. 49, et Weil, t. I, p. 654.

Abdérame, qui s'était caché pour se dérober aux poursuites du tyran ; mais, ayant fait arrêter Haitham,
il lui fit donner des coups de courroie et raser la
tête, ce qui était alors l'équivalent de la peine de la
flétrissure ; puis, l'ayant fait charger de fers et placer sur un âne, la tête en arrière et les mains liées
sur le dos, il ordonna de le promener par la capitale. Quand cet arrêt eut été exécuté, il le fit passer en Afrique, afin que le gouverneur de cette province prononçât sur son sort. Mais on ne pouvait
attendre d'Obaida qu'il punirait à son tour celui qui
n'avait agi que sur les ordres qu'il lui avait donnés
lui-même. De son côté, le calife croyait avoir donné
aux Kelbites une satisfaction suffisante, bien qu'ils
poussassent plus loin leurs exigences, la mort de Sad
ne pouvant être expiée, d'après les idées arabes, que
par celle de son meurtrier. Hichâm envoya donc à
Obaida un ordre tellement ambigu, que celui-ci put
l'interpréter à l'avantage de Haitham [1]. Ce fut pour
les Kelbites un grand désappointement ; mais ils ne
se laissèrent pas décourager, et un de leurs chefs les
plus illustres, Abou-'l-Khattâr, qui avait été l'ami
intime de Sad, et qui, dans la prison où l'avait jeté
Obaida, avait amassé contre ce tyran, et contre les
Caisites en général, des trésors de haine, composa
ce poème destiné à être remis au calife :

1) Isidore, c. 57.

Vous permettez aux Caisites de verser notre sang, fils de Merwân; mais si vous persistez à refuser de nous faire justice, nous en appellerons au jugement de Dieu, qui sera plus équitable pour nous. On dirait que vous avez oublié la bataille de la Prairie et que vous ignorez qui vous a procuré la victoire alors; pourtant, c'était nos poitrines qui vous servaient de boucliers contre les lances ennemies, et vous n'aviez alors que nous pour cavaliers et pour fantassins. Mais depuis que vous avez obtenu le but de vos désirs, et que, grâce à nous, vous nagez dans les délices, vous affectez de ne pas nous apercevoir; voilà comment, depuis aussi longtemps que nous vous connaissons, vous en agissez constamment avec nous. Mais aussi, gardez-vous de vous livrer à une sécurité trompeuse quand la guerre se rallumera et que vous sentirez le pied vous glisser sur votre échelle de corde; il se peut qu'alors les cordes que vous croyiez solidement tordues, se détordent.... Cela s'est vu maintes fois....

Ce fut le Kelbite Abrach, secrétaire de Hichâm, qui se chargea de lui réciter ces vers; et la menace d'une guerre civile eut tant d'effet sur le calife, qu'il prononça à l'instant même la destitution d'Obaïda, en s'écriant avec une colère feinte ou vraie: «Que Dieu maudisse ce fils d'une chrétienne, qui ne s'est point conformé à mes ordres [1]!»

---

1) Voyez mes *Notices sur quelques manuscrits arabes*, p. 47—49, 257, et Ibn-Adhârî, t. I, p. 36, 37.

X.

La lutte des Yéménites et des Caisites ne resta pas sans influence sur le sort des peuples vaincus, car à leur égard, et principalement pour ce qui concerne les contributions, chacun des deux partis avait des principes différents, et sous ce rapport, comme sous bien d'autres, c'était Haddjâdj qui avait tracé à son parti la route à suivre. On sait qu'en vertu des dispositions de la loi, les chrétiens et les juifs qui vivent sous la domination musulmane, sont dispensés, aussitôt qu'ils ont embrassé l'islamisme, de payer au trésor la capitation imposée à ceux qui persévèrent dans la foi de leurs ancêtres. Grâce à cette amorce offerte à l'avarice, l'Eglise musulmane recevait chaque jour dans son giron une foule de convertis qui, sans être complétement convaincus de la vérité de ses doctrines, se préoccupaient avant tout d'argent et d'intérêts mondains. Les théologiens se réjouissaient de cette rapide propagation de la foi ; mais le trésor en souffrait énormément. La contribution de l'Egypte, par exemple, s'élevait encore, sous le califat d'Oth-

mân, à douze millions; mais peu d'années après, sous
le califat de Moâwia, lorsque la plupart des Coptes eurent
embrassé l'islamisme, elle était tombée à cinq millions [1].
Sous Omar II elle tomba plus bas encore; mais ce pieux
calife ne s'en inquiétait pas, et quand un de ses lieu-
tenants lui envoya ce message : « Si cet état de choses
se prolonge en Egypte, tous les dhimmîs se feront musulmans, et l'on perdra ainsi les revenus qu'ils rappor-
tent au trésor de l'Etat, » il lui répondit : « Je serais
bien heureux si les dhimmîs se faisaient tous musulmans, car Dieu a envoyé son Prophète comme
apôtre et non comme collecteur d'impôts [2]. » Haddjâdj pensait autrement. Il s'intéressait peu à la propagation de la foi et il était obligé, pour conserver
les bonnes grâces du calife, de remplir le trésor. Il
n'avait donc point accordé aux nouveaux musulmans
de l'Irâc l'exemption de payer la capitation [3]. Les
Caisites imitaient constamment et partout l'exemple
qu'il leur avait donné, et en outre, ils traitaient les
vaincus, musulmans ou non, avec une morgue insolente et une dureté extrême. Les Yéménites au
contraire, s'ils ne se conduisaient pas toujours envers ces malheureux avec plus d'équité et de douceur
alors qu'ils étaient au pouvoir, associaient du moins,
quand ils étaient dans l'opposition, leur voix à celle

---

1) Ahmed ibn-abî-Yacoub, *Kitâb al-boldân*, fol. 69 v.
2) *Journ. asiat.*, IVᵉ série, t. XVIII, p. 433.
3) Nowairî, dans le *Journ. asiat.*, IIIᵉ série, t. XI, p. 580.

des opprimés pour blâmer l'esprit de fiscalité qui animait leurs rivaux. Aussi les peuples vaincus, quand ils voyaient les Yéménites revenir au pouvoir, se promettaient des jours filés d'or et de soie; mais leur espoir fut souvent trompé, car les Yéménites ne furent ni les premiers ni les derniers libéraux qui aient éprouvé que, quand on est dans l'opposition, il est facile de crier contre les impôts, d'exiger la réforme du système financier, de la promettre pour le cas où l'on parviendra aux affaires, mais que, quand on y est parvenu, il est bien difficile de tenir ses promesses. « Je me trouve dans une situation assez embarrassante, disait le chef des Yéménites, Yézîd, fils de Mohallab, quand Solaimân l'eut nommé gouverneur de l'Irâc; toute la province a mis en moi son espoir; elle me maudira comme elle a maudit Haddjâdj, si je la force à payer les mêmes tributs que par le passé, mais, d'un autre côté, Solaimân sera mécontent de moi s'il ne reçoit pas autant de contributions qu'en recevait son frère] lorsque Haddjâdj était gouverneur de la province.» Pour sortir d'embarras, il eut recours à un expédient assez original. Ayant déclaré au calife qu'il ne pouvait se charger de lever les impôts, il lui fit prendre la résolution de confier cette besogne odieuse à un homme du parti qui venait de succomber [1].

1) Ibn-Khallicân, Fasc. X, p. 116, éd. Wüstenfeld; Ibn-Khaldoun, fol. 199 r.

On ne peut nier d'ailleurs qu'il n'y eût parmi les Yéménites des hommes extrêmement souples qui transigeaient sans peine avec leurs principes, et qui, pour conserver leurs postes, servaient leur maître, qu'il fût yéménite ou caisite, avec un dévoûment égal et une docilité à toute épreuve. Le Kelbite Bichr peut être considéré comme le type de cette classe d'hommes, qui devenaient de moins en moins rares au fur et à mesure que les mœurs se corrompaient et que l'amour de la tribu cédait le pas à l'ambition et à la soif des richesses. Nommé gouverneur de l'Afrique par le caisite Yézîd II, ce Bichr envoya en Espagne un de ses contribules, nommé Anbasa, qui fit payer aux chrétiens de ce pays un double tribut[1]; mais lorsque le yéménite Hichâm fut monté sur le trône, il y envoya un autre de ses contribules, nommé Yahyâ, qui restitua aux chrétiens tout ce qu'on leur avait injustement enlevé. Un auteur chrétien de ce temps-là va même jusqu'à dire que ce gouverneur *terrible* (telle est l'épithète qu'il lui donne) eut recours à des mesures *cruelles* pour forcer les musulmans à rendre ce qui ne leur appartenait pas[2].

En général, cependant, les Yéménites étaient moins durs que leurs rivaux envers les vaincus, et par con-

----

1) Isidore, c. 52.
2) Isidore, c. 54.

séquent ils leur étaient moins odieux. Le peuple de
l'Afrique surtout, ce mélange, cette agglomération de
populations hétérogènes que les Arabes trouvèrent
établies depuis l'Egypte jusqu'à la mer Atlantique et
que l'on désigne par le nom de Berbers, avait pour
eux une prédilection marquée. C'était une race
fière, aguerrie et extrêmement jalouse de sa liberté. Sous plusieurs rapports, comme Strabon [1] l'a
déjà remarqué, les Berbers ressemblaient aux Arabes. Nomades sur un territoire limité, comme les
fils d'Ismaël; faisant la guerre de la même façon
qu'eux, ainsi que le disait Mousâ ibn-Noçair [2] qui
contribua tant à les soumettre; accoutumés, comme
eux, à une indépendance immémoriale, car la domination romaine avait été ordinairement restreinte
à la côte; ayant, enfin, la même organisation politique, c'est-à-dire la démocratie tempérée par l'influence des familles nobles, ils devinrent pour les
Arabes, quand ceux-ci tentèrent de les assujettir, des
ennemis bien autrement redoutables que ne l'avaient
été les soldats mercenaires et les sujets opprimés de
la Perse et de l'empire byzantin. Chaque succès,
les agresseurs le payèrent d'une défaite sanglante. Au
moment même où ils parcouraient le pays en triom-
phateurs jusqu'aux bords de l'Atlantique, ils se

---

1) II, 18.
2) Ibn-Adhârî, t. II, p. 20.

voyaient tout à coup enveloppés et taillés en pièces par des hordes innombrables comme le sable du Désert. «Conquérir l'Afrique est chose impossible, écrivait un gouverneur au calife Abdalmélic; à peine une tribu berbère a-t-elle été exterminée, qu'une autre vient prendre sa place.» Pourtant les Arabes, malgré la difficulté de cette entreprise, et peut-être même à cause des obstacles qu'ils rencontraient à chaque pas et que l'honneur leur commandait de surmonter, quoi qu'il en coûtât, s'obstinèrent à cette conquête avec un courage admirable et une opiniâtreté sans égale. Au prix de soixante-dix ans d'une guerre meurtrière, la soumission des Africains fut obtenue, en ce sens qu'ils consentirent à déposer les armes pourvu qu'on ne se targuât jamais avec eux des droits acquis, qu'on ménageât leur fierté chatouilleuse, et qu'on les traitât, non pas en vaincus, mais en égaux, en frères. Malheur à celui qui avait l'imprudence de les offenser! Dans son fol orgueil, le Caisite Yézîd ibn-abî-Moslim, l'ancien secrétaire de Haddjâdj, voulut les traiter en esclaves: ils l'assassinèrent; et tout caisite qu'il était, le calife Yézîd II fut assez prudent pour ne pas exiger la punition des coupables et pour envoyer un Kelbite gouverner la province. Moins prévoyant que son prédécesseur, Hichâm provoqua une insurrection terrible qui, de l'Afrique, se communiqua à l'Espagne.

Yéménite au commencement de son règne et par

conséquent assez populaire[1], Hichâm avait fini par
se déclarer pour les Caisites, parce qu'il les savait
disposés à contenter sa passion dominante, la soif de
l'or. Leur ayant donc livré les provinces qu'ils savaient pressurer si bien, il en tira plus d'argent
qu'aucun de ses ancêtres[2]; et quant à l'Afrique, il
en confia le gouvernement, dans l'année 734, un an
et demi après la destitution d'Obaida[3], au Caisite
Obaidallâh.

Ce petit-fils d'un affranchi n'était pas un homme
vulgaire. Il avait reçu une éducation solide et brillante,
de manière qu'il savait par cœur les poèmes classiques
et les récits des guerres du vieux temps[4]. Dans son
attachement aux Caisites, il y avait une pensée noble
et généreuse. N'ayant trouvé en Egypte que deux
petites tribus caisites, il y fit venir mille et trois
cents pauvres familles de cette race et se donna tous
les soins possibles pour faire prospérer cette colonie[5].
Son respect pour la famille de son patron avait quelque chose de touchant: au milieu des grandeurs et
au comble de la puissance, loin de rougir de son

1) Qui Hiscam primordio suæ potestatis satis se modestum osten-
dens. Isidore, c. 55.

2) Isidore, c. 57.

3) Chez Ibn-Adhârî (t. I, p. 37) il faut lire: *un an et* six mois
(Chauwâl 114 — Rebî II 116).

4) Ibn-Adhârî, t. I, p. 38.

5) Macrîzî, *Des tribus arabes venues en Egypte*, p. 39, 40, éd.
Wüstenfeld.

humble origine, il proclamait hautement ses obligations envers le père d'Ocba, qui avait affranchi son
aïeul; et quand il fut gouverneur d'Afrique et qu'Ocba fut venu lui rendre visite, il le fit asseoir à ses
côtés et lui témoigna tant de respect que ses fils,
dans leur vanité de parvenus, s'en indignèrent. «Quoi!
lui dirent-ils quand ils se trouvèrent seuls avec lui;
vous faites asseoir ce Bédouin à vos côtés, en présence de la noblesse et des Coraichites, qui s'en
tiendront offensés sans doute, et qui vous en vou-
dront! Comme vous êtes un vieillard, personne ne
se montrera cruel envers vous, et peut-être la mort
vous mettra-t-elle bientôt à l'abri de toute intention
hostile; mais nous, vos fils, nous avons à craindre
que la honte de ce que vous avez fait ne retombe
sur nous. Et qu'arrivera-t-il si le calife apprend ce
qui s'est passé? Ne se mettra-t-il pas en colère
quand il saura que vous avez fait plus d'honneur à
un tel homme qu'aux Coraichites? — Vous avez raison, mes fils, leur répondit Obaidallâh; je ne trouve
rien pour m'excuser, et je ne ferai plus ce que vous
me reprochez.» Le lendemain matin il fit venir Ocba
et les nobles dans son palais. Il les traita tous avec
respect, mais il donna la place d'honneur à Ocba,
et, s'étant assis à ses pieds, il fit venir ses fils.
Quand ceux-ci furent entrés dans la salle et qu'ils
contemplèrent ce spectacle avec surprise, Obaidallâh
se leva, et, après avoir glorifié Dieu et son prophète,

il rapporta aux nobles les discours que ses fils avaient
tenus la veille, et continua en ces termes : «Je prends
Dieu et vous tous à témoin, bien que Dieu seul suf-
fise, quand je déclare que cet homme que voici, est
Ocba, fils de ce Haddjâdj qui a donné la liberté à
mon grand-père. Mes fils ont été séduits par le démon, qui leur a inspiré un fol orgueil; mais j'ai
voulu donner à Dieu la preuve que moi du moins, je
ne suis point coupable d'ingratitude et que je sais ce
que je dois à l'Eternel ainsi qu'à cet homme-là. J'ai
voulu faire cette déclaration en public, parce que je
craignais que mes fils n'en vinssent à nier un bienfait de Dieu, à désavouer cet homme et son père pour
leurs patrons; ce qui aurait eu pour suite inévitable
qu'ils auraient été maudits par Dieu et par les hommes, car j'ai appris que le Prophète a dit : « Maudit
celui qui prétend appartenir à une famille à laquelle
il est étranger, maudit celui qui renie son patron.»
Et l'on m'a raconté aussi qu'Abou-Becr a dit : «Désavouer un parent même éloigné, ou se prétendre issu
d'une famille à laquelle on n'appartient pas, c'est
être ingrat envers Dieu»…. Mes fils, comme je vous
chéris autant que moi-même, je n'ai point voulu vous
exposer à la malédiction du Ciel et des hommes.
Vous m'avez dit encore que le calife se fâchera contre
moi, s'il apprend ce que j'ai fait. Rassurez-vous; le
calife, à qui Dieu veuille accorder une longue vie,
est trop magnanime, il sait trop bien ce qu'il doit à

Dieu, il connaît trop bien ses devoirs, pour que j'aie
à craindre d'avoir excité son courroux en remplissant
les miens; je me tiens persuadé au contraire, qu'il
approuvera ma conduite.» — «Bien parlé! cria-t-on
de toutes parts, vive notre gouverneur!» Et les fils
d'Obaidallâh, honteux d'avoir eu à essuyer une si
grande humiliation, gardèrent un morne silence. Puis
Obaidallâh, s'adressant à Ocba: «Seigneur, lui dit-
il, mon devoir est d'obéir à vos ordres. Le calife
m'a confié un vaste pays; choisissez pour vous quelle
province vous voudrez.» Ocba choisit l'Espagne. «Mon
plus grand désir, c'est de prendre part à la guerre
sainte, dit-il, et c'est là que je pourrai le satisfaire [1].»

Mais malgré l'élévation de son caractère, et quoiqu'il possédât toutes les vertus de sa nation, Obaidallâh partageait aussi au plus haut degré le profond
mépris qu'avait celle-ci pour tout ce qui n'était pas
arabe. A ses yeux, les Coptes, les Berbers, les Espagnols, les vaincus en général, qu'à peine il regardait comme des hommes, n'avaient sur la terre d'autre destinée que celle d'enrichir, à la sueur de leur
front, le grand peuple que Mahomet avait appelé le
meilleur de tous. Déjà en Egypte, où il avait été
percepteur des impôts, il avait augmenté d'un ving-
tième le tribut que payaient les Coptes; et ce peuple,

---

1) *Akhbâr madjmoua*, fol. 60 r. — 61 r.

d'ordinaire fort pacifique et qui jamais encore, depuis qu'il vivait sous la domination musulmane,
n'avait fait un appel aux armes, avait été exaspéré
à un tel point par cette mesure arbitraire, qu'il
s'était insurgé en masse [1]. Promu au gouvernement
de l'Afrique, il se fit un devoir de contenter, aux
dépens des Berbers, les goûts et les caprices des
grands seigneurs de Damas. Comme le duvet des
mérinos, dont on fabriquait des vêtements d'une blan-
cheur éclatante, était fort recherché dans cette capitale, il faisait arracher aux Berbers leurs moutons,
qu'on égorgeait tous, quoique souvent on ne trouvât
qu'un seul agneau avec duvet dans un troupeau de
cent moutons, tous les autres étant ce qu'on appelle
des agneaux ras ou sans duvet, et par conséquent
inutiles au gouverneur [2]. Non content d'enlever aux
Berbers leurs troupeaux, la source principale de leur
bien-être, ou plutôt leur unique moyen de subsistance, il leur ravissait aussi leurs femmes et leurs filles,
qu'il envoyait en Syrie peupler les sérails; car les
seigneurs arabes faisaient grand cas des femmes berbères qui, en tout temps, ont eu la réputation de
surpasser les femmes arabes en beauté [3].

---

1) Macrîzî, *Histoire des Coptes*, p. 22 du texte, éd. Wüstenfeld, et la note de l'éditeur, p. 54.

2) Ibn-Khaldoun, *Histoire des Berbers*, t. I, p. 150, 151 du
texte; *Akhbâr madjmoua*, fol. 63 r.

3) Ibn-Adhârî, t. I, p. 39; Ibn-Khaldoun, *loco laud.*; comparez
Soyoutî, *Tarikh al-kholafâ*, p. 222, l. 11, éd. Lees.

Pendant plus de cinq ans, les Berbers souffrirent
en silence; ils murmuraient, ils accumulaient dans
leurs cœurs des trésors de haine, mais la présence
d'une nombreuse armée les contenait encore.

Une insurrection se préparait cependant. Elle aurait un caractère religieux autant que politique, et
elle serait dirigée par des missionnaires, par des
·prêtres; car, malgré les ressemblances nombreuses et
frappantes qui existaient entre le Berber et l'Arabe,
il y avait cependant entre ces deux peuples cette
différence profonde et essentielle, que l'un était pieux,
avec beaucoup de penchant à la superstition, et, avant
tout, plein d'une aveugle vénération pour les prêtres,
au lieu que l'autre, sceptique et railleur, n'accordait
presque aucune influence aux ministres de la religion.
De nos jours encore, les marabouts africains ont,
dans les grandes affaires, un pouvoir illimité. Seuls
ils ont le droit d'intervenir lorsque des inimitiés s'élè-
vent entre deux tribus. A l'époque de l'élection des
chefs, ce sont eux qui proposent au peuple ceux qui
leur paraissent les plus dignes. Quand des circonstances graves ont nécessité une réunion de tribus,
ce sont eux encore qui recueillent les diverses opinions; ils en délibèrent entre eux, et font connaître
leur décision au peuple. Leurs habitations communes
sont réparées, pourvues, par le peuple, qui prévient
tous leurs vœux[1]. Chose étrange et curieuse: les

---

1) Daumas, *La grande Kabylie*, p. 53—56.

Berbers ont plus de vénération pour leurs prêtres que
pour le Tout-Puissant même. «Le nom de Dieu, dit
un auteur français qui a consciencieusement étudié
les mœurs de ce peuple, le nom de Dieu, invoqué
par un malheureux que l'on veut dépouiller, ne le
protége pas; celui d'un marabout vénéré le sauve [1].»
Aussi les Berbers n'ont-ils joué un rôle important sur
la scène du monde que lorsqu'ils étaient mis en mouvement par un prêtre, par un marabout. C'étaient
des marabouts que ceux qui ont jeté les fondements
du vaste empire des Almoravides et de celui des Al-
mohades. Dans leur lutte contre les Arabes, les Berbers des montagnes de l'Aurâs avaient été commandés
longtemps par une prophétesse, qu'ils croyaient douée
d'un pouvoir surnaturel; et dans ce temps-là, le général arabe Ocba ibn-Nâfi, qui avait compris mieux
que personne le caractère du peuple qu'il combattait,
et qui avait senti que, pour le vaincre, il fallait le
prendre par son faible et frapper son imagination par
des miracles, avait hardiment joué le rôle de sorcier,
de marabout. Tantôt il conjurait des serpents, tantôt
il prétendait entendre des voix célestes, et quelque
puérils et ridicules que nous paraissent ces moyens,
ils avaient été si fructueux qu'une foule de Berbers,
frappés des prestiges qu'opérait cet homme et convaincus qu'ils essayeraient en vain de lui résister,

---

1) Daumas, p. 55.

avaient mis bas les armes et s'étaient convertis à l'islamisme.

A l'époque dont nous parlons, cette religion dominait déjà en Afrique. Sous le règne du pieux Omar II,
elle y avait fait de grands progrès, et un ancien chroniqueur [1] va même jusqu'à dire que, sous Omar, il
ne restait pas un seul Berber qui ne se fût fait musulman ; assertion qui ne paraîtra pas trop exagérée
quand on se souvient que ces conversions n'étaient
pas tout à fait spontanées et que l'intérêt y jouait un
grand rôle. La propagation de la foi étant pour Omar
l'affaire la plus importante de sa vie, il faisait usage
de tous les moyens propres à multiplier les prosély-
tes, et pour peu que l'on consentît à prononcer les
mots: « Il n'y a qu'un seul Dieu, et Mahomet est son
prophète, » on était dispensé de payer la capitation,
sans être obligé de se conformer strictement aux préceptes de la religion. Un jour que le gouverneur du
Khorâsân écrivit à Omar en se plaignant de ce que
ceux qui en apparence avaient embrassé l'islamisme
ne l'avaient fait que pour échapper à la capitation, et
en disant qu'il avait acquis la certitude que ces hommes ne s'étaient pas fait circoncire, le calife lui répondit : «Dieu a envoyé Mahomet pour appeler les hommes à la foi véritable, et non pour les circoncire [2].»

1) Ibn-Abd-al-Hacam, *apud* Weil, t. I, p. 583.
2) Ibn-Khaldoun, fol. 202 r.

C'est qu'il comptait sur l'avenir; sous cette inculte végétation il soupçonnait une terre riche et fertile, où la parole divine pourrait germer et fructifier; il pressentait que si les nouveaux musulmans méritaient encore le reproche de tiédeur, leurs fils et leurs petits-fils, nés et élevés dans l'islamisme, surpasseraient un jour, en zèle et en dévotion, ceux qui avaient douté de l'orthodoxie de leurs pères.

L'événement avait justifié ses prévisions, surtout pour ce qui concerne les habitants de l'Afrique. L'islamisme, d'antipathique, d'odieux qu'il leur avait été, leur était devenu supportable d'abord, et peu à peu cher au plus haut degré. Mais la religion telle qu'ils la comprenaient, ce n'était pas la froide religion officielle, triste milieu entre le déisme et l'incrédulité, que leur prêchaient des missionnaires sans onction, qui leur disaient toujours ce qu'ils devaient au calife, et jamais ce que le calife leur devait; c'était la religion hardie et passionnée que leur prêchaient les non-conformistes, qui, traqués en Orient comme des bêtes fauves, et obligés, pour échapper aux poursuites, de prendre divers déguisements et des noms supposés [1], étaient venus chercher, à travers mille dangers, un asile dans les déserts brûlants de l'Afrique, où ils propageaient dès lors leurs doctrines avec un succès

---

1) Voyez les curieuses aventures du poète non-conformiste Imrân ibn-Hittân, dans Mobarrad, p. 579 et suiv.

inouï. Nulle part ces docteurs ardents et convaincus n'avaient encore rencontré tant de dispositions à embrasser leurs croyances: le calvinisme musulman avait enfin trouvé son Ecosse. Le monde arabe, il faut bien le dire, avait vomi ces doctrines, non par répugnance pour les principes politiques du système, qui, au contraire, répondaient assez à l'instinct républicain de la nation, mais parce qu'il ne voulait ni prendre la religion au sérieux, ni accepter l'intolérante moralité par laquelle se distinguaient ces sectaires. En revanche, les habitants des pauvres chaumières africaines acceptèrent tout avec un enthousiasme indicible. Simples et ignorants, ils ne comprenaient rien sans doute aux spéculations et aux subtilités dogmatiques dans lesquelles se complaisaient des esprits plus cultivés. Il serait donc inutile de rechercher à quelle secte ils s'attachèrent de préférence, s'ils étaient Harourites, ou Çofrites, ou Ibâdhites, car les chroniqueurs ne sont pas d'accord à ce sujet; mais ils comprenaient assez de ces doctrines pour en embrasser les idées révolutionnaires et démocratiques, pour partager les romanesques espérances de nivellement universel qui animaient leurs docteurs, et pour être convaincus que leurs oppresseurs étaient des réprouvés dont l'enfer serait le partage. Tous les califes, à partir d'Othmân, n'ayant été que des usurpateurs incrédules, ce n'était pas un crime que de se révolter contre le tyran qui leur arrachait leurs biens et leurs femmes ; c'était un droit et, mieux encore, un devoir. Comme jusque-là les Arabes les avaient tenus éloignés du pouvoir, ne leur laissant que ce qu'ils n'avaient pu leur ôter, le gouvernement des tribus, ils crurent facilement que la doctrine de la souveraineté du peuple, doctrine que, dans leur sauvage indépendance, ils avaient professée depuis un temps immémorial, était fort musulmane, fort orthodoxe, et que le moindre Berber pouvait être élevé au trône en vertu du suffrage universel. Ainsi ce peuple cruellement opprimé, excité par des fanatiques moitié prêtres, moitié guerriers, qui avaient à régler, eux aussi, de vieux comptes avec les soi-disant orthodoxes, allait secouer le joug au nom d'Allâh et de son prophète, au nom de ce livre sacré sur lequel d'autres se sont appuyés pour fonder un terrible despotisme ! Qu'elle est étrange partout, la destinée des codes religieux, ces arsenaux formidables qui fournissent des armes à tous les partis ; qui tantôt justifient ceux qui brûlent des hérétiques et prêchent l'absolutisme, et qui tantôt donnent raison à ceux qui proclament la liberté de conscience, décapitent un roi et fondent une république !

Tous les esprits étaient donc en fermentation, et l'on n'attendait, pour prendre les armes, qu'une occasion favorable, lorsque, dans l'année 740, Obaidallâh envoya une partie considérable de ses troupes faire une expédition en Sicile. L'armée partie, et le

moindre prétexte suffisant dès lors pour faire éclater
l'insurrection, le gouverneur de la Tingitanie eut l'imprudence de choisir précisément ce moment-là pour
appliquer le système caisite, pour ordonner aux Berbers de son district de payer un double tribut, comme s'ils n'eussent pas été musulmans. Aussitôt ils
prennent les armes, se rasent la tête et attachent des
Corans aux pointes de leurs lances, selon la coutume
des non-conformistes [1], donnent le commandement à
un des leurs, à Maisara, un des plus zélés sectaires,
à la fois prêtre, soldat et démagogue, attaquent la
ville de Tanger, s'en emparent, égorgent le gouverneur de même que tous les autres Arabes qu'ils y
trouvent, et, appliquant leurs doctrines dans toute
leur inhumaine rigueur, ils n'épargnent pas même les
enfants. De Tanger, Maisara marche vers la province
de Sous, gouvernée par Ismâîl, fils du gouverneur
Obaidallâh. Sans attendre son arrivée, les Berbers
se soulèvent partout et font subir au gouverneur du
Sous le sort qu'avait eu celui de la Tingitanie. En
vain les Arabes essaient de résister; battus sur tous
les points, ils sont forcés d'évacuer le pays, et en
peu de jours tout l'Ouest, dont la conquête leur avait
coûté tant d'années de sacrifices, est perdu pour eux.
Les Berbers s'assemblent pour élire un calife, et,
tant cette révolution était démocratique, leur choix

---

1) *Akhbâr madjmoua*, fol. 63 r.

T. I.   16

ne tombe pas sur un noble, mais sur un homme du peuple, sur le brave Maisara, qui auparavant avait été un simple vendeur d'eau sur le marché de Cairawân.

Pris au dépourvu, Obaidallâh ordonne à Ocba, le gouverneur de l'Espagne, d'attaquer les côtes de la Tingitanie. Ocba y envoie des troupes, elles sont battues. Il s'embarque en personne avec des forces plus considérables, arrive sur la côte de l'Afrique, passe au fil de l'épée tous les Berbers qui tombent entre ses mains, mais ne réussit point à dompter la révolte.

En même temps qu'Obaidallâh avait donné des instructions à Ocba, il avait envoyé au Fihrite Habîb, le chef de l'expédition de Sicile, l'ordre de reconduire au plus vite les troupes en Afrique, tandis que la flotte d'Espagne tiendrait les Siciliens en respect; mais comme le danger allait toujours en croissant, car l'insurrection se propageait avec une rapidité effrayante, il crut ne pas devoir attendre l'arrivée de ces corps, et, ayant rassemblé toutes les troupes disponibles, il en confia le commandement au Fihrite Khâlid, en lui promettant de le renforcer par les corps de Habîb, dès qu'ils seraient arrivés. Khâlid se mit en marche, rencontra Maisara dans les environs de Tanger, et lui livra bataille. Après un combat acharné, mais qui ne fut pas décisif, Maisara se retira dans Tanger, où ses propres soldats l'assassinèrent, soit que, déjà habitués à voir la victoire se déclarer pour eux, ils lui en voulussent de ne pas avoir triomphé cette fois, soit que, depuis son élévation, le démagogue fût réellement devenu infidèle aux doctrines démocratiques de sa secte, comme l'affirment les chroniqueurs arabes; dans ce cas, ses coreligionnaires n'auraient fait qu'user de leur droit et remplir leur devoir, leur doctrine leur ordonnant de déposer, et de tuer au besoin, le chef ou le calife qui s'écartait des principes de la secte.

Quand les Berbers eurent élu un autre chef, ils attaquèrent de nouveau leurs ennemis, et cette fois avec plus de succès: au plus fort de la lutte une division, commandée par le successeur de Maisara, tombe sur les derrières des Arabes qui, se trouvant pris entre deux feux, s'enfuient dans un épouvantable désordre; mais Khâlid et les nobles qui l'entourent, trop fiers pour survivre à la honte d'une telle défaite, se jettent dans les rangs ennemis, et, vendant chèrement leur vie, ils se font tuer jusqu'au dernier. Ce combat funeste, dans lequel avait péri l'élite de la noblesse arabe, reçut le nom de *combat des nobles.*

Habîb, qui à cette époque était revenu de la Sicile et qui s'était avancé jusqu'aux environs de Tâhort, n'osa pas attaquer les Berbers quand il eut appris le désastre de Khâlid; et bientôt l'Afrique ressembla à un vaisseau échoué qui n'a plus ni voile ni pilote, Obaidallâh ayant été déposé par les Arabes eux-mê-

16 *

mes, qui l'accusaient, non sans raison, d'avoir attiré sur leurs têtes tous ces terribles malheurs [1].

Le calife Hichâm frémit de douleur et de rage quand il apprit l'insurrection des Berbers et la défaite de son armée. « Par Allâh, s'écria-t-il, je leur ferai éprouver ce que c'est que la colère d'un Arabe de vieille roche ! J'enverrai contre eux une armée telle qu'ils n'en virent jamais : la tête de la colonne sera chez eux pendant que la queue en sera encore chez moi. » Quatre districts de la Syrie reçurent l'ordre de fournir six mille soldats chacun ; le cinquième, celui de Kinnesrin, devait en fournir trois mille. A ces vingt-sept mille hommes devaient se joindre trois mille soldats de l'armée d'Egypte et toutes les troupes africaines. Hichâm donna le commandement de cette armée et le gouvernement de l'Afrique à un général caisite, vieilli dans le métier de la guerre, à Colthoum, de la tribu de Cochair. Au cas où Colthoum viendrait à mourir, son neveu [2] Baldj devrait le remplacer, et si ce dernier venait aussi à mourir, le généralat devait échoir au chef des troupes du Jourdain, à Thalaba, de la tribu yéménite d'Amila. Voulant infliger

---

1) Ibn-Adhârî, t. I, p. 38—41 ; Ibn-Khaldoun, *Hist. de l'Afrique*, éd. Noël des Vergers, p. 10 et 11 du texte ; le même, *Hist. des Berbers*, t. I, p. 151 du texte ; *Akhbâr madjmoua*, fol. 61 v. ; Isidore, c. 61 ; Ibn-al-Coutîa, fol. 6 v.

2) Quelques auteurs disent que Baldj était cousin germain de Colthoum.

aux révoltés un châtiment exemplaire, le calife donna à son général la permission de livrer au pillage tous les endroits dont il s'emparerait, et de couper la tête à tous les insurgés qui tomberaient entre ses mains.

Ayant pris pour guides deux officiers, clients des Omaiyades, qui connaissaient le pays et qui s'appelaient Hâroun et Moghîth, Colthoum arriva en Afrique dans l'été de l'année 741. Les Arabes de ce pays reçurent fort mal les Syriens, qui se conduisaient envers eux avec une arrogante rudesse et dans lesquels ils voyaient des envahisseurs plutôt que des auxiliaires. Les habitants des villes leur fermèrent les portes, et quand Baldj, qui commandait l'avantgarde, leur ordonna, d'un ton impérieux, de les ouvrir, en annonçant qu'il avait l'intention de s'établir en Afrique avec ses soldats, ils écrivirent à Habîb, qui était encore campé près de Tàhort, pour l'en informer. Habîb fit parvenir aussitôt une lettre à Colthoum, dans laquelle il lui disait: «Votre insensé de neveu a osé dire qu'il est venu pour s'établir dans notre pays avec ses soldats, et il est allé jusqu'à menacer les habitants de nos villes. Je vous déclare donc que si votre armée ne les laisse pas en repos, ce sera contre vous que nous tournerons nos armes.» Colthoum lui fit des excuses et lui annonça en même temps qu'il viendrait le joindre près de Tàhort. Il arriva en effet; mais bientôt le Syrien et l'Africain se querellèrent, et Baldj, qui avait chaudement épousé la cause de son oncle, s'écria : « Le voilà donc, celui qui nous a menacés de tourner ses armes contre nous! — Eh bien, Baldj! lui répondit Abdérame, le fils de Habîb, mon père est prêt à vous donner satisfaction si vous vous croyez offensé.» Les deux armées ne tardèrent pas à prendre part à la dispute; le cri : Aux armes! fut poussé par les Syriens d'un côté, de l'autre par les Africains auxquels s'étaient réunis les soldats d'Egypte. On ne réussit qu'à grand'peine à empêcher l'effusion du sang et à rétablir la concorde qui, du reste, n'était qu'apparente.

L'armée, forte maintenant de soixante-dix mille hommes, s'avança jusqu'à un endroit nommé Bacdoura ou Nafdoura[1], où l'armée berbère lui ferma le passage. Voyant que les ennemis avaient la supériorité du nombre, les deux clients omaiyades qui servaient de guides à Colthoum, lui conseillèrent de former un camp retranché, d'éviter une bataille et de se borner à faire ravager, par des détachements de cavalerie, les villages des environs. Colthoum voulut suivre ce conseil prudent, mais le fougueux Baldj le rejeta avec indignation. «Gardez-vous de faire ce qu'on

---

1) La première leçon se trouve dans l'*Akhbâr madjmoua*, la seconde dans Ibn-al-Coutîa. Dans un autre endroit de l'*Akhbâr madjmoua* (fol. 66 r.) on lit *Nacdoura*.

vous conseille, dit-il à son oncle, et ne craignez pas les Berbers à cause de leur nombre, car ils n'ont ni armes ni vêtements.» Et en ceci Baldj disait vrai : les Berbers étaient mal armés, ils n'avaient pour tout vêtement qu'un pagne, et d'ailleurs ils n'avaient que fort peu de chevaux; mais Baldj oubliait que l'enthousiasme religieux et l'amour de la liberté doubleraient leurs forces. Colthoum, accoutumé à se laisser guider par son neveu, se rangea à son avis, et, ayant résolu de livrer bataille, il lui donna le commandement des cavaliers syriens, confia celui des troupes africaines à Hâroun et à Moghîth, et se mit lui-même à la tête des fantassins de la Syrie.

Baldj commença l'attaque. Il se flattait que cette multitude désordonnée ne tiendrait pas un instant contre sa cavalerie; mais les ennemis avaient trouvé un moyen très-sûr pour désappointer ses espérances. Ils se mirent à jeter contre la tête des chevaux des sacs remplis de cailloux, et ce stratagème fut couronné d'un plein succès : effarouchés, les chevaux des Syriens se cabrèrent, ce qui força plusieurs cavaliers à les quitter. Puis les Berbers lancèrent contre l'infanterie des juments non domptées, qu'ils avaient rendues furieuses en attachant à leurs queues des outres et de grands morceaux de cuir, de sorte qu'elles causèrent beaucoup de désordre dans les rangs. Néanmoins Baldj, qui était resté à cheval avec environ sept mille des siens, tenta une nouvelle attaque.

Cette fois il réussit à rompre les rangs des Berbers,
et sa charge impétueuse le conduisit derrière leur
armée; mais aussitôt quelques corps berbers firent
volte-face pour lui couper la retraite, et les autres
combattirent Colthoum avec tant de succès que Habîb, Moghîth et Hâroun furent tués, et que les Arabes d'Afrique, privés de leurs chefs et d'ailleurs mal
disposés contre les Syriens, prirent la fuite. Colthoum
résistait encore avec les fantassins de la Syrie. Un
coup de sabre lui ayant écorché la tête, dit un témoin
oculaire, il remit la peau à sa place avec un sang-
froid prodigieux. Frappant à droite et à gauche, il
récitait des versets du Coran propres à stimuler le
courage de ses compagnons. « Dieu, disait-il, a
acheté des croyants leurs biens et leurs personnes
pour leur donner le paradis en retour; — l'homme
ne meurt que par la volonté de Dieu, d'après le livre qui fixe le terme de la vie.» Mais quand les
nobles qui combattaient à ses côtés eurent été tués
l'un après l'autre, et que lui-même fut tombé à
terre criblé de blessures, la déroute des Syriens fut
complète et terrible; et les Berbers les poursuivirent
avec un acharnement tel que, de l'aveu des vaincus,
un tiers de cette grande armée fut tué et qu'un autre tiers fut fait prisonnier.

Sur ces entrefaites Baldj, séparé avec ses sept mille
cavaliers du gros de l'armée, s'était vaillamment défendu et avait fait un grand carnage des Berbers;

mais ceux-ci étaient trop nombreux pour compter leurs morts, et maintenant que plusieurs corps, après avoir remporté la victoire sur l'armée de son oncle, se tournaient contre lui, il allait être accablé par une multitude immense. N'ayant plus d'autre parti à prendre que le parti extrême ou la retraite, il se décida à chercher son salut dans la fuite; mais comme les ennemis lui fermaient la route de Cairawân, qu'avaient prise les autres fugitifs, force lui fut de prendre la direction opposée. Poursuivis sans relâche par les Berbers, qui s'étaient jetés sur les chevaux des ennemis tués dans le combat, les cavaliers syriens arrivèrent près de Tanger, exténués de fatigue. Après avoir essayé en vain de pénétrer dans cette ville, ils prirent la route de Ceuta, et, s'étant emparés de cette place, ils y réunirent quelques vivres, ce qui, grâce à la fertilité de la contrée environnante, ne leur fut point difficile. Cinq ou six fois les Berbers vinrent les attaquer; mais comme ils ne savaient comment s'y prendre quand il s'agissait d'assiéger une forteresse, et que d'ailleurs les assiégés se défendaient avec le courage du désespoir, ils comprirent qu'ils ne réussiraient pas à leur enlever de vive force le dernier asile qui leur restât. Ils résolurent donc de les affamer, et, ravageant les champs d'alentour, ils les environnèrent d'un désert de deux journées de marche. Les Syriens se virent réduits à se nourrir de la chair de leurs chevaux; mais bientôt les chevaux mêmes commencèrent à leur manquer, et si le gouverneur de l'Espagne continuait à leur refuser l'assistance que réclamait leur déplorable situation, ils allaient mourir de faim [1].

1) *Akhbâr madjmoua*, fol. 62 r. — 64 v.; Ibn-Adhârî, t. I, p. 41—43; Isidore, c. 63.

XI.

Dans aucun cas les Arabes établis depuis trente ans en Espagne n'auraient facilement consenti à accorder aux Syriens enfermés dans les murailles de Ceuta, les navires qu'ils leur demandaient pour passer dans la Péninsule. L'insolente rudesse avec laquelle ces troupiers avaient traité les Arabes d'Afrique, leur dessein hautement annoncé de s'établir dans ce pays, avaient prévenu les Arabes d'Espagne des dangers qu'ils auraient à craindre au cas où ils leur auraient donné les moyens de passer le Détroit. Mais si en toute circonstance les Syriens avaient peu de chance d'obtenir ce qu'ils désiraient, ils n'en avaient aucune dans les circonstances données: c'était le parti médinois qui gouvernait l'Espagne.

Après avoir soutenu contre les Arabes de Syrie, contre les païens comme ils disaient, une lutte aussi longue qu'opiniâtre, les fils des fondateurs de l'islamisme, des Défenseurs et des Emigrés, avaient fini par succomber dans la sanglante bataille de Harra; puis, quand ils eurent vu leur ville sainte saccagée,

leur mosquée transformée en écurie, leurs femmes
violées; quand — comme si tous ces sacriléges et toutes
ces atrocités, qui nous rappellent le sac de Rome
par la féroce soldatesque du connétable et les Luthé-
riens furieux de Georges Frundsberg, n'eussent pas
encore suffi — ils eurent été contraints à jurer que
dorénavant ils seraient les esclaves du calife, *esclaves qu'il pourrait affranchir ou vendre selon son bon
plaisir*, ils avaient quitté en masse, comme nous
avons déjà eu l'occasion de le dire, leur ville autrefois si révérée, mais qui maintenant servait de repaire aux bêtes fauves, et, s'étant enrôlés dans l'armée d'Afrique, ils étaient venus avec Mousâ en
Espagne, où ils s'étaient établis. Si leur zèle religieux, auquel s'était toujours mêlé un levain d'hypocrisie, d'orgueil et d'ambition mondaine, s'était
peut-être un peu refroidi en route, ils avaient du
moins conservé dans leur âme et transmis à leurs
enfants une haine implacable pour les Syriens, et la
conviction que, puisqu'ils avaient l'honneur d'être les
descendants des glorieux compagnons du Prophète, le
pouvoir leur appartenait de plein droit. Une fois
déjà, quand le gouverneur de l'Espagne eut été tué
dans la célèbre bataille qu'il livra à Charles Martel
près de Poitiers, en octobre 732, ils avaient élu au
gouvernement de la Péninsule l'homme le plus in-
fluent de leur parti, Abdalmélic, fils de Catan, qui,
quarante-neuf ans auparavant, avait combattu dans

leurs rangs à Harra; mais comme cet Abdalmélic s'était rendu coupable des plus grandes injustices, d'après le témoignage unanime des Arabes et des chrétiens [1], et qu'il avait pressuré la province d'une manière extravagante, il avait perdu le pouvoir dès que l'Afrique eut repris son autorité légitime sur l'Espagne, c'est-à-dire dès qu'Obaidallâh eut été nommé gouverneur de l'Ouest. Obaidallâh, comme nous l'avons dit, avait confié le gouvernement de la Péninsule à son patron Ocba. Arrivé en Espagne, celui-ci avait fait emprisonner Abdalmélic et transporter en Afrique les chefs du parti médinois, dont l'esprit inquiet et turbulent troublait le repos du pays [2]. Pourtant, les Médinois ne s'étaient pas laissé décourager, et plus tard, quand, par suite de la grande insurrection berbère, le pouvoir du gouverneur d'Afrique fut devenu nul en Espagne, et qu'Ocba fut tombé si dangereusement malade que l'on pouvait croire sa fin prochaine, ils avaient su le persuader ou le contraindre de nommer Abdalmélic son successeur [3] (janvier 741 [4]).

C'est donc à Abdalmélic que Baldj avait dû s'adresser pour obtenir les moyens de passer en Espagne,

---

1) Isidore, c. 60; Ibn-Bachcowâl, *apud* Maccarî, t. II, p. 11.
2) Isidore, c. 61.
3) Isidore, c. 61, 63.
4) Cette date, la seule véritable, est donnée par Râzî (*apud* Maccarî, t. II, p. 11).

et personne à coup sûr n'était moins disposé à accueillir favorablement sa demande. En vain Baldj essayait-il de toucher son cœur en disant dans ses lettres que lui et ses compagnons mouraient de faim à Ceuta et que pourtant ils étaient Arabes aussi bien que lui, Abdalmélic: le vieux chef médinois, loin d'avoir pitié de leur misère, rendait grâce au ciel qu'il lui eût permis de goûter encore, à l'âge de quatre-vingt-dix ans, les indicibles douceurs de la vengeance. Ils allaient donc périr d'inanition, les fils de ces barbares, de ces impies, qui, dans la bataille de Harra, avaient massacré ses amis, ses parents; qui avaient failli le percer lui-même de leurs épées; qui avaient saccagé Médine et profané le temple du Prophète! Et les fils de ces monstres osaient encore nourrir le fol espoir qu'il aurait pitié de leur sort, comme si l'humeur vindicative d'un Arabe eût pu pardonner de telles offenses, comme si les souffrances d'un Syrien eussent pu inspirer des sentiments de compassion à un Médinois! Abdalmélic n'eut plus qu'un souci, qu'un soin, qu'une pensée: ce fut d'empêcher d'autres, moins hostiles que lui aux Syriens, de leur fournir des vivres. Malgré les précautions qu'il prit, un noble compatissant de la tribu de Lakhm réussit à tromper sa vigilance et à faire entrer dans le port de Ceuta deux barques chargées de blé. Abdalmélic ne l'eut pas plutôt appris, qu'il fit arrêter le généreux Lakhmite, et lui infligea sept cents coups de courroie. Puis, sous le prétexte qu'il cherchait à susciter une révolte, il ordonna de lui crever les yeux et de lui couper la tête. Son cadavre fut attaché à un gibet, avec un chien crucifié à sa droite, afin que son supplice fût aussi ignominieux que possible.

Les Syriens semblaient donc condamnés à mourir de faim, lorsqu'un événement imprévu vint tout à coup forcer Abdalmélic à changer de conduite.

Les Berbers établis dans le Péninsule, bien qu'ils ne fussent pas précisément opprimés à ce qu'il semble, partageaient cependant la jalouse haine de leurs frères d'Afrique pour les Arabes. Ils étaient les véritables conquérants du pays; Mousâ et ses Arabes n'avaient guère fait autre chose que recueillir les fruits de la victoire remportée par Târic et ses douze mille Berbers sur l'armée des Visigoths: au moment où ils débarquèrent sur la côte d'Espagne, tout ce qui restait à faire, c'était d'occuper quelques villes prêtes à se rendre à la première sommation. Et pourtant, quand il s'était agi de partager les fruits de la conquête, les Arabes s'étaient attribué la part du lion: ils s'étaient approprié la meilleure partie du butin, le gouvernement du pays et les terres les plus fertiles. Gardant pour eux-mêmes la belle et opulente Andalousie, ils avaient relégué les compagnons de Târic dans les plaines arides de la Manche et de l'Estrémadure, dans les âpres montagnes de Léon, de Galice, d'Asturie, où il fallait escarmoucher sans cesse contre les chrétiens mal domptés. Peu scrupuleux eux-mêmes sur le tien et le mien, ils s'étaient montrés d'une sévérité inexorable dès qu'il s'agissait des Berbers. Quand ceux-ci se permettaient de rançonner des chrétiens qui s'étaient rendus par composition, les Arabes, après leur avoir fait subir le fouet et la torture, les laissaient gémir, chargés de fers et à peine couverts de guenilles toutes grouillantes de vermine, au fond de cachots immondes et infects [1].

Le sort de l'Espagne était d'ailleurs trop intimement lié à celui de l'Afrique pour que le contre-coup de ce qui se passait au delà du Détroit ne se fît pas sentir en deçà. Une fois déjà le fier et brave Monousa, l'un des quatre principaux chefs berbers qui étaient venus en Espagne avec Târic [2], avait levé l'étendard de la révolte en Cerdagne, parce qu'il avait appris que ses frères en Afrique étaient cruellement opprimés par les Arabes, et il avait été secondé par Eudes, duc d'Aquitaine, dont il avait épousé la fille [3]. Cette fois l'insurrection des Berbers d'Afrique avait

---

1) Voyez Isidore, c. 44.

2) Voyez Sébastien, c. 11.

3) Isidore (c. 58), qui donne des détails sur cette révolte, dit qu'elle eut lieu quand Abdérame al-Ghâfikî était gouverneur de l'Espagne. Les auteurs arabes la placent sous le gouvernement de Haitham, le prédécesseur de cet Abdérame; voyez Ibn-Adhârî, t. II, p. 27, et Maccarî, t. I, p. 145.

eu en Espagne un retentissement prodigieux. Les Berbers de ce pays avaient accueilli à bras ouverts les missionnaires non-conformistes venus d'Afrique afin de les prêcher et de les exciter à prendre les armes pour exterminer les Arabes. Une insurrection, à la fois politique et religieuse comme celle d'Afrique, éclata en Galice et se communiqua à tout le nord, à l'exception du district de Saragosse, le seul dans cette partie du pays où les Arabes fussent en majorité. Partout les Arabes furent battus, chassés; tous les corps qu'Abdalmélic envoya successivement contre les révoltés furent défaits. Puis les Berbers de la Galice, de Mérida, de Coria, de Talavera et d'autres endroits se réunirent, élurent un chef, un imâm, et se divisèrent en trois corps, dont l'un devait assiéger Tolède, tandis que le second irait attaquer Cordoue et que le troisième marcherait sur Algéziras, afin de s'emparer de la flotte qui était dans la rade, de passer ensuite le Détroit, d'exterminer les Syriens à Ceuta, et de transporter en Espagne une foule de Berbers d'Afrique.

La situation des Arabes d'Espagne était donc devenue tellement précaire et dangereuse, qu'Abdalmélic, malgré qu'il en eût, se trouva contraint de solliciter le secours de ces mêmes Syriens que jusque-là il avait si impitoyablement abandonnés à leur triste sort. Cependant il prit ses précautions: il leur promit bien de leur envoyer des bâtiments de transport, mais à condition qu'ils s'engageraient à évacuer l'Espagne aussitôt que la révolte y serait domptée, et que chaque division lui livrerait dix de ses chefs, qui seraient gardés dans une île et répondraient sur leur tête de la fidèle exécution du traité. De leur côté, les Syriens stipulèrent qu'Abdalmélic ne les séparerait point quand il les ferait reconduire en Afrique, et qu'il les ferait déposer sur une côte qui ne fût point au pouvoir des Berbers.

Ces conditions ayant été acceptées de part et d'autre, les Syriens débarquèrent à Algéziras, affamés et à peine couverts de quelques misérables haillons. On leur fournit des vivres, et comme ils trouvèrent presque tous des contribules en Espagne, ceux-ci se chargèrent de leur équipement, chacun dans la mesure de ses moyens; tel riche chef procurait des vêtements à une centaine de nouveaux venus, et tel autre, dont la fortune était moins considérable, pourvoyait à l'habillement de dix ou d'un seul. Puis, comme il fallait avant tout arrêter la division berbère qui marchait sur Algéziras et qui s'était déjà avancée jusqu'à Médina-Sidonia, les Syriens l'attaquèrent, renforcés de quelques corps arabes-espagnols, et, combattant avec leur valeur accoutumée, ils la mirent en déroute et firent un riche butin. La seconde armée berbère, celle qui marchait sur Cordoue, se défendit avec plus d'opiniâtreté et fit même essuyer aux Arabes des pertes assez graves; néanmoins, elle fût aussi forcée à la retraite. Restait la troisième armée, la plus nombreuse de toutes, celle qui assiégeait Tolède depuis vingt-sept jours. Elle alla à la rencontre de l'ennemi, et la bataille, qui eut lieu sur les bords du Guazalate, se termina par sa déroute complète. Dès lors les vainqueurs traquèrent les rebelles comme des bêtes fauves dans toute la Péninsule, et les Syriens, ces mendiants de la veille, firent un butin si considérable qu'ils se trouvèrent tout d'un coup plus riches qu'ils n'avaient jamais osé l'espérer.

Grâce à ces intrépides soldats, la révolte berbère qui avait paru si formidable d'abord, avait été écrasée comme par enchantement; mais Abdalmélic ne se vit pas plutôt débarrassé de ces ennemis-là, qu'il songea à se débarrasser également de ses auxiliaires qu'il craignait autant qu'il les haïssait. Il s'empressa donc de rappeler à Baldj le traité qu'il avait conclu avec lui et d'exiger qu'il quittât l'Espagne. Mais Baldj et ses Syriens n'avaient aucune envie de retourner dans une contrée où ils avaient éprouvé toutes sortes de revers et de souffrances; ils avaient pris goût au magnifique pays qui avait été le théâtre de leurs derniers exploits et où ils s'étaient enrichis. Il n'est donc point surprenant qu'il s'élevât des contestations, des querelles, entre des hommes qui, nés ennemis les uns des autres, avaient dans cette circonstance des intérêts et des desseins opposés. Comme la haine est une mauvaise conseillère, Abdalmélic aggrava le

17 *

mal et raviva toutes les plaies invétérées en refusant aux Syriens de les faire transporter en Afrique tous à la fois, et en déclarant que, maintenant qu'ils avaient tant de chevaux, d'esclaves et de bagages, il n'avait pas assez de bâtiments pour exécuter cette clause du traité. En outre, comme les Syriens désiraient s'embarquer sur la côte d'Elvira (Grenade) ou de Todmîr (Murcie), il leur déclara que cela était impossible; que tous ses vaisseaux étaient dans le port d'Algéziras et qu'il ne pouvait les éloigner de cette partie de la côte parce que les Berbers d'Afrique pourraient être tentés d'y faire une descente; enfin, sans se donner la peine de dissimuler ses perfides pensées, il eut l'impudence d'offrir aux Syriens de les faire reconduire à Ceuta. Cette proposition excita une indignation indicible. «Mieux vaudrait nous jeter dans la mer que de nous livrer aux Berbers de la Tingitanie,» s'écria Baldj, et il reprocha durement au gouverneur qu'il avait failli les laisser mourir de faim à Ceuta, lui et les siens, et qu'il avait fait crucifier de la manière la plus infâme le généreux Lakhmite qui leur avait envoyé des vivres. Des paroles on en vint bientôt aux voies de fait. Profitant d'un moment où Abdalmélic n'avait que peu de troupes à Cordoue, les Syriens le chassèrent du palais et proclamèrent Baldj gouverneur de l'Espagne (20 septembre 741).

Les passions une fois déchaînées, il était à prévoir

que les Syriens n'en resteraient pas là, et l'événement ne tarda pas à justifier cette crainte.

Le premier soin de Baldj fut de faire remettre en
liberté les chefs syriens qui avaient servi d'otages et
qu'Abdalmélic avait fait garder dans la petite île
d'Omm-Hakîm, vis-à-vis d'Algéziras. Ces chefs arrivèrent à Cordoue irrités, exaspérés. Ils disaient que
le gouverneur d'Algéziras, agissant sur les ordres
d'Abdalmélic, les avait laissés manquer de nourriture et d'eau, qu'un noble de Damas, de la tribu
yéménite de Ghassân, avait péri de soif; — ils exigeaient la mort d'Abdalmélic en expiation de celle du
Ghassânite. Leurs plaintes, les récits qu'ils firent de
leurs souffrances, la mort d'un chef respecté, tout
cela mit le comble à la haine que les Syriens éprouvaient pour Abdalmélic; ce perfide avait mérité la
mort, disaient-ils. Baldj, qui répugnait à ce parti
extrême, tâcha de les apaiser en disant qu'il fallait
attribuer la mort du Ghassânite à une négligence involontaire et non à un dessein prémédité. «Respectez
la vie d'Abdalmélic, ajouta-t-il; c'est un Coraichite
et, de plus, un vieillard.» Ses paroles n'eurent aucun effet; les Yéménites qui avaient à venger un
homme de leur race et qui soupçonnaient Baldj de
vouloir sauver Abdalmélic parce que celui-ci était de
la race de Maädd à laquelle Baldj appartenait également, persistèrent dans leur demande, et Baldj qui,
comme la plupart des nobles, ne commandait qu'à la

condition de céder aux volontés et aux passions de ses soldats, ne put résister à leurs clameurs; il permit qu'on allât arracher Abdalmélic de la maison qu'il possédait à Cordoue et dans laquelle il s'était retiré après sa déposition.

Ivres de fureur, les Syriens traînèrent au supplice ce vieillard nonagénaire que ses longs cheveux blancs faisaient ressembler (telle est l'expression bizarre mais pittoresque des chroniques arabes) au petit d'une autruche. «Poltron, criaient-ils, tu as échappé à nos glaives à la bataille de Harra. Pour te venger de ta déroute, tu nous as réduits à manger des peaux et des chiens. Tu as voulu nous livrer, nous vendre, aux Berbers, nous, les soldats du calife!» S'étant arrêtés près du pont, ils le battirent à coups de verges, plongèrent leurs épées dans son sein, et mirent son cadavre en croix. A gauche ils crucifièrent un chien, à droite, un cochon....

Un meurtre aussi barbare, un supplice aussi infamant, criaient vengeance. La guerre était allumée, les armes décideraient lesquels, des Arabes de la première ou de ceux de la seconde invasion, des Médinois ou des Syriens, resteraient les maîtres de la Péninsule.

Les Médinois avaient pour chefs les fils d'Abdalmélic, Omaiya et Catan, qui avaient pris la fuite lors de la déposition de leur père, et dont l'un était allé chercher du secours à Saragosse, l'autre à Mérida.

Leurs anciens ennemis, les Berbers, firent cause commune avec eux; ils comptaient bien tourner plus tard leurs armes contre les Arabes d'Espagne, mais ils voulaient avant tout se venger des Syriens. Les Médinois eurent encore d'autres auxiliaires: ce furent le Lakhmite Abdérame ibn-Alcama, gouverneur de Narbonne, et le Fihrite Abdérame, fils du général africain Habîb, qui était venu chercher un asile en Espagne, accompagné de quelques troupes, après la terrible déroute dans laquelle son père avait été tué, mais avant l'arrivée des Syriens dans la Péninsule [1]. Ennemi juré de Baldj depuis qu'il s'était querellé avec lui, il avait attisé la haine que le vieux Abdalmélic portait aux Syriens en lui racontant les insolences qu'ils s'étaient permises en Afrique; il l'avait fortifié dans son dessein de ne pas leur accorder les navires qu'ils lui demandaient et de les laisser plutôt mourir de faim. Il se croyait obligé maintenant de venger le meurtre d'Abdalmélic parce qu'il était son contribule, et, comme il était d'une naissance illustre, il aspirait au gouvernement de la Péninsule [2].

Les coalisés avaient sur leurs ennemis l'avantage du nombre, leur armée comptant quarante mille

---

1) C'est ce que Rakîk (*apud* Ibn-Adhârî, t. I, p. 43) dit formellement, et cette assertion a un bien plus haut degré de probabilité que celle d'autres chroniqueurs, qui disent qu'Abdérame ibn-Habîb arriva en Espagne en compagnie de Baldj.

2) Voyez Ibn-al-Abbâr, p. 51.

hommes selon les uns, cent mille selon les autres, tandis que Baldj ne put réunir que douze mille soldats, bien qu'il eût été renforcé d'un assez grand nombre de Syriens qui venaient de passer le Détroit après plusieurs tentatives inutiles faites pour retourner dans leur patrie. Pour grossir son armée, il enrôla une foule d'esclaves chrétiens qui cultivaient les terres des Arabes et des Berbers ; puis il alla attendre l'ennemi dans un hameau nommé Aqua-Portora.

Le combat s'étant engagé (août 742), les Syriens se défendirent si vaillamment qu'ils repoussèrent toutes les attaques des coalisés. Alors Abdérame, le gouverneur de Narbonne, qui passait pour le cavalier le plus brave, le plus accompli, qu'il y eût en Espagne, crut que la mort du chef de l'armée ennemie déciderait du sort de la bataille. « Qu'on me montre Baldj ! s'écria-t-il ; je jure de le tuer ou de me faire tuer moi-même ! — Le voilà, lui répondit-on ; c'est celui qui est monté sur ce cheval blanc et qui porte l'étendard. » Abdérame chargea si vigoureusement avec ses cavaliers de la frontière, qu'il fit reculer les Syriens. A deux reprises il frappa Baldj à la tête ; mais attaqué aussitôt par la cavalerie de Kinnesrîn et repoussé par elle, il entraîna dans sa retraite précipitée toute l'armée des coalisés. Leur déroute fut complète ; ils perdirent dix mille hommes, et les Syriens, qui n'en avaient perdu que mille, rentrèrent dans Cordoue en vainqueurs.

Les blessures de Baldj étaient mortelles; peu de jours après il rendit le dernier soupir, et comme le calife avait ordonné que si Baldj venait à mourir, le Yéménite Thalaba devrait le remplacer, les Syriens proclamèrent ce chef gouverneur de l'Espagne. Les Médinois n'eurent point à s'en féliciter. Quoiqu'il n'y eût pas réussi, Baldj avait du moins essayé de mettre un frein aux appétits sanguinaires des Syriens: son successeur ne le tenta même pas. Voulait-il se populariser et sentait-il que, pour y réussir, il n'avait qu'à laisser faire, ou bien reconnaissait-il, dans les cris lugubres d'un oiseau de nuit, une voix bien-aimée qui lui rappelait qu'il avait encore à venger sur les Médinois le meurtre d'un proche parent, d'un père peut-être [1]? On l'ignore; mais il est certain que la résolution qu'il prit d'être sans pitié pour les Médinois lui gagna le cœur de ses soldats et qu'il fut plus populaire que Baldj ne l'avait été.

Son début ne fut point heureux. Etant allé attaquer les Arabes et les Berbers rassemblés en grand nombre aux environs de Mérida, il fut battu et forcé de se retirer dans la capitale du district, où sa situation ne tarda pas à devenir fort périlleuse. Déjà

---

1) Les Arabes croyaient que, lorsqu'un homme avait péri de mort violente, son âme, fuyant le corps auquel elle avait été unie, se métamorphosait en un hibou ou en une chouette, qui continuait de faire entendre sa voix jusqu'à ce que le mort eût été vengé sur le meurtrier.

il avait envoyé à son lieutenant à Cordoue l'ordre de
venir à son secours avec autant de troupes que possible, lorsqu'un heureux hasard le sauva. Un jour
de fête que les assiégeants s'étaient dispersés dans les
environs sans avoir pris assez de précautions contre
une surprise, il profita de cette incurie, attaqua les
ennemis à l'improviste, en fit un grand carnage, et,
ayant fait mille prisonniers et forcé les autres à chercher leur salut dans une fuite précipitée, il emmena
en esclavage leurs femmes et leurs enfants. C'était
un attentat inouï, une barbarie que jusque-là les
Syriens eux-mêmes n'avaient pas osé commettre.
Tant qu'ils avaient eu Baldj pour leur chef, ils
avaient respecté l'usage établi depuis un temps immémorial et qui s'est perpétué jusqu'à nos jours parmi les Bédouins, l'usage de laisser, dans les guerres
intérieures, la liberté aux femmes et aux enfants de
l'ennemi, de les traiter même avec une certaine
courtoisie. Et quand Thalaba, traînant dix mille prisonniers à sa suite, fut retourné en Andalousie, ce
fut pis encore. Ayant fait camper son armée à Moçâra, près de Cordoue, un jeudi du mois de mai 743,
il ordonna de mettre les captifs à l'encan. Parmi
eux se trouvaient plusieurs Médinois. Afin de rabat-
tre, une fois pour toutes, l'orgueil de ces derniers,
les Syriens, facétieusement féroces, convinrent entre
eux de les vendre, non pas à l'enchère, mais au rabais. Un Médinois, pour lequel un Syrien avait of-

fert dix pièces d'or, fut donc adjugé à celui qui offrait un chien ; un autre fut vendu pour un jeune bouc, et ainsi de suite. Jamais encore, pas même pendant l'horrible sac de Médine, les Syriens n'avaient imposé tant d'affronts, tant d'ignominies, aux fils des fondateurs de l'islamisme.

Cette scène scandaleuse durait encore, lorsqu'un événement que Thalaba et les exaltés de son parti ne semblent pas avoir prévu, vint y mettre un terme.

Des hommes modérés et sensés des deux partis, affligés des maux causés par la guerre civile, indignés des horribles excès commis de part et d'autre, et craignant que les chrétiens du nord ne profitassent de la discorde des musulmans pour étendre les limites de leur domination, étaient entrés en relations avec le gouverneur d'Afrique, Handhala le Kelbite, pour le prier de leur envoyer un gouverneur qui fût en état de rétablir l'ordre et la tranquillité. Handhala avait donc envoyé en Espagne le Kelbite Abou-'l-Khattâr, qui arriva avec ses soldats à Moçâra au moment même où l'on y vendait des Arabes pour des boucs et des chiens. Il montra ses ordres, et comme il était un noble de Damas, les Syriens ne refusèrent pas de le reconnaître. Les Arabes d'Espagne le saluèrent comme leur sauveur, car son premier soin fut de rendre la liberté aux dix mille captifs que l'on vendait au rabais.

Par de sages mesures, le nouveau gouverneur réta-
blit la tranquillité. Il accorda l'amnistie à Omaiya
et à Catan, les deux fils d'Abdalmélic, et à tous ceux
qui avaient embrassé leur parti, à l'exception de
l'ambitieux Abdérame ibn-Habîb, qui réussit toutefois à gagner la côte et à passer en Afrique, où l'attendait une brillante destinée; il éloigna de l'Espagne
une douzaine des chefs les plus turbulents, parmi
lesquels se trouvait Thalaba, en leur disant que, per-
turbateurs du repos de la Péninsule, ils employeraient
mieux leur bouillant courage en combattant contre
les Berbers en Afrique; enfin, comme il importait
avant tout de délivrer la capitale de la présence des
Syriens qui l'encombraient, il leur donna en fief des
terres du domaine public, en enjoignant aux serfs
qui les cultivaient de céder dorénavant aux Syriens
la troisième partie des récoltes qu'ils avaient cédée
jusqu'alors à l'Etat. La division d'Egypte fut établie dans les districts d'Ocsonoba, de Béja et de Todmîr (Murcie); celle d'Emèse, dans les districts de
Niébla et de Séville; celle de Palestine, dans les
districts de Sidona et d'Algéziras; celle du Jourdain,
dans le district de Regio (Malaga); celle de Damas,
dans le district d'Elvira (Grenade), et enfin celle de
Kinnesrîn, dans le district de Jaën [1].

---

1) *Akhbâr madjmoua*, fol. 65 v. — 69 r.; Isidore, c. 64—67; Ibn-
Adhârî, t. II, p. 30—34; Maccarî, t. II, p. 11—14; Ibn-al-Cou-

C'est ici que finit le rôle important mais malheureux, que les fils des Défenseurs de Mahomet ont joué dans l'histoire musulmane. Instruits par tant de revers et de catastrophes, ils semblent avoir compris enfin que leurs ambitieuses espérances ne pouvaient se réaliser. Abandonnant la scène publique à d'autres partis, ils s'effacèrent pour vivre retirés dans leurs domaines, et quand à de longs intervalles on voit encore surgir le nom d'un chef médinois dans les annales arabes, on le voit agir pour des intérêts purement personnels ou servir la cause d'un parti autre que le sien. Quoique nombreux et riches, ils n'eurent presque aucune influence sur le sort du pays. Parmi les descendants du gouverneur Abdal-mélic, les uns, les Beni-'l-Djad, étaient d'opulents propriétaires à Séville, les autres, les Beni-Câsim, possédaient de vastes domaines près d'Alpuente[1], dans la province de Valence, où un village (Benicasim) porte encore leur nom; mais ni l'une ni l'autre branche ne sont sorties de leur obscurité relative. Il est vrai que, dans le XIe siècle, les Beni-Câsim ont été les chefs indépendants d'un petit Etat, qui, du reste, ne s'étendait pas, à ce qu'il semble, au delà des limites de leurs terres; mais c'était à une époque où,

---

tía, fol. 7 r. — 8 v.; Ibn-al-Khatîb, dans mes *Recherches*, t. I, p. 84 et suiv.

1) Maccarî, t. II, p. 11.

le califat de Cordoue s'étant écroulé, tout homme qui avait du bien au soleil tranchait du souverain. Il est vrai encore que, deux siècles plus tard, les Beni-'l-Ahmar, qui descendaient du Médinois Sad ibn-Obâ-da [1], l'un des compagnons les plus illustres de Mahomet et qui avait failli être son successeur, montèrent sur le trône de Grenade; mais alors les vieilles prétentions et les vieilles rancunes étaient ensevelies dans un profond oubli; personne ne se souvenait plus de l'existence d'un parti médinois; les Arabes avaient perdu leur caractère national, et, par suite de l'influence berbère, ils s'étaient jetés dans la dévotion. Encore ces Beni-'l-Ahmar ne régnèrent-ils que pour voir les rois de Castille leur enlever une à une toutes leurs forteresses, jusqu'à l'époque où «la croix entra dans Grenade par une porte, pendant que l'Alcoran en sortait par l'autre, et que le *Te Deum* retentit là où avait retenti l'*Allâh acbar*, »comme dit la romance espagnole. Image vivante de la destinée des Médinois, cette famille de Sad ibn-Obâda, dont le nom se trouve lié aux plus grands noms de l'histoire de l'Orient et de l'Occident, à ceux de Mahomet et d'Abou-Becr, de Charlemagne et d'Isabelle-la-Catholique, laissa un ineffaçable et glorieux souvenir et fut presque constamment poursuivie par le malheur. Elle commence avec Sad et finit avec Boabdil.

---

1) Ibn-al-Khatîb, man. G., fol. 176 r.

Un intervalle de huit siècles et demi sépare ces deux noms, et pourtant ceux qui les ont portés moururent l'un et l'autre dans l'exil, en regrettant leur grandeur passée. Intrépide champion de l'islamisme dans tous les combats que Mahomet avait livrés aux païens, Sad *le Parfait* allait être élu calife par les Défenseurs, lorsque les Emigrés de la Mecque vinrent réclamer ce droit pour eux-mêmes. Grâce à la trahison de quelques Médinois, grâce surtout à l'arrivée d'une tribu entièrement dévouée aux Emigrés, ceux-ci l'emportèrent au milieu d'un effroyable tumulte, pendant lequel Sad, qui gisait sur un matelas encore souffrant d'une grave maladie, fut cruellement outragé par Omar et faillit être écrasé dans la presse. Jurant que jamais il ne reconnaîtrait Abou-Becr et ne pouvant supporter la vue du triomphe de ses ennemis, il s'exila en Syrie, où il trouva la mort d'une manière mystérieuse. Dans un endroit écarté, dit la tradition populaire, il fut tué par les djins, et ses fils apprirent sa mort par des esclaves qui vinrent leur raconter qu'ils avaient entendu sortir d'un puits une voix qui disait: «Nous avons tué le chef des Khazradj, Sad ibn-Obâda; nous lui avons décoché deux flèches qui n'ont point manqué son cœur [1].» Boabdil aussi, quand il eut perdu sa cou-

---

1) Voyez Tabarî, t. I, p. 6—12, 32—42; Nawawî, p. 274; Ibn-Cotaiba, p. 132. — Les rationalistes de ce temps-là ne man-

ronne, alla passer le reste de ses jours sur une terre lointaine et inhospitalière, après avoir jeté, du haut de la roche qui conserve encore le nom poétique de «Dernier Soupir du Maure,» un long regard de poignant adieu sur sa Grenade bien-aimée, qui n'avait pas sa pareille au monde.

----

quèrent pas de dire que la mort de Sad avait été causée par la morsure d'un reptile venimeux.

XII [1].

Dans les premiers temps de son gouvernement, Abou-'l-Khattâr traita tous les partis avec une fort louable équité, et, quoiqu'il fût Kelbite, les Caisites eux-mêmes, qui se trouvaient en assez grand nombre parmi les troupes que Baldj avait amenées en Espagne, n'eurent pas à se plaindre de lui. Mais loin de persévérer dans cette modération, bien exceptionnelle chez un Arabe, il retourna bientôt à ses antipathies naturelles. Il avait de vieux comptes à régler avec les Caisites : en Afrique il avait été lui-même la victime de leur tyrannie ; en Espagne, son contribule Sad, fils de Djauwâs, avait été massacré

---

1) *Akhbâr madjmoua*, fol. 72 v. — 78 r. ; Maccarî, t. II, VIe Livre ; Ibn-Adhârî, t. II, p. 35—38, 43—45 ; Ibn-al-Abbâr, p. 46—50, 52, 54 ; Isidore, c. 68, 70, 75 ; Ibn-al-Khatîb, man. E., article sur Çomail. — Quant au nom du chef caisite qui va jouer un grand rôle dans ce récit et dans les suivants, comme les manuscrits arabes n'en indiquent pas les voyelles, on ne saurait si la véritable prononciation en est *Çomail* ou bien *Çamîl*, si la manière dont l'écrit l'auteur contemporain Isidore (*Zumahel*) ne tranchait la question.

par eux, et cet homme lui avait été cher à un tel
point qu'il avait coutume de dire : «Je me laisserais
volontiers trancher la main, si je pouvais le rappeler
à la vie.» Il pouvait du moins le venger, et il ne le
fit que trop. Il sévit contre les Caisites qu'il soupçonnait d'être complices de la mort de son ami, si
bien qu'il put dire dans un de ses poèmes :

Je voudrais que le fils de Djauwâs pût apprendre avec
quel empressement j'ai pris sa cause en main. Pour venger
sa mort, j'ai tué quatre-vingt-dix personnes; elles gisent sur
le sol comme des troncs de palmiers, déracinés par le torrent.

Tant de supplices devaient nécessairement rallumer
la guerre civile. Toutefois les Caisites, moins nombreux en Espagne que les Yéménites, ne se hâtèrent
pas de dénouer par la force une situation qui pourtant était devenue intolérable pour eux; la haine amas-
sée dans leurs cœurs ne déborda que lorsque l'honneur
de leur chef eut été compromis, et voici à quelle occasion :

Un homme de la tribu maäddite de Kinâna, ayant
une dispute avec un Kelbite, vint plaider sa cause
devant le tribunal du gouverneur. Le droit était de
son côté; cependant le gouverneur, avec sa partialité
ordinaire, lui donna tort. Le Kinânite alla se plaindre de ce jugement inique au chef caisite Çomail,
de la tribu de Kilâb, qui se rendit aussitôt au palais,
où il reprocha au gouverneur sa partialité pour ses

contribules, en exigeant qu'il fit justice aux plaintes
du Kinânite. Le gouverneur lui répondit aigrement,
et quand Çomail eut répliqué sur le même ton, il le
fit souffleter et chasser de sa présence. Çomail sup-
porta ces insultes sans se plaindre, avec un calme
mépris. Brutalement éconduit, il sortit du palais la
coiffure dérangée. Un homme qui se trouvait à la
porte lui dit : « Qu'est-il donc arrivé à votre turban,
Abou-Djauchan? Il est dans un complet désordre. —
Si j'ai des contribules, lui répondit le chef caisite,
ils sauront bien l'arranger.»

C'était une déclaration de guerre. Abou-'l-Khattâr
s'était fait un ennemi aussi dangereux qu'implacable
et qui n'était pas un homme ordinaire, ni dans le
bien, ni dans le mal. Une bonne et une mauvaise
puissance agissaient, à forces égales, sur l'âme naturellement bonne et généreuse, mais altière, passionnée, violente et vindicative de Çomail. C'était une
organisation puissante, mais inculte, mobile, sou-
mise à l'instinct et guidée par le hasard, un mélange
bizarre des entraînements les plus opposés. D'une
activité persévérante quand ses passions avaient été
excitées, il retombait dans la paresse et l'insouciance,
qui lui étaient plus naturelles encore, dès que ses
fiévreuses agitations s'étaient calmées. Sa générosité, vertu que ses compatriotes appréciaient plus
que toute autre, était si grande, si illimitée, qu'afin
de ne pas le ruiner, son poète (car chaque chef arabe

avait le sien tout comme les chefs des clans écossais)
ne lui rendait plus visite que deux fois par an, à
l'occasion des deux grandes fêtes religieuses, Çomail
ayant fait serment de lui donner tout ce qu'il avait
sur lui chaque fois qu'il le verrait. Il n'était pas
instruit cependant. Malgré son amour pour les vers,
surtout pour ceux qui flattaient sa vanité, et quoiqu'il en composât lui-même de temps à autre, il ne
savait pas lire, et les Arabes eux-mêmes le jugeaient
en arrière de son siècle [1] ; en revanche, il manquait
si peu de savoir-vivre que ses ennemis mêmes étaient
forcés de reconnaître en lui un modèle de politesse [2].
Par ses mœurs relâchées et par son indifférence religieuse il perpétuait le type des anciens nobles, ces
viveurs effrénés qui n'étaient musulmans que de nom.
En dépit de la défense du Prophète, il buvait du
vin comme un vrai Arabe païen, et presque chaque
nuit il était ivre [3]. Le Coran lui était resté à peu
près inconnu, et il se souciait peu de connaître ce
livre dont les tendances égalitaires blessaient son
orgueil d'Arabe. Un jour, dit-on, entendant un maître d'école, occupé à enseigner à lire aux enfants
dans le Coran, prononcer ce verset : «Nous alternons
les revers et les succès parmi les hommes,» il s'écria:

---

1) Voyez Ibn-al-Coutía, fol. 16 v.

2) Voyez le témoignage d'Abdérame Ier (dans l'*Akhbâr madjmoua*, fol. 68 r.), que nous reproduirons plus loin.

3) *Akhbâr madjmoua*, fol. 78 v.

«Non , il faut dire: parmi les Arabes. — Pardonnez-moi, seigneur, répliqua le maître d'école, il y a: parmi les hommes. — C'est ainsi que ce verset se trouve écrit? — Oui, sans doute. — Malheur à nous! en ce cas le pouvoir ne nous appartient plus exclusivement; les manants, les vilains, les esclaves en auront leur part[1]!» Au reste, s'il était mauvais musulman, il chassait de race. Il avait pour aïeul ce Chamir, de Coufa, dont nous avons déjà parlé, ce général de l'armée omaiyade, qui n'avait pas eu un moment d'hésitation, alors qu'il s'agissait de tuer le petit-fils du Prophète, et que tant d'autres, tout sceptiques qu'ils étaient, reculaient devant un tel sacrilége. Et cet aïeul, qui avait apporté au calife Yézîd Ier la tête de Hosain, avait été aussi la cause indirecte de l'arrivée de Çomail en Espagne. Le Chiite Mokhtâr l'avait fait décapiter et avait fait jeter son cadavre aux chiens[2], au temps où, maître de Coufa, il vengea le meurtre de Hosain par d'horribles représailles, et alors Hâtim, le père de Çomail, se dérobant par la fuite à la rage du parti qui triomphait, était allé chercher un asile dans le district de Kinnesrîn. Là il s'était établi avec sa famille, et à l'époque où Hichâm fit lever en Syrie l'armée destinée à aller dompter l'insurrection berbère, Çomail

---

1) Ibn-al-Coutía, fol. 17 r.
2) Ibn-Khaldoun, t. II, fol. 177 v.

avait été désigné par le sort pour en faire partie.
Plus tard il avait passé le Détroit avec Baldj, et les
Caisites d'Espagne le regardaient comme leur chef
principal.

Etant maintenant de retour dans sa demeure, il y
convoqua pour la nuit les Caisites les plus influents.
Quand il les vit réunis autour de sa personne, il leur
raconta les outrages qu'il avait subis et leur demanda
leur avis sur le parti à prendre. «Dites-nous votre
plan, répondirent-ils; nous l'approuvons d'avance et
nous sommes prêts à l'exécuter. — Par Dieu! reprit
alors Çomail, j'ai la ferme intention d'arracher le
pouvoir des mains de cet Arabe; mais nous autres
Caisites, nous sommes trop faibles dans ce pays pour
pouvoir résister seuls aux Yéménites, et je ne veux
pas vous exposer aux périls d'une entreprise si téméraire. Sans doute, nous appellerons aux armes tous
ceux qui ont eu le dessous dans la bataille de la
Prairie, mais nous conclurons aussi une alliance avec
les Lakhm et les Djodhâm [1], et nous donnerons l'é-
mirat à un des leurs; — je veux dire qu'en apparence ils auront l'hégémonie, mais que nous l'aurons
en réalité. Je vais donc quitter Cordoue pour me
rendre auprès des différents chefs et leur faire prendre les armes. Approuvez-vous ce plan? — Nous
l'approuvons, lui répondit-on; mais gardez-vous bien

---

1) Deux tribus yéménites.

d'aller auprès de notre contribule Abou-Atâ, car vous pouvez être sûr qu'il refusera de vous prêter son concours.» Cet Abou-Atâ, qui habitait à Ecija, était le chef des Ghatafân. La grande influence que Çomail exerçait sur les esprits neutralisait la sienne et lui inspirait une violente jalousie; il n'est donc pas surprenant que quand on alla aux avis, les Caisites fussent unanimes pour approuver le conseil qui venait d'être donné. Un seul pourtant parut ne pas partager leur opinion; mais comme il était encore fort jeune et que la modestie lui défendait de donner un avis contraire à celui de ses anciens, il ne manifesta sa désapprobation que par son silence, jusqu'à ce que Çomail l'enhardît en lui demandant pourquoi il ne déclarait pas son opinion comme les autres l'avaient fait. «Je n'ai qu'un mot à dire, lui répondit alors le jeune homme; si vous n'allez pas demander l'appui d'Abou-Atâ, nous sommes perdus; si vous le faites, il fera taire sa jalousie et sa haine pour n'écouter que l'amour qu'il a pour sa race, et vous pouvez être certain qu'il vous secondera vigoureusement.» Après avoir réfléchi un instant: «Je crois que vous avez raison,» dit Çomail, et, sortant de Cordoue avant le lever de l'aube, il se rendit d'abord auprès d'Abou-Atâ. Ainsi que le jeune Ibn-Tofail l'avait prévu, Abou-Atâ promit de le seconder, et il tint sa parole. D'Ecija, Çomail alla à Moron, où demeurait Thoâba, le chef des Djodhâm, qui, lui aussi, avait déjà eu des démêlés avec Yousof. Les deux chefs conclurent une alliance, et Thoâba ayant été proclamé chef de la coalition, les Caisites, les Djodhâm et les Lakhm se réunirent en armes dans le district de Sidona (avril 745).

Abou-'l-Khattâr ne l'eut pas plutôt appris, qu'il marcha à la rencontre des insurgés, accompagné des troupes qu'il avait à Cordoue. Mais pendant la bataille, qui eut lieu sur les bords du Guadalcte, on fut à même d'apprécier la sagesse du conseil que Çomail avait donné à ses contribules, alors qu'il les engageait à conclure une alliance avec deux puissantes tribus yéménites et à accorder à l'une de celles-ci le premier · rang, l'hégémonie ; en quoi il avait suivi un usage observé en Orient, où les tribus qui se sentaient trop faibles pour résister seules à leurs ennemis, s'alliaient ordinairement à des tribus de l'autre race. C'est ainsi que dans le Khorâsân [1] et dans l'Irâc [2], les Yéménites, qui avaient la minorité dans ces deux provinces, se liguaient avec les Rabîa, tribu maâddite, pour pouvoir tenir tête aux autres Maâddites, les Témîm. Ces sortes d'alliances procuraient aux tribus faibles encore un autre avantage que celui de les renforcer : elles désarmaient pour

---

1) Voyez le *Commentaire de Soccarî sur le Divan de Ferazdac*, man. d'Oxford, fol. 93 v.

2) Ibn-Khaldoun, t. II, *passim*.

ainsi dire l'ennemi, qui répugnait presque toujours à combattre des tribus de sa race, principalement quand celles-ci avaient l'hégémonie. C'est ce qui arriva aussi dans la bataille du Guadalete. Les Yéménites d'Abou-'l-Khattâr, après avoir combattu mollement les Djodhâm et les Lakhm, avec lesquels ils entretenaient déjà des intelligences, et qui, de leur côté, les épargnaient autant que possible, se laissèrent battre et prirent la fuite. Resté seul avec ses Kelbites sur le champ de bataille, Abou-'l-Khattâr fut bientôt contraint d'imiter leur exemple, après avoir vu tuer plusieurs de ses contribules; mais pendant qu'il fuyait avec trois membres de sa famille, il fut fait prisonnier par les ennemis qui le poursuivaient. Dans l'armée victorieuse il y en avait qui voulaient sa mort; mais l'avis contraire l'emporta. On se contenta donc de le charger de fers, et Thoâba, gouverneur de l'Espagne par le droit du plus fort, établit sa résidence dans la capitale.

Cependant les Kelbites ne se tenaient pas pour vaincus, et un de leur chefs, Abdérame ibn-Noaim, prit la résolution hardie de faire une tentative pour délivrer Abou-'l-Khattâr de sa prison. Accompagné de trente ou quarante cavaliers et de deux cents fantassins, il profita de l'obscurité de la nuit pour entrer dans Cordoue, attaqua à l'improviste les soldats chargés de surveiller Abou-'l-Khattâr, les mit en fuite, et conduisit le ci-devant gouverneur parmi les Kelbites établis dans le voisinage de Béja.

Rendu à la liberté, Abou-'l-Khattâr rassembla quelques Yéménites sous son drapeau, et marcha contre Cordoue, dans l'espoir que cette fois ses soldats montreraient plus de zèle pour sa cause. Thoâba et Çomail allèrent à sa rencontre, et les deux armées ennemies campèrent l'une vis-à-vis de l'autre. La nuit venue, un Maäddite sortit du camp de Thoâba, et, s'approchant de celui d'Abou-'l-Khattâr, il parla ainsi en élevant sa voix autant qu'il put : «Yéménites, pourquoi voulez-vous nous combattre, et pourquoi avez-vous délivré Abou-'l-Khattâr? Est-ce que vous craigniez de nous voir le tuer? L'ayant en notre pouvoir, nous aurions pu faire cela, si nous l'eussions voulu; mais nous lui avons laissé la vie, nous lui avons tout pardonné.... Vous auriez aussi un prétexte plausible pour nous combattre, si nous eussions choisi un émir dans notre propre race; mais nous l'avons choisi dans la vôtre. Réfléchissez donc, nous vous en conjurons, au parti que vous allez prendre. Ce n'est pas la crainte, je vous le jure, qui nous fait parler de la sorte ; mais nous voudrions, s'il est possible, empêcher le sang de couler.» Ces paroles, dans lesquelles il est facile de reconnaître l'esprit de Çomail, firent tant d'impression sur les soldats d'Abou-'l-Khattâr, qu'entraînant leur émir, malgré qu'il en eût, ils décampèrent cette nuit même pour rentrer dans leurs foyers, et que, lorsque l'aube commençait à blanchir les cimes qui fermaient l'horizon, ils étaient déjà à plusieurs lieues de distance; tant il est vrai que dans ces guerres civiles les soldats ne se battaient pas pour les intérêts d'un individu, mais pour l'hégémonie.

La mort de Thoâba, qui arriva une année plus tard, livra de nouveau l'Espagne à l'anarchie. Deux chefs, l'un et l'autre Djodhâmites, prétendaient à l'émirat. C'étaient Amr, le fils de Thoâba[1], qui croyait avoir le droit de succéder à son père, et Ibn-Horaith, fils d'une négresse et issu d'une famille depuis longtemps établie en Espagne[2]. Ce dernier avait pour les Syriens une haine si féroce qu'il ne cessait de répéter: « Si le sang de tous les Syriens était rassemblé dans un seul vase, je viderais ce vase jusqu'à la dernière goutte.» Syrien lui-même, Çomail ne pouvait consentir que l'Espagne fût gouvernée par un ennemi si implacable de sa nation; mais il ne voulait pas davantage du fils de Thoâba. Donner le titre de gouverneur, qu'il n'ambitionnait pas parce qu'il croyait les Caisites trop faibles pour le soutenir, — donner ce titre à un prête-nom, à un hom-

---

1) Dans l'*Akhbâr madjmoua* on lit: *Thoâba ibn-Amr*; mais je crois devoir y substituer: *Amr ibn-Thoâba.*

2) L'auteur de l'*Akhbâr madjmoua* dit qu'Ibn-Horaith appartenait *au peuple du district du Jourdain*; mais ce doit être une erreur, car, dans ce cas, il eût été Syrien, et comment expliquer alors sa haine pour les Syriens?

me de paille, et gouverner lui-même dans le fait, voilà ce qu'il voulait. Et il avait déjà trouvé un homme qui lui convenait sous tous les rapports : c'était le Fihrite Yousof, qui joignait à une médiocrité inoffensive des titres propres à le recommander aux suffrages des Arabes de quelque race qu'ils fussent. Il était assez vieux pour des gens qui raffolaient de la gérontocratie, car il comptait cinquante-sept ans; de plus, il sortait d'une noble et illustre lignée, car il descendait d'Ocba, le célèbre général qui avait conquis une grande partie de l'Afrique; enfin il était Fihrite, et les Fihrites, c'est-à-dire les Coraichites de la banlieue de la Mecque, étaient regardés comme la plus haute noblesse après les Coraichites purs; on était habitué à les voir à la tête des affaires, on les considérait comme étant au-dessus des partis. A force de faire sonner bien haut tous ces avantages, Çomail réussit à faire accepter son candidat; on contenta Ibn-Horaith en lui donnant la préfecture de Regio, et, dans le mois de janvier 747, les chefs élurent Yousof au gouvernement de l'Espagne.

Dès lors Çomail, dont les passions avaient été contenues jusque-là par la puissance de Thoâba, le contre-poids de la sienne, était seul maître de l'Espagne, et il comptait se servir de Yousof, qu'il maniait comme de la cire, pour assouvir sa soif de vengeance. Convaincu qu'il aurait tous les Maâddites pour lui,

il ne reculait plus devant l'idée d'une guerre contre
tous les Yéménites. Pour commencer, il viola la promesse qu'il avait faite à Ibn-Horaith : ce Djodhâmite
fut destitué de sa préfecture. Ce fut le signal de la
guerre. Furieux, Ibn-Horaith fit offrir son alliance
à Abou-'l-Khattâr, qui vivait parmi ses contribules,
triste et découragé. Les deux chefs eurent une entrevue. Peu s'en fallut qu'elle ne fût infructueuse,
Abou-'l-Khattâr réclamant l'émirat pour lui, et Ibn-
Horaith y prétendant aussi en alléguant que sa tribu
était plus nombreuse en Espagne que celle des Kelb.
Les Kelbites eux-mêmes, qui sentaient que pour pouvoir se venger des Caisites, ils avaient besoin de
l'appui de toute leur race, forcèrent Abou-'l-Khattâr
à céder. Ibn-Horaith fut donc reconnu comme émir,
et de toutes parts les Yéménites vinrent se ranger
sous ses drapeaux. De leur côté, les Maäddites
se réunirent autour de Yousof et de Çomail. Partout des voisins de race différente se disaient adieu
d'une manière courtoise et avec la bienveillance de
gens parfaitement calmes et courageux; mais en
même temps on se promettait des deux parts de mesurer ses forces l'un contre l'autre, dès qu'on serait
arrivé sur le champ de bataille. Ni l'une ni l'autre
armée n'était nombreuse; restreinte au midi de l'Espagne, la lutte qui allait s'engager serait un duel
sur une grande échelle plutôt qu'une guerre; en revanche ceux qui y prirent part étaient les guerriers

plus braves et les plus illustres de leur nation.

a rencontre eut lieu près de Secunda, ancienne
romaine entourée de murailles, sur la rive
che du Guadalquivir, vis-à-vis de Cordoue, et
, comprise plus tard dans l'enceinte de cette ca-
le, devint un de ses faubourgs[1]. Après la prière
matin, les cavaliers s'attaquèrent comme dans un
rnoi; puis, les lances ayant été rompues et le
il étant déjà haut, on cria de toutes parts qu'il
it se battre corps à corps. Aussitôt tous quittè-
leurs chevaux, et chacun s'étant choisi un ad-
aire, on combattit jusqu'à ce que les épées eus-
, été brisées. Alors chacun se servait de ce qui
tombait sous la main, celui-ci d'un arc, celui-
l'un carquois; on se jetait du sable aux yeux, on
sommait l'un l'autre à coups de poing, on s'ar-
ait les cheveux. Cette lutte acharnée s'étant pro-
ée jusqu'au soir sans donner aucun résultat, Ço-
dit à Yousof: «Que ne faisons-nous venir l'ar-
que nous avons laissée à Cordoue? — Quelle
ée? lui demanda Yousof avec surprise. — Le
le du marché,» lui répondit Çomail. C'était
idée singulière chez un Arabe, et surtout chez
Arabe de la trempe de Çomail, que de faire in-
enir des boulangers, des bouchers, des bouti-
rs, des manants et des vilains, comme on di-

___

Voyez sur Secunda, Maccarî, t. I, p. 304.

sait , dans une lutte de ce genre, et puisque Çomail l'a eue , celte idée, il faut bien supposer qu'il prévit que son parti pourrait succomber d'un instant à l'autre. Quoi qu'il en soit, Yousof approuva comme de coutume le projet de son ami et dépêcha deux personnes à Cordoue pour faire arriver cet étrange renfort. Environ quatre cents bourgeois se mirent en marche, presque sans armes; quelques-uns d'entre eux avaient su se procurer des épées ou des lances , et les bouchers s'étaient munis de leurs couteaux ; mais les autres n'avaient que des bâtons. Toutefois, comme les soldats d'Ibn-Horaith étaient déjà à demi morts de fatigue, cette garde nationale improvisée, en arrivant sur le terrain, décida du sort de la bataille, et alors les Maäddites firent un grand nombre de prisonniers, parmi lesquels se trouvait Abou-'l-Khattâr.

Ce chef savait quel sort l'attendait et ne fit aucune tentative pour y échapper; mais il voulait du moins se donner la satisfaction de le faire partager à son soi-disant allié, à Ibn-Horaith , cet implacable ennemi des Syriens qui l'avait évincé de l'émirat. L'ayant vu qui se cachait sous un moulin, il indiqua aux Maäddites l'endroit où il s'était blotti ; puis, le voyant prisonnier et condamné à la mort, il lui dit en faisant allusion à la phrase sanguinaire qu'Ibn-Horaith avait constamment à la bouche : «Fils de la négresse, reste-t-il une goutte dans ton vase?» Tous les deux eurent la tête coupée (747).

Les Maäddites traînèrent les autres prisonniers vers
la cathédrale de Cordoue, qui était dédiée à saint
Vincent. Là Çomail fut à la fois leur accusateur,
leur juge et leur bourreau. Il savait faire prompte
et terrible justice : chaque arrêt qu'il prononça et
qu'il exécuta fut un arrêt de mort. Déjà il avait
fait tomber la tête de soixante-dix personnes, lorsque
son allié Abou-Atâ, à qui cette scène hideuse causait un dégoût mortel, voulut y mettre un terme.
«Abou-Djauchan, s'écria-t-il en se levant, remettez
votre épée dans le fourreau ! — Rasseyez-vous, Abou-
Atâ, lui répondit Çomail dans son exaltation affreuse ; ce jour est un jour glorieux pour vous et pour
votre peuple !» Abou-Atâ se rassit, et Çomail continua ses exécutions. Enfin Abou-Atâ n'y tint plus.
Glacé d'horreur à l'aspect de ces torrents de sang, à
la vue du meurtre de tant de malheureux qui étaient
Yéménites, mais Yéménites de la Syrie, il vit dans
Çomail l'ennemi de ses compatriotes, le descendant
de ces guerriers de l'Irâc, qui, sous Alî, avaient
combattu les Syriens de Moâwia dans la bataille de
Ciffîn. Se levant pour la seconde fois : «Arabe, s'é-
cria-t-il, si tu prends un si atroce plaisir à égorger
les Syriens, mes compatriotes, c'est que tu te souviens
de la bataille de Ciffîn. Cesse tes meurtres, ou bien je
déclare que la cause de tes victimes est celle des Syriens !» Alors, mais alors seulement, Çomail remit
son épée dans le fourreau.

Après la bataille de Secunda, l'autorité de Yousof ne fut plus contestée; mais n'ayant que le titre de gouverneur, au lieu que Çomail gouvernait en réalité, il finit par s'ennuyer de la position subordonnée à laquelle le Caisite le condamnait, et, voulant se débarrasser de lui, il lui offrit une espèce de vice-royauté, le gouvernement du district de Saragosse. Çomail ne refusa pas cette offre; ce qui le décida plus qu'aucune autre considération à l'accepter, ce fut la circonstance que tout ce pays était habité par des Yéménites. Il se promettait de contenter, en les opprimant, la haine qu'il avait pour eux. Mais les choses prirent un cours qu'il n'avait pas prévu. Accompagné de ses clients, de ses esclaves et de deux cents Coraichites, il arriva à Saragosso dans l'année 750, justement à l'époque où l'Espagne commençait à être désolée par une famine qui dura cinq ans; elle fut si grande que le service des postes fut interrompu, presque tous les courriers étant morts de faim[1], et que les Berbers établis dans le Nord émigrèrent en masse pour retourner en Afrique. La vue de tant de misères et de souffrances excita la compassion du gouverneur à un tel point que, par un de ces accès de bonté qui dans son caractère semblaient alterner avec la férocité la plus brutale, il oublia tous ses griefs, toutes ses rancunes, et

---

1) *Akhbâr madjmoua*, fol. 81 r.

que, sans faire distinction de l'ami et de l'ennemi, du Maāddite et du Yéménite, il donna de l'or à celui-ci, des esclaves à celui-là, du pain à tout le monde. Dans cet homme si compatissant, si charitable, si généreux envers tous, on ne reconnaissait plus le boucher qui avait fait tomber tant de têtes sur les dalles de l'église Saint-Vincent.

Deux ou trois années se passèrent ainsi, et si la bonne intelligence entre les Caisites et les Yéménites eût été possible, si Çomail eût pu se réconcilier avec ses ennemis à force de bienfaits, les Arabes d'Espagne eussent joui du repos, après les sanglantes guerres qu'ils s'étaient livrées. Mais quoi qu'il fît, Çomail ne pouvait se faire pardonner ses impitoyables exécutions; on le croyait tout prêt à les recommencer si l'occasion s'en présentait, et la haine était trop enracinée dans le cœur des hommes marquants des deux partis pour que l'apparente réconciliation fût autre chose qu'une courte trêve. Les Yéménites d'ailleurs, qui croyaient que l'Espagne leur appartenait de droit, attendu qu'ils y formaient la majorité de la population arabe, ne subissaient qu'en frémissant de colère la domination des Caisites, et ils étaient bien résolus à saisir la première occasion pour reconquérir le pouvoir.

Quelques chefs coraichites murmuraient aussi. Appartenant à une tribu qui, depuis Mahomet, était considérée comme la plus illustre de toutes, ils voyaient avec dépit un Fihrite, un Coraichite de la banlieue, qu'ils jugeaient bien au-dessous d'eux, gouverner l'Espagne.

La coalition de ces deux partis mécontents était à prévoir et ne se fit pas longtemps attendre. Il y avait alors à Cordoue un ambitieux seigneur coraichite, nommé Amir, à qui Yousof, qui le haïssait, avait ôté le commandement de l'armée qui de temps en temps allait combattre les chrétiens du Nord. Brûlant du désir de se venger de cet affront et aspirant à la dignité de gouverneur, Amir nourrissait le dessein d'exploiter à son profit le mécontentement des Yéménites, et de se mettre à leur tête en leur faisant accroire que le calife abbâside l'avait nommé gouverneur de l'Espagne. Il commença donc par bâtir une forteresse sur un terrain qu'il possédait à l'ouest de Cordoue; dès qu'elle serait achevée, il comptait attaquer Yousof, ce qu'il pourrait faire avec succès, ce gouverneur n'ayant à sa disposition qu'une garde de cinquante cavaliers, et lors même qu'il essuyerait un échec, il aurait la ressource de se retirer dans sa forteresse et d'y attendre l'arrivée des Yéménites, avec lesquels il entretenait déjà des intelligences. Yousof, qui n'ignorait pas les desseins hostiles du Coraichite, tâcha de le faire arrêter; mais voyant qu'Amir se tenait sur ses gardes, et n'osant recourir aux moyens extrêmes sans avoir pris l'avis de Çomail, qu'il consultait sur toutes choses malgré son

19 *

éloignement de la capitale, il lui écrivit pour lui demander ce qu'il fallait faire. Dans sa réponse, Çomail le pressa de faire assassiner Amir au plus vite.
Heureusement pour lui, ce dernier fut averti par
un espion qu'il avait dans le palais du gouverneur,
du péril qui le menaçait; il monta à cheval sans
perdre un instant, et, jugeant les Yéménites de la
Syrie trop affaiblis par la bataille de Secunda, il prit
la route de Saragosse, certain que les Yéménites du
nord-est lui prêteraient un appui plus sûr.

Lorsqu'il arriva dans le district de Saragosse, un
autre Coraichite, nommé Hobâb[1], y avait déjà levé
l'étendard de la révolte. Amir lui ayant proposé de
réunir leurs forces contre Çomail, les deux chefs eurent une entrevue et résolurent d'appeler aux armes
les Yéménites et les Berbers contre Yousof et Çomail,
qu'ils qualifieraient d'usurpateurs en disant que le
calife abbâside avait nommé Amir gouverneur de l'Espagne. Quand les Yéménites et les Berbers eurent
répondu en grand nombre à leur appel et qu'ils eurent battu les troupes que Çomail avait envoyées
contre eux, ils allèrent l'assiéger dans Saragosse
(753—4).

Après avoir demandé en vain du secours à Yousof,
qui se trouvait réduit à une telle impuissance qu'il
lui fut impossible de réunir des troupes, Çomail s'a-

---

1) Ou Habhâb.

dressa aux Caisites, qui formaient partie de la division de Kinnesrîn et de celle de Damas, établies sur le territoire de Jaën et d'Elvira, et, leur peignant la situation périlleuse où il se trouvait, il ajouta qu'au besoin il se contenterait d'un renfort peu nombreux. Sa demande éprouva des difficultés. Il est vrai que son ami, le Kilâbite Obaid, qui, après lui, était alors le chef le plus puissant parmi les Caisites, se mit à parcourir le territoire habité par les deux divisions, avertissant sur son passage tous ceux sur lesquels il pouvait compter, de s'armer et de se tenir prêts à marcher vers Saragosse; il est vrai aussi que les Kilâb, les Mohârib, les Solaim, les Naçr et les Hawâzin promirent de prendre part à l'entreprise; mais les Ghatafân, qui n'avaient point alors de chef, car Abou-Atâ n'était plus et on ne lui avait pas encore donné un successeur, étaient indécis et différaient de jour en jour leur réponse définitive, et les Cab ibn-Amir, avec leurs trois sous-tribus, celles de Cochair, d'Ocail et de Harîch, mécontents de ce que l'hégémonie qu'ils avaient eue lorsque Baldj, le Cochairite, commandait à tous les Syriens d'Espagne, appartenait maintenant aux Kilâb (car Çomail et Obaid étaient tous les deux de cette tribu), les Cab ibn-Amir, disons-nous, ne demandaient pas mieux, dans leur mesquine jalousie, que de voir périr Çomail faute de secours. Pressés par Obaid, les Ghatafân finirent cependant par lui pro-

mettre leur concours, et alors les Cab ibn-Amir se
dirent que, tout bien considéré, il valait mieux partir avec les autres. C'est qu'ils comprirent qu'en ne
le faisant pas, ils s'attireraient la haine générale
sans atteindre leur but, car Çomail serait secouru
en tout cas et pourrait fort bien se passer d'eux.
Toutes les tribus caisites fournirent donc des guerriers, mais en petit nombre; celui des fantassins nous
est inconnu, mais nous savons que celui des cavaliers ne s'élevait guère au delà de trois cent soixante.
Se voyant si faibles, les Caisites commençaient à
se démoraliser, lorsqu'un d'entre eux triompha de
leur hésitation avec quelques paroles chaleureuses.
«Il ne nous est pas permis, dit-il en concluant, d'abandonner à son sort un chef tel que Çomail, dussions-
nous périr en travaillant à sa délivrance!» Les courages tout à l'heure si chancelants se ranimèrent, et
l'on se mit en marche vers Tolède, après avoir donné
le commandement de l'expédition à Ibn-Chihâb, le
chef des Cab ibn-Amir, comme l'avait conseillé Obaid,
qui pouvait prétendre lui-même à cette dignité, mais
qui, en ami généreux et dévoué qu'il était, aimait
mieux la céder au chef de la tribu qui s'était montrée la plus opposée à l'entreprise, espérant que par
là il l'attacherait solidement à la cause de Çomail.
Ce fut au commencement de l'année 755 que le départ eut lieu.

Arrivés sur les bords du Guadiana, les Caisites y

trouvèrent les Becr ibn-Wâïl et les Beni-Alî, **deux** tribus qui, bien qu'elles ne fussent pas caisites, appartenaient cependant aussi à la race de Maädd. Les ayant engagées à se joindre à eux, plus de quatre cents cavaliers vinrent grossir leur troupe. Ainsi renforcé on arriva à Tolède, où l'on apprit que le **siége** était poussé avec une vigueur telle que Çomail serait bientôt obligé de se rendre. Craignant d'arriver trop tard et voulant prévenir les assiégés de leur approche, les Caisites dépêchèrent un d'entre eux vers Saragosse, en lui enjoignant de se glisser parmi les assiégeants et de lancer par-dessus le rempart **un** papier roulé autour d'un caillou, sur lequel étaient écrits ces deux vers :

Réjouissez-vous, ô assiégés, car il vous arrive du secours et bientôt on sera forcé de lever le siége. D'illustres guerriers, des enfants de Nizâr, viennent à votre aide sur des juments bien bridées et issues de la race d'Awadj.

Le messager exécuta adroitement l'ordre qu'il avait reçu. Le billet fut ramassé et porté à Çomail, qui se le fit lire et qui se hâta de raviver le courage de ses soldats en leur communiquant la bonne et importante nouvelle qu'il venait de recevoir. Tout se termina sans coup férir : le bruit de l'approche des Maäddites suffit pour faire lever le siége, les assiégeants ne voulant pas s'exposer à se trouver entre deux feux, et les Caisites étant entrés dans la ville

avec leurs alliés, Çomail les récompensa généreuse-
ment du service qu'ils lui avaient rendu.

Parmi les auxiliaires il y avait trente clients de la
famille d'Omaiya, qui appartenaient à la division de
Damas, établie dans la province d'Elvira. Les Omaiyades — suivant la coutume arabe, on donnait ce
nom tant aux membres de la famille qu'à ses clients
— les Omaiyades s'étaient distingués depuis longtemps par leur attachement à la cause des Maäddites;
à la bataille de Secunda, ils avaient bravement combattu dans les rangs de Yousof et de Çomail, et ces
deux chefs faisaient grand cas d'eux; mais si en
cette circonstance ces trente cavaliers avaient accompagné les Caisites pour marcher au secours de Çomail, ç'avait été moins parce qu'ils le considéraient
comme leur allié, que parce qu'ils avaient à l'entre-
tenir d'affaires et d'intérêts de la plus haute importance. Pour faire comprendre ce dont il s'agissait, il
faut que nous nous reportions cinq années en arrière.

XIII [1].

Lorsque, dans l'année 750, Merwân II, le dernier calife de la maison d'Omaiya, eut trouvé la mort en Egypte, où il était allé chercher un refuge, une cruelle persécution commença contre sa nombreuse famille, que les Abbâsides, usurpateurs du trône, voulaient exterminer. Un petit-fils du calife Hichâm eut un pied et une main coupés; ainsi mutilé, il fut promené sur un âne par les villes et les villages de la Syrie, accompagné d'un héraut qui le montrait comme une bête sauvage en criant: «Voici Abân, fils de Moâwia, celui qu'on nommait le chevalier le plus accompli des Omaiyades!» Ce supplice dura jusqu'à ce que la mort vînt y mettre un terme. La princesse Abda, fille de Hichâm, ayant refusé de dire où elle avait caché ses trésors, fut poignardée à l'instant même.

---

1) *L'Akhbâr madjmoua* (fol. 69 r. — 72 v., 77 r., 78 r.— 80 r.) a été ma source principale pour ce récit et pour celui qui le suit immédiatement. Quelques détails m'ont été fournis par Maccarí, VIe livre.

Mais la persécution fut si violente, qu'elle faillit manquer son effet. Plusieurs Omaiyades réussirent à se dérober aux poursuites et à se cacher parmi des tribus bédouines. Voyant leurs victimes leur échapper et comprenant qu'ils ne pourraient accomplir leur œuvre sanguinaire que par la ruse et la trahison, les Abbâsides répandirent une proclamation de leur calife Abou-'l-Abbâs, dans laquelle celui-ci, en avouant être allé trop loin, promettait l'amnistie à tous les Omaiyades qui vivaient encore. Plus de soixante et dix d'entre eux tombèrent dans le piége, et furent assommés à coups de barre.

Deux frères, Yahyâ et Abdérame, petits-fils du calife Hichâm, avaient échappé à cet horrible massacre. Quand la proclamation du calife abbâside eut été publiée, Yahyâ avait dit à son frère: «Attendons encore; si tout va bien, nous pourrons toujours rejoindre à temps l'armée des Abbâsides, puisqu'elle se trouve dans notre voisinage; mais en ce moment, je n'ai pas encore grande confiance en cette amnistie qu'on nous offre. J'enverrai dans le camp quelqu'un qui viendra nous dire comment on aura traité nos parents.»

Après le massacre, la personne que Yahyâ avait envoyée au camp, revint en toute hâte lui apporter la nouvelle fatale. Mais cet homme était poursuivi de près par des soldats qui avaient reçu l'ordre de tuer Yahyâ et Abdérame, et avant que Yahyâ, frappé de stupeur, eût pu aviser aux moyens de fuir, il fut arrêté et égorgé. Abdérame était alors à la chasse, et c'est ce qui le sauva. Instruit par des serviteurs fidèles du triste sort de son frère, il profita de l'obscurité de la nuit pour retourner à sa demeure, annonça à ses deux sœurs qu'il allait se mettre en sûreté dans une maison qu'il possédait dans un village non loin de l'Euphrate, et leur recommanda de venir l'y rejoindre au plus tôt avec son frère et son fils.

Le jeune prince arriva sans accident dans le village qu'il avait indiqué à ses sœurs, et bientôt il s'y vit entouré de sa famille. Il ne comptait pas y rester longtemps, il était décidé à passer en Afrique; mais croyant que ses ennemis ne découvriraient pas facilement sa retraite, il voulait attendre le moment où il pourrait entreprendre son long voyage sans s'exposer à trop de périls.

Un jour qu'Abdérame, qui souffrait alors d'une maladie des yeux, était couché dans un appartement obscur, son fils Solaimân, qui n'avait que quatre ans et qui jouait devant la porte de la maison, entra dans sa chambre, saisi de frayeur et baigné de larmes, et se jeta dans son sein. «Laisse-moi, petit, lui dit son père; tu sais que je suis indisposé. Mais qu'as-tu donc? d'où te vient cette frayeur?» L'enfant cacha de nouveau sa tête dans le sein de son père en criant et en sanglotant. «Qu'y a-t-il donc?» s'écria le prince en se levant, et, ouvrant la porte, il vit dans le lointain les drapeaux noirs.... L'enfant les avait vus aussi; il se rappelait que le jour où ces drapeaux avaient été vus dans l'ancienne demeure de son père, son oncle avait été massacré.... Abdérame eut à peine le temps de mettre quelques pièces d'or dans sa poche et de dire adieu à ses deux sœurs. «Je pars, leur dit-il; envoyez-moi mon affranchi Badr; il me trouvera dans tel endroit, et dites-lui qu'il m'apporte ce dont j'aurai besoin, s'il plaît à Dieu que je réussisse à me sauver.»

Pendant que les cavaliers abbâsides, après avoir cerné le village, fouillaient la maison qui servait de retraite à la famille omaiyade, et où ils ne trouvèrent que deux femmes et un enfant auxquels ils ne firent point de mal, Abdérame, accompagné de son frère, jeune homme de treize ans, alla se cacher à quelque distance du village, ce qui ne lui fut pas difficile, attendu que ce pays était bien boisé. Quand Badr fut arrivé, les deux frères se remirent en marche et arrivèrent aux bords de l'Euphrate. Le prince s'adressa à un homme qu'il connaissait, lui donna de l'argent et le pria d'aller acheter des provisions et des chevaux. L'autre partit, accompagné de Badr, après avoir promis de s'acquitter de sa commission.

Malheureusement un esclave de cet homme avait entendu tout ce qu'on venait de dire. Comptant sur une récompense considérable, ce traître était parti à toutes jambes pour aller indiquer au capitaine abbâside l'endroit où les deux fugitifs s'étaient cachés. Tout à coup ceux-ci furent effrayés par un piétinement de chevaux. A peine eurent-ils le temps de se cacher dans un jardin; mais les cavaliers les avaient aperçus; ils commençaient déjà à cerner le jardin; un moment encore, et les deux frères allaient être massacrés. Il ne leur restait qu'un parti à prendre: c'était de se jeter dans l'Euphrate et de tâcher de le traverser à la nage. Le fleuve étant fort large, l'entreprise était périlleuse; mais dans leur désespoir ils n'hésitèrent pas à la tenter et se jetèrent précipitamment dans les flots. « Retournez, leur crièrent les cavaliers qui voyaient échapper une proie qu'ils croyaient déjà tenir; retournez, on ne vous fera pas de mal! » Abdérame, qui savait ce que valait cette promesse, n'en nagea que plus vite. Arrivé au milieu du fleuve, il s'arrêta un instant et cria à son frère, qui était resté en arrière, de se hâter. Hélas! le jeune homme, moins bon nageur qu'Abdérame, avait eu peur de se noyer, et, croyant aux paroles des soldats, il retournait déjà vers la rive. « Viens vers moi, mon cher frère; je t'en conjure, ne crois pas aux promesses qu'on te fait, » criait Abdérame; mais ce fut en vain. « Cet autre nous échappe, » se dirent les soldats, et l'un d'entre eux, plus animé que les autres, voulait déjà se dépouiller de ses vêtements et se jeter dans l'Euphrate, lorsque la largeur du fleuve le fit changer d'avis. Abdérame ne fut donc pas poursuivi ; mais, parvenu à l'autre bord, il eut la douleur de voir les barbares soldats couper la tête à son frère.

Arrivé en Palestine, il y fut rejoint par son fidèle serviteur Badr, et par Sâlim, affranchi d'une de ses sœurs, qui lui apportaient de l'argent et des pierreries. Ensuite il partit avec eux pour l'Afrique, où l'autorité des Abbâsides n'avait pas été reconnue et où plusieurs Omaiyades avaient déjà trouvé un asile. Il y arriva sans accident, et s'il l'avait voulu, il y aurait peut-être trouvé la tranquillité et le repos. Mais il n'était pas homme à se résigner à une existence modeste et obscure. Des rêves ambitieux traversaient sans cesse cette tête de vingt ans. Grand, vigoureux, vaillant, ayant reçu une éducation très-soignée et possédant des talents peu communs, son instinct lui disait qu'il était appelé à des destinées brillantes, et cet esprit d'aventure et d'entreprise trouvait un aliment dans des souvenirs d'enfance, qui, depuis qu'il menait une vie errante et pauvre, se réveillèrent avec vivacité. C'était une croyance fort répandue parmi les Arabes que chacun avait sa destinée écrite dans les traits de son visage ; Abdérame le croyait comme tout le monde, d'autant plus qu'une prédiction faite par son grand-oncle Maslama, qui avait la réputation d'être un physionomiste fort habile, répondait à ses désirs les plus ardents. A l'âge

de dix ans, lorsqu'il avait déjà perdu son père Moâwia,
on l'avait conduit un jour avec ses frères à Roçâfa.
C'était une superbe villa dans le district de Kinnesrîn
et la résidence habituelle du calife Hichâm. Pendant
que ces enfants étaient devant la porte du palais, il
arriva que Maslama survint, et qu'ayant arrêté son
cheval, il demanda qui étaient ces enfants. «Ce sont
les fils de Moâwia,» répondit leur gouverneur. «Pauvres orphelins!» s'écria alors Maslama, les yeux
mouillés de larmes, et il se fit présenter ces enfants
deux à deux. Abdérame semblait lui plaire plus que
les autres. L'ayant placé sur le pommeau de sa
selle, il l'accablait de caresses, lorsque Hichâm sortit
de son palais. «Quel est cet enfant?» demanda-t-il
à son frère. «C'est un fils de Moâwia,» lui répondit Maslama; et se penchant vers son frère, il lui dit
à l'oreille, mais assez haut pour qu'Abdérame pût
l'entendre: «Le grand événement approche, et cet
enfant sera l'homme que vous savez. — En êtes-
vous bien sûr? demanda Hichâm. — Oui, je vous
le jure, reprit Maslama; dans son visage et sur son
cou, j'ai reconnu les signes.»

Abdérame se rappelait aussi que depuis ce temps
son aïeul avait eu pour lui une grande prédilection;
que souvent il lui avait envoyé des cadeaux auxquels
ses frères n'avaient point participé, et que chaque
mois il l'avait fait venir dans son palais.

Que signifiaient les paroles mystérieuses pronon-

cées par Maslama? C'est ce qu'Abdérame ne savait
pas au juste; mais à l'époque où elles avaient été
dites, plusieurs prédictions de la même nature avaient
été faites. Le pouvoir des Omaiyades était déjà forte-
ment ébranlé alors, et dans leur inquiétude, ces
princes, superstitieux comme tous les Orientaux le
sont plus ou moins, pressaient de questions les devins, les astrologues, les physionomistes, tous ceux
en un mot qui, d'une manière ou d'une autre, prétendaient pouvoir soulever le voile qui couvre l'avenir. Ne voulant ni ôter tout espoir à ces hommes
crédules qui les comblaient de dons, ni les bercer
d'espérances que l'événement eût bientôt démenties,
ces adeptes des sciences occultes croyaient avoir trouvé un moyen terme en disant que le trône des Omaiyades croulerait, mais qu'un rejeton de cette illustre
famille le rétablirait quelque part. Maslama semble
avoir été préoccupé de la même idée.

Abdérame se croyait donc destiné à s'asseoir sur
un trône; mais dans quel pays régnerait-il? L'Orient
était perdu; de ce côté-là il n'y avait plus rien
à espérer. Restait l'Afrique et l'Espagne, et dans chacun de ces deux pays une dynastie fihrite cherchait à
s'affermir.

En Afrique, ou plutôt dans la partie de cette province qui était encore sous la domination arabe, car
l'ouest l'avait secouée, régnait un homme que nous
avons déjà rencontré en Espagne, où il avait tâché,

mais sans succès, de se faire déclarer émir. C'était le Fihrite Abdérame ibn-Habîb, parent de Yousof, le gouverneur de l'Espagne. N'ayant pas reconnu les Abbâsides, Ibn-Habîb espérait transmettre l'Afrique à ses enfants comme principauté indépendante, et consultait les devins sur l'avenir de sa race avec une curiosité inquiète. Quelque temps avant que le jeune Abdérame arrivât à sa cour, un juif, initié dans les secrets des sciences occultes par le prince Maslama, à la cour duquel il avait vécu, lui avait prédit qu'un descendant d'une famille royale, qui se nommerait Abdérame et qui porterait une boucle de cheveux sur chaque côté du front, deviendrait le fondateur d'une dynastie qui régnerait sur l'Afrique [1]. Ibn-Habîb lui avait répondu que, dans ce cas, lui, qui s'appelait Abdérame et qui était maître de l'Afrique, n'avait qu'à laisser croître une boucle de cheveux sur chaque côté du front, pour qu'il pût s'appliquer cette prédiction. «Non, lui avait répondu le juif; vous n'êtes pas la personne désignée, car, n'étant pas issu d'une famille royale, vous n'avez pas toutes les conditions demandées.» Dans la suite, quand Ibn-Habîb vit le jeune Abdérame, il remarqua que ce prince portait

---

1) Les documents nomment ici l'Espagne, mais c'est sans doute une erreur, car ce n'était pas à l'Espagne, mais à l'Afrique qu'Ibn-Habîb s'intéressait. Probablement le juif avait nommé l'Afrique; mais l'événement ayant démenti sa prédiction, on aura substitué le nom de l'Espagne à celui de l'Afrique.

les cheveux de la manière indiquée, et, ayant fait venir le juif, il lui dit : «Eh bien, c'est donc celui-là que le destin appelle à devenir le maître de l'Afrique, puisqu'il a toutes les qualités requises. N'importe; il ne m'enlèvera pas ma province, car je le ferai assassiner.» Le juif, sincèrement attaché aux Omaiyades, ses anciens maîtres, frémit à l'idée que sa prédiction deviendrait le motif du meurtre d'un jeune homme auquel il s'intéressait; cependant, sans perdre sa présence d'esprit : « Je l'avoue, seigneur, répliqua-t-il, ce jeune homme a toutes les conditions exigées. Mais puisque vous croyez à ce que je vous ai prédit, il faut de deux choses l'une : ou bien cet Abdérame n'est pas la personne désignée, et dans ce cas vous pourrez le tuer, mais vous commettrez un crime inutile; ou bien, il est destiné à régner sur l'Afrique; dans ce cas, quoi que vous fassiez, vous ne pourrez pas lui ôter la vie, car il faut qu'il accomplisse ses destinées.»

Sentant la justesse de ce raisonnement, Ibn-Habîb n'attenta pas pour le moment à la vie d'Abdérame; toutefois, se défiant non-seulement de lui, mais encore de tous les autres Omaiyades qui étaient venus chercher un asile dans ses Etats, et dans lesquels il voyait des prétendants qui pourraient lui devenir dangereux un jour, il épiait leurs démarches avec une anxiété toujours croissante. Parmi ces princes se trouvaient deux fils du calife Walîd II. Dignes fils d'un père qui ne vivait que pour le plaisir, qui envoyait ses courtisanes présider à sa place à la prière publique, et qui, en tirant de l'arc, se servait du Coran en guise d'une cible, ils menaient joyeuse vie sur la terre de l'exil, et une nuit qu'ils buvaient et devisaient ensemble, l'un d'eux s'écria: « Quelle folie! Cet Ibn-Habîb ne s'imagine-t-il pas qu'il restera l'émir de ce pays, et que nous, fils d'un calife, nous nous résignerons à le laisser régner tranquillement? » Ibn-Habîb, qui écoutait à la porte, avait entendu ces paroles. Résolu à se débarrasser, mais en secret, de ses hôtes dangereux, il attendit cependant pour les faire périr une occasion favorable, afin que l'on attribuât leur mort au hasard ou à une vengeance particulière. Il ne changea donc pas de conduite à leur égard, et quand ils venaient lui rendre visite, il leur montrait la même bienveillance qu'auparavant. Toutefois il n'avait pas caché à ses confidents qu'il avait observé les fils de Walîd et les avait entendus prononcer des paroles imprudentes. Parmi ces confidents se trouvait un partisan secret des Omaiyades, qui alla conseiller aux deux princes de se soustraire par la fuite au ressentiment du gouverneur. C'est ce qu'ils firent aussitôt; mais Ibn-Habîb, informé de leur départ précipité, dont il ignorait la cause, et craignant qu'ils ne fussent allés soulever contre lui quelque tribu berbère ou arabe, les fit poursuivre par des cavaliers, qui les atteignirent et les ramenèrent. Puis, jugeant que leur fuite et les propos qu'il avait entendus étaient des preuves suffisantes de leurs projets criminels, il les fit décapiter [1]. Dès lors il ne songea qu'à se débarrasser également des autres Omaiyades, qui, avertis par leurs partisans, s'empressèrent d'aller chercher un refuge parmi les tribus berbères indépendantes.

Errant de tribu en tribu et de ville en ville, Abdérame parcourut, d'un bout à l'autre, le nord de l'Afrique. Quelque temps il se tint caché à Barca; puis il chercha un asile à la cour des Beni-Rostem, rois de Tâhort; puis encore il alla implorer la protection de la tribu berbère de Micnésa. Cinq années se passèrent ainsi, et rien n'indique que, pendant cette longue période, Abdérame ait songé à tenter fortune en Espagne. C'était l'Afrique que convoitait ce prétendant ambitieux, qui n'avait ni argent ni amis; intriguant sans cesse, tâchant à tout prix de gagner des partisans, il se vit chassé par les Micnésa, et arriva auprès de la tribu berbère de Nafza, à laquelle appartenait sa mère et qui demeurait dans le voisinage de Ceuta [2].

Convaincu enfin qu'en Afrique ses projets ne réussiraient pas, il porta ses yeux de l'autre côté de la mer. Il possédait sur l'Espagne quelques renseigne-

---

1) Ibn-Adhârî, t. I, p. 49, 50.
2) Voyez Becrî, dans les *Notices et extraits*, t. XII, p. 559.

ments qu'il devait à Sâlim, l'un des deux affranchis qui avaient traversé avec lui les vicissitudes de sa vie errante. Sâlim avait été en Espagne du temps de Mousâ ou un peu plus tard, et dans les circonstances données, il y aurait pu rendre au prince des services fort utiles; mais il était déjà retourné en Syrie. Dégoûté depuis longtemps de la vie vagabonde qu'il menait à la suite d'un aventurier, il était décidé à saisir, pour le quitter, la première occasion où il pourrait le faire convenablement, lorsqu'Abdérame la lui avait fournie. Un jour qu'il dormait, il n'avait pas entendu son maître qui l'appelait; alors ce dernier avait jeté un vase d'eau sur sa figure, et Sâlim avait dit dans sa colère: « Puisque vous me traitez comme un vil esclave, je vous quitte pour toujours. Je ne vous dois rien, car vous n'êtes pas mon patron; votre sœur seule a des droits sur moi, et je m'en retourne auprès d'elle.»

Restait l'autre affranchi, le fidèle Badr. Ce fut lui qu'Abdérame chargea de passer en Espagne afin qu'il s'y concertât avec les clients omaiyades, qui, au nombre de quatre ou cinq cents, faisaient partie des deux divisions de Damas et de Kinnesrîn, établies sur le territoire d'Elvira et de Jaën. Badr devait leur remettre une lettre de son patron, dans laquelle celui-ci racontait comment, depuis cinq années, il parcourait l'Afrique en fugitif, afin d'échapper aux poursuites d'Ibn-Habîb, qui attentait à la vie de tous les membres de la famille d'Omaiya. « C'est au milieu de vous, clients de ma famille, continuait le prince, que je voudrais venir demeurer, car je me tiens convaincu que vous serez pour moi des amis fidèles. Mais, hélas! je n'ose venir en Espagne; l'émir de ce pays me tendrait des piéges comme l'a fait celui de l'Afrique; il me considérerait comme un ennemi, comme un prétendant. Et, en vérité, n'ai-je pas le droit de prétendre à l'émirat, moi, le petit-fils du calife Hichâm? Eh bien donc, puisque je ne puis venir en Espagne comme simple particulier, je n'y viendrai qu'en qualité de prétendant; — je n'y viendrai qu'après avoir reçu de vous l'assurance qu'il y a pour moi dans ce pays quelque chance de succès, que vous m'appuyerez de tout votre pouvoir, et que vous considérerez ma cause comme la vôtre. » Il terminait en promettant de donner à ses clients les postes les plus considérables au cas où ils voudraient le seconder.

Arrivé en Espagne, Badr remit cette lettre à Obaidallâh et à Ibn-Khâlid, les chefs des clients de la division de Damas. Après avoir pris connaissance du contenu de cet écrit, ces deux chefs fixèrent le jour où ils délibéreraient de l'affaire avec les autres clients, et firent prier Yousof ibn-Bokht, le chef des clients omaiyades de la division de Kinnesrîn, d'assister à cette réunion. Au jour fixé, ils consultèrent leurs contribules sur le parti à prendre. Quelque difficile que parùt l'entreprise, on fut bientôt d'accord qu'il fallait la tenter. En prenant cette décision, les clients remplirent un véritable devoir, au point de vue arabe; car la clientèle impose un lien indissoluble et sacré, une parenté de convention, et les descendants d'un affranchi sont tenus de seconder en toute circonstance les héritiers de celui qui a donné la liberté au fondateur de leur famille. Mais en outre, cette décision leur fut dictée aussi par leur intérêt. Le régime des dynasties arabes était celui d'une famille; les parents et les clients du prince remplissaient, presque à l'exclusion de toute autre personne, les hautes dignités de l'Etat. En travaillant à la fortune d'Abdérame, les clients travailleraient donc aussi à leur propre grandeur. Mais la difficulté fut de se mettre d'accord sur les moyens d'exécution, et l'on résolut de consulter Çomail (qui était alors assiégé dans Saragosse) avant de rien entreprendre. On le savait irrité contre Yousof, parce que celui-ci ne venait pas le secourir, et on lui supposait un reste d'affection pour les Omaiyades, les anciens bienfaiteurs de sa famille; en tout cas, on croyait pouvoir compter sur sa discrétion, car on le savait trop galant homme pour trahir une confidence qu'il aurait reçue sous le sceau du secret. Ce fut donc surtout pour avoir une conférence avec Çomail, qu'une trentaine d'Omaiyades, accompagnés de Badr, s'étaient réunis aux Caisites qui allaient secourir Çomail.

On a déjà vu que l'expédition des Caisites fut couronnée d'un plein succès ; nous pouvons donc reprendre le fil de notre récit, que nous avons dû interrompre au moment où les chefs des clients omaiyades demandèrent à Çomail un entretien secret.

Le Caisite leur ayant accordé leur demande, ils commencèrent par le prier de tenir secrètes les nouvelles importantes qu'ils avaient à lui communiquer, et quand il le leur eut promis, Obaidallâh lui apprit l'arrivée de Badr, et lui lut la lettre d'Abdérame ; puis il ajouta d'un ton humble et soumis : « Ordonnez-nous ce que nous devons faire ; nous nous conformerons à vos ordres ; ce que vous approuverez, nous le ferons ; ce que vous désapprouverez, nous ne le ferons pas. » Tout pensif, Çomail lui répondit : « L'affaire est grave ; n'exigez donc pas de moi une réponse immédiate. Je réfléchirai à ce que vous venez de me dire et plus tard je vous communiquerai mon opinion. »

Badr ayant été introduit à son tour, Çomail, sans lui rien promettre, lui fit donner des cadeaux, de même qu'il en avait fait donner aux autres qui étaient venus le secourir. Puis il partit pour Cordoue. En y arrivant, il trouva Yousof occupé à rassembler des troupes destinées à aller châtier les rebelles du district de Saragosse.

Dans le mois de mai de l'année 755, Yousof, à la veille de se mettre en marche, fit venir les deux chefs des clients omaiyades, qu'il considérait comme ses propres clients depuis que leurs patrons avaient perdu le trône [1], et quand ils furent arrivés, il leur dit:

— Allez auprès de nos clients et dites-leur qu'ils viennent nous accompaguer.

— C'est impossible, seigneur, lui répondit Obai-dallâh. Par suite de tant d'années de disette, ces malheureux n'ont plus la force de marcher. Tous ceux qui pouvaient encore le faire sont allés secourir Çomail, et cette longue marche pendant l'hiver les a excessivement fatigués.

— Voici de quoi rétablir leurs forces, reprit Yousof; remettez-leur ces mille pièces d'or, et qu'ils s'en servent pour acheter du blé.

— Mille pièces d'or pour cinq cents guerriers inscrits sur le registre? C'est bien peu, surtout dans un temps aussi cher que celui-ci.

— Faites comme vous voudrez; je ne vous donnerai pas davantage.

— Eh bien, gardez votre argent; nous ne vous accompagnerons pas.

Cependant, quand ils eurent quitté l'émir, Obai-dallâh et son compagnon se ravisèrent. « Il vaut mieux pourtant, se dirent-ils, que nous acceptions cet argent qui pourra nous être utile. Il va sans dire

---

1) Ibn-al-Coutîa, fol. 9 v.

que nos contribules n'accompagneront pas Yousof; ils resteront dans leurs demeures, afin d'être préparés à tout événement; mais nous trouverons bien quelque prétexte pour expliquer leur absence de l'armée; acceptons en tout cas l'argent que Yousof nous offre; nous en donnerons une partie à nos contribules qui, grâce à ce secours, pourront acheter du blé, et nous employerons le reste à faciliter l'exécution de nos projets.» Ils retournèrent donc auprès du gouverneur, et lui dirent qu'ils acceptaient les mille pièces d'or qu'il leur avait offertes. Quand ils les eurent reçues, ils se rendirent dans le district d'Elvira auprès de leurs contribules, et donnèrent à chacun d'eux dix pièces d'argent de la part de Yousof, en disant que cette petite somme était destinée à acheter du blé. Que Yousof leur avait donné beaucoup plus, qu'il avait voulu que les clients l'accompagnassent et que les mille pièces d'or leur servissent de solde, c'est ce qu'ils ne dirent pas. La pièce d'or contenant vingt pièces d'argent, il restait aux deux chefs environ les trois quarts de la somme que Yousof leur avait remise.

Sur ces entrefaites, Yousof était parti de Cordoue avec quelques troupes, et, ayant pris le chemin de Tolède, il avait établi son camp dans le district de Jaēn, à l'endroit qui portait alors le nom de *Gué de Fath*, au nord de Mengibar, où l'on passait le Guadalquivir quand on voulait traverser les défilés de la

Sierra Morena, et où se trouve maintenant un bac
qui, par les événements qui précédèrent la bataille
de Baylen en 1808, a acquis une célébrité européen-
ne. Yousof y attendait les troupes qui marchaient à
lui de toutes parts et leur distribuait la solde, lorsque les deux chefs des clients omaiyades, sachant
que, pressé d'arriver en face des rebelles de Saragosse, il ne s'arrêterait pas longtemps au Gué de
Fath, se présentèrent à lui. «Eh bien, leur dit
Yousof, pourquoi nos clients n'arrivent-ils pas? —
Rassurez-vous, émir, et que Dieu vous bénisse, lui
répondit Obaidallâh; vos clients ne ressemblent pas à
certaines personnes que nous connaissons, vous et
moi. Pour rien au monde ils ne voudraient que vous
combattiez vos ennemis sans eux. C'est ce qu'ils me
disaient encore l'autre jour; mais ils me chargeaient
en même temps de vous prier de leur accorder un
délai. La récolte du printemps promettant d'être
bonne, comme vous savez, ils voudraient auparavant
prendre soin de leur moisson; mais ils comptent vous
rejoindre à Tolède.» N'ayant aucune raison pour
soupçonner qu'Obaidallâh le trompait, Yousof crut à
ses paroles et lui dit: «Eh bien, retournez donc auprès de vos contribules et faites en sorte qu'ils se
mettent en marche le plus tôt possible.»

Bientôt après, Yousof continua sa marche. Obaidallâh et son compagnon firent avec lui une partie
de la route; puis ils lui dirent adieu en promettant

de le rejoindre bientôt avec les autres clients, et retournèrent vers le Gué de Fath.

· En route ils rencontrèrent Çomail et sa garde. Après avoir passé la nuit dans une de ces orgies qui lui étaient habituelles, le chef caisite dormait encore au moment où Yousof se mettait en marche, de sorte qu'il ne partit que beaucoup plus tard. Voyant arriver à lui les deux clients, il s'écria avec surprise: «Comment, vous retournez? Est-ce pour m'apporter quelque nouvelle? — Non, seigneur, lui répondirent-ils; Yousof nous a permis de partir, et nous nous sommes engagés à le joindre à Tolède avec les autres clients; mais si vous le voulez bien, nous vous accompagnerons un bout de chemin. — Je serai ravi de jouir de votre compagnie,» leur dit Çomail. Après qu'ils eurent causé quelque temps de choses indifférentes, Obaidallâh s'approcha de Çomail et lui dit à l'oreille qu'il désirait lui parler en secret. Sur un signe du chef, ses compagnons se tinrent à distance, et Obaidallâh reprit: «Il s'agit de l'affaire du fils de Moâwia, sur laquelle nous vous avons consulté. Son messager n'est pas encore parti. — Je n'ai nullement oublié cette affaire, répliqua Çomail; au contraire, j'y ai réfléchi mûrement, et, comme je vous l'avais promis, je n'en ai parlé à personne, pas même à mes amis les plus intimes. Voici maintenant ma réponse: je crois que la personne en question mérite de régner et d'être appuyée par moi. C'est ce que

vous pouvez lui écrire, et qu'Allâh veuille nous prêter son secours! Quant au vieux pelé (c'est ainsi
qu'il appelait Yousof), il faut qu'il me laisse faire
comme je l'entendrai. Je lui dirai qu'il doit marier
sa fille, Omm-Mousâ, à Abdérame, car elle est veuve
maintenant [1], et se résigner à ne plus être émir de
l'Espagne. S'il fait ce que je lui dis, nous l'en re-
mercierons; sinon, nous lui fendrons sa tête chauve
avec nos épées, et il n'aura que ce qu'il mérite.»

Ravis d'avoir reçu une réponse aussi favorable, les
deux chefs lui baisèrent la main avec reconnaissance,
et, après l'avoir remercié du secours qu'il promettait
à leur patron, ils le quittèrent pour retourner au
Gué de Fath.

Evidemment Çomail, qui n'avait pas eu le temps
de cuver son vin, s'était levé ce matin-là de fort mauvaise humeur contre Yousof; mais tout ce qu'il avait
dit aux clients était provenu d'un mouvement prime-
sautier, auquel avait manqué la réflexion. Le fait
est qu'avec son indolence habituelle il n'avait pas
songé sérieusement à l'affaire d'Abdérame, pour ne
pas dire qu'il l'avait complétement oubliée. Ce ne fut
qu'après avoir donné tant d'espoir aux deux clients,
qu'il commença à considérer le pour et le contre, et
alors une seule préoccupation s'empara de son esprit.

---

1) Elle avait été mariée à Catan, fils de cet Abdalmélic le Fihrite
qui avait été gouverneur de l'Espagne.

«Que deviendra la liberté des tribus arabes, se disait-
il, si un prince omaiyade règne en Espagne? Le
pouvoir monarchique établi, que restera-t-il du pouvoir de nous autres, les chefs des tribus? Non, quelques griefs que j'aie contre Yousof, il faut que les
choses restent comme elles sont;» et, ayant appelé
un de ses esclaves, il lui ordonna de partir à toute
bride et d'aller dire aux deux clients de l'attendre.

Ceux-ci avaient déjà fait une lieue en causant des
belles promesses que Çomail leur avait faites, et en
se disant que le succès du prétendant était assuré,
lorsqu'Obaidallâh entendit crier son nom derrière lui.
Il s'arrêta et vit arriver un cavalier. C'était l'esclave de Çomail qui lui dit: «Attendez mon maître; il
va venir ici, il a à vous parler.» Etonnés de ce message et de ce que Çomail venait vers eux au lieu de
leur ordonner de venir vers lui, les deux clients crai-
gnirent un instant qu'il ne voulût les arrêter et les
livrer à Yousof; néanmoins ils rebroussèrent chemin
et bientôt ils virent arriver Çomail, monté sur l'Etoile,
sa mule blanche, qui allait le grand galop. Voyant
qu'il arrivait sans soldats, les deux clients reprirent
confiance, et quand Çomail fut arrivé auprès d'eux,
il leur dit: »Depuis que vous m'avez apporté la lettre du fils de Moâwia et que vous m'avez fait faire
connaissance avec son messager, j'ai souvent pensé
à cette affaire.» (En disant cela, Çomail ne disait
pas la vérité, ou bien sa mémoire le trompait; mais

il ne pouvait avouer qu'il avait à peu près oublié une
affaire si importante, et il était trop foncièrement
Arabe pour qu'un mensonge lui coutât.) «J'approu-
vais votre dessein, poursuivit-il, comme je vous le
disais tout à l'heure; mais depuis que vous m'avez
quitté, j'ai réfléchi de nouveau, et maintenant je suis
d'avis que votre Abdérame appartient à une famille
tellement puissante que» — ici Çomail employa une
phrase fort énergique à coup sûr, mais que nous ne
pourrions traduire sans pécher contre la bienséance.
«Quant à l'autre, continua-t-il, il est bon enfant au
fond, et se laisse mener par nous, sauf de rares
exceptions, avec assez de docilité. De plus, nous
lui avons de grandes obligations, et il nous siérait
mal de l'abandonner. Réfléchissez donc bien à ce que
vous allez faire, et si, de retour dans vos demeures,
vous persistez dans vos projets, je crois que bientôt
vous me verrez arriver auprès de vous, mais ce ne
sera pas comme ami. Tenez-vous-le pour dit, car je
vous le jure, la première épée qui sortira du fourreau pour combattre votre prétendant, ce sera la
mienne. Et maintenant, allez en paix et qu'Allâh
vous envoie de sages inspirations, ainsi qu'à votre
patron.»

Consternés par ces paroles, qui, d'un seul coup,
frustraient toutes leurs espérances, et craignant d'ir-
riter cet homme colère, les clients répondirent hum-
blement: «Dieu vous bénisse, seigneur! Jamais notre

opinion ne différera de la vôtre. — A la bonne heure, dit Çomail, adouci et touché par ces paroles
respectueuses; mais je vous conseille en ami de ne
rien tenter pour changer l'état politique du pays.
Tout ce que vous pourrez faire, c'est de tâcher d'assurer à votre patron une position honorable en Espagne, et pourvu qu'il promette de ne pas aspirer
à l'émirat, j'ose vous assurer que Yousof l'accueillera
avec bienveillance, lui donnera sa fille pour épouse,
et avec elle une fortune convenable. Adieu et bon
voyage ! » Cela dit, il fit faire demi-volte à l'Etoile,
et, lui ayant enfoncé les éperons dans les flancs, il
lui fit prendre une allure très-décidée.

N'ayant donc plus rien à espérer ni de Çomail ni des
Maäddites en général, qui n'agissaient d'ordinaire que
d'après les conseils de ce chef, il ne restait aux
clients d'autre parti à prendre que de se jeter entre
les bras de l'autre nation, celle des Yéménites, et
de l'exciter à se venger des Maäddites. Voulant réussir à tout prix dans leurs desseins, ils résolurent
aussitôt de le faire, et pendant qu'ils retournaient à
leurs demeures, ils s'adressèrent à tous les chefs
yéménites sur lesquels ils croyaient pouvoir compter,
en les invitant à prendre les armes pour Abdérame.
Ils obtinrent un succès qui surpassa leur attente. Les
Yéménites, qui se déchiraient les entrailles de colère
en songeant à leur défaite de Secunda et en voyant
qu'ils étaient condamnés à subir le joug des Maäddi-

tes, étaient prêts à se lever au premier signal et à se ranger sous la bannière de chaque prétendant, quel qu'il fût, pourvu qu'ils eussent l'occasion de se venger de leurs ennemis et de les massacrer.

Assurés de l'appui des Yéménites et sachant Yousof et Çomail occupés dans le nord, les clients omaiyades jugèrent le moment favorable pour l'arrivée de leur patron. Ils achetèrent donc un bâtiment, et remirent à Tammâm, qui monterait à bord lui douzième, cinq cents pièces d'or, dont il devait donner une partie au prince, tandis qu'il se servirait du reste pour contenter la cupidité des Berbers, que l'on connaissait assez pour savoir qu'ils ne laisseraient pas partir leur hôte sans l'avoir rançonné. Cet argent était celui que Yousof avait donné aux clients afin qu'ils l'accompagnassent pendant sa campagne contre les rebelles de Saragosse; quand il le leur donna, il était loin de soupçonner qu'il servirait à amener en Espagne un prince qui lui disputerait l'émirat.

XIV [1].

Depuis des mois Abdérame, qui avait quitté les Nafza et s'était rendu dans le pays des Maghîla, sur les bords de la Méditerranée, menait une existence triste et monotone en attendant avec une anxiété toujours croissante le retour de Badr, dont il n'avait pas reçu de nouvelles. Son sort allait se décider : si ses grands desseins échouaient, toutes ses fumées de bonheur et de gloire se dissiperaient et il se verrait réduit à reprendre sa vie de proscrit et de vagabond, ou bien à se cacher dans quelque coin ignoré de l'Afrique ; au lieu que s'il réussissait dans son audacieuse entreprise, l'Espagne lui offrirait un asile sûr, des richesses et toutes les jouissances du pouvoir.

Ballotté ainsi entre la crainte et l'espoir, Abdérame, peu dévot de sa nature, mais fidèle observateur des convenances, s'acquittait un soir de la prière ordonnée par la loi, quand il vit un navire approcher de la côte, et l'un de ceux qui le montaient se jeter

---

1) Voyez *Akhbâr madjmoua*, fol. 80 r. — 83 r.

dans la mer pour nager vers la grève. Il reconnaît
cet homme : c'est Badr qui, dans son impatience de
revoir son maître, n'avait pas voulu attendre qu'on
eût jeté l'ancre. « Bonnes nouvelles ! » cria-t-il au
prince d'aussi loin qu'il l'aperçut; puis il lui raconta
rapidement ce qui s'était passé, nomma les chefs sur
lesquels Abdérame pouvait compter, et les personnes
qui se trouvaient dans le bâtiment destiné à le conduire en Espagne. « Vous ne manquerez pas d'argent non plus, ajouta-t-il; on vous apporte cinq cents
pièces d'or. » Ravi de joie, Abdérame alla à la rencontre de ses partisans. Le premier qui se présenta
à lui fut Abou-Ghâlib Tammâm. Abdérame lui demanda son nom et son prénom, et quand il les eut
entendus, il en tira un heureux augure. Il n'y avait
pas, en effet, de noms plus propres à inspirer de
grandes espérances à celui qui croyait aux présages, et
Abdérame y croyait beaucoup; car Tammâm signifie
accomplissant, et Ghâlib, *victorieux*. « Nous accom-
plirons notre dessein, s'écria le prince, et nous rem-
porterons la victoire ! »

A peine eut-on fait connaissance qu'on résolut de
partir sans délai. Le prince faisait ses préparatifs,
lorsque les Berbers accoururent en foule et menacè-
rent de s'opposer au départ à moins qu'ils ne reçus-
sent des présents. Cette circonstance ayant été pré-
vue, Tammâm donna de l'argent à chacun d'eux,
selon le rang qu'il occupait dans sa tribu. Cela fait,

21*

on levait l'ancre, lorsqu'un Berber qui avait été oublié dans la distribution, se jeta dans la mer, et, se
cramponnant à une corde du vaisseau, il se mit à
crier que lui aussi voulait recevoir quelque chose.
Fatigué de l'effronterie de ces gueux, l'un des clients
tira son épée et coupa la main au Berber, qui tomba
dans l'eau et se noya.

Délivré des Berbers, on pavoisa le bâtiment en
l'honneur du prince, et bientôt après on aborda dans
le port d'Almuñecar. C'était dans le mois de septembre de l'année 755.

On se figure aisément la joie qu'éprouva Abdérame
quand il eut mis le pied sur le sol de l'Espagne, et
celle d'Obaidallâh et d'Ibn-Khâlid quand ils embras-
sèrent leur patron, dont ils avaient attendu l'arrivée
à Almuñecar. Après avoir passé quelques jours à al-
Fontîn, la villa d'Ibn-Khâlid, située près de Loja,
entre Archidona et Elvira [1], le prince alla s'établir
dans le château de Torrox, qui appartenait à Obaidallâh et qui était situé un peu plus à l'ouest, entre
Iznajar et Loja [2].

----

1) La position de la villa d'al-Fontîn qui, à la fin du neuvième
siècle, appartenait encore aux descendants d'Ibn-Khâlid, est indiquée par Ibn-Haiyân, fol. 76 v., 83 v.

2) Je sais bien qu'il y a aujourd'hui un Torrox à l'ouest d'Almuñecar, sur le rivage de la Méditerranée; mais la position du
domaine dont il est question dans le texte, est clairement indiquée
par Ibn-Haiyân, fol. 83 v.

Sur ces entrefaites, Yousof, arrivé à Tolède, commençait à s'inquiéter de l'absence prolongée des clients omaiyades. Voulant les attendre, il différait son départ de jour en jour. Çomail qui soupçonnait la véritable cause de leur absence, mais qui, fidèle à sa promesse, gardait le secret sur leurs desseins, s'impatientait du long séjour de l'armée à Tolède. Il voulait en finir au plus vite avec les rebelles de Saragosse, et un jour que Yousof se plaignait de nouveau de ce que les clients tardaient tant à venir, Çomail lui dit dédaigneusement: « Un chef tel que vous ne doit pas s'arrêter si longtemps pour attendre des *rien du tout* tels que ceux-là. Je crains que l'occasion de trouver nos ennemis inférieurs à nous en nombre et en ressources ne nous échappe, si nous restons encore plus longtemps ici.» Pour le faible Yousof de telles paroles venant de Çomail étaient un ordre. Les troupes se remirent donc en marche. Arrivées en face de l'ennemi, elles n'eurent pas besoin de combattre, car aussitôt que les rebelles virent qu'ils auraient affaire à une armée de beaucoup supérieure en nombre, ils entrèrent en négociation. Yousof leur promit l'amnistie à condition qu'ils lui livreraient leurs trois chefs coraichites, Amir, son fils Wahb, et Hobâb. Les insurgés, pour la plupart Yéménites, hésitèrent d'autant moins à accepter cette condition, qu'ils supposaient que Yousof se montrerait clément envers des individus qui étaient presque ses contribules. Ils lui livrèrent donc leurs chefs, et Yousof convoqua les officiers de son armée afin qu'ils prononçassent sur le sort de ces prisonniers, qu'en attendant il avait fait charger de fers.

Çomail, qui s'était pris contre ces Coraichites d'une de ces haines qui, pour lui, ne finissaient qu'avec la vie de celui qui avait eu le malheur de les exciter, insista vivement pour qu'on leur coupât la tête. Aucun autre Caisite ne partageait son avis; ils jugeaient tous qu'ils n'avaient pas le droit de condamner à la mort des hommes qui, de même qu'eux, appartenaient à la race de Maädd; ils craignaient en outre de s'attirer la haine de la puissante tribu de Coraich et de ses nombreux alliés. Les deux chefs de la branche des Cab ibn-Amir, Ibn-Chihâb et Hoçain, soutenaient cette opinion avec plus de chaleur encore que les autres Caisites. La rage dans le cœur et résolu à se venger promptement de ceux qui avaient osé le contredire, Çomail céda. Yousof laissa donc la vie aux trois Coraichites, mais il les retint prisonniers.

Çomail trouva bientôt l'occasion qu'il cherchait de se débarrasser des deux chefs qui, dans cette circonstance, l'avaient emporté sur lui, et qui auparavant, lorsqu'il était assiégé dans Saragosse, avaient refusé si longtemps de marcher à son secours. Les Basques de Pampelune ayant imité l'exemple que leur avaient donné les Espagnols de la Galice en s'affranchissant de la domination arabe, il proposa à Yousof d'envoyer contre eux une partie de l'armée et de confier le commandement de ces troupes à Ibn-Chihâb et à Hoçain. Il fit cette proposition afin d'éloigner pour le moment ces contradicteurs importuns, et avec le désir secret qu'ils ne revinssent pas de cette expédition à travers un pays difficile et hérissé d'âpres montagnes.

Yousof, cédant comme de coutume à l'ascendant que son ami exerçait sur lui, fit ce que celui-ci désirait, et, après avoir nommé son propre fils Abdérame au gouvernement de la frontière, il reprit la route de Cordoue.

Il faisait halte sur les bords de la Jarama[1], quand un exprès vint lui apporter la nouvelle que les troupes envoyées contre les Basques avaient été complétement battues, qu'Ibn Chihâb avait été tué, et que Hoçain avait reconduit à Saragosse le petit nombre de guerriers qui avaient échappé au désastre. Aucune nouvelle ne pouvait être plus agréable à Çomail, et le lendemain, au point du jour, il dit à Yousof: «Tout va à merveille. Allâh nous a délivrés d'Ibn-Chihâb. Finissons-en maintenant avec les Coraichites; faites-les venir et ordonnez qu'on leur coupe la tête!»

----

1) *Wâdi-Charanba* dans l'*Akhbâr madjmoua;* Ibn al Abbâr (p. 52) nomme ici le Wâdi-ar-ramal (*la rivière sablonneuse*), c'est-à-dire le Guadarrama.

A force de lui redire souvent que cette exécution était absolument nécessaire, Çomail avait fait partager son opinion à l'émir, qui, cette fois encore, acquiesça à la volonté du Caisite.

Les trois Coraichites avaient cessé de vivre. A l'heure accoutumée, c'est-à-dire à dix heures du matin [1], on apporta le déjeuner, et Yousof et Çomail se mirent à table. L'émir était triste et abattu; le triple meurtre qu'il venait de commettre lui causait des remords; il se reprochait en outre d'avoir envoyé Ibn-Chihâb et tant de braves guerriers à une mort certaine; il sentait que tant de sang criait vengeance, et un vague pressentiment lui disait que son pouvoir touchait à son terme. Accablé de soucis, il ne mangeait presque pas. Çomail au contraire, était d'une gaîté brutale, et tout en mangeant d'un excellent appétit, il fit tous ses efforts pour rassurer le faible émir dont il se servait pour satisfaire ses rancunes personnelles et qu'il engageait dans une voie d'atroces violences. «Chassez vos noires idées, lui dit-il. En quoi donc avez-vous été si criminel? Si Ibn-Chihâb a été tué, ce n'est pas par votre faute; il a péri dans un combat, et à la guerre tel peut être le sort de qui que ce soit. Si ces trois Coraichites ont été exécutés, c'est qu'ils le méritaient; c'étaient des rebelles, des antagonistes dangereux, et l'exemple de

---

1) Voyez Burckhardt, *Bedouins*, p. 36.

sévérité que vous avez donné servira à faire réfléchir ceux qui voudraient les imiter. L'Espagne est désormais votre propriété et celle de vos enfants; vous avez fondé une dynastie qui durera jusqu'au temps de la venue de l'Antechrist. Qui donc serait assez audacieux pour vous disputer le pouvoir ? »

Par de tels propos Çomail essaya, mais en vain, de dissiper la tristesse qui accablait son ami. Le déjeuner fini, il se leva, retourna dans sa tente et alla faire la sieste dans l'appartement réservé à ses deux filles.

Resté seul, Yousof se jeta sur son lit, plutôt par habitude que parce qu'il éprouvait le besoin de dormir, car ses noires pensées ne le lui permettaient guère. Tout à coup il entendit les soldats crier : « Un courrier, un courrier de Cordoue! » Se levant à demi : « Que crie-t-on là-bas ? demanda-t-il aux sentinelles postées devant sa tente; un courrier de Cordoue ? — Oui, lui répondit-on; c'est un esclave monté sur le mulet d'Omm-Othmân. — Qu'il entre à l'instant même, » dit Yousof, qui ne comprenait pas pour quelle raison son épouse lui avait dépêché un exprès, mais qui savait que ce devait être pour une affaire grave et pressante.

Le courrier entra et lui remit un billet conçu en ces termes : « Un petit-fils du calife Hichâm est arrivé en Espagne. Il a établi sa résidence à Torrox, dans le château de l'infâme Obaidallâh ibn-Othmân.

Les clients omaiyades se sont déclarés pour lui. Votre lieutenant à Elvira, qui s'était mis en marche pour le repousser avec les troupes qu'il avait à sa disposition, a été défait ; ses soldats ont été bâtonnés, mais personne n'a été tué. Faites sans retard ce que vous jugerez convenable.»

Dès que Yousof eut lu ce billet, il ordonna qu'on fît venir Çomail. En allant à sa tente, celui-ci avait bien vu arriver le courrier, mais, insouciant comme de coutume, il n'y avait pas fait grande attention, et ce ne fut que quand l'émir le fit appeler à une heure si indue, qu'il se douta que ce messager était venu pour quelque motif important.

— Qu'est-il arrivé, émir, dit-il en entrant dans la tente de Yousof, que vous me faites appeler à l'heure de la sieste? rien de fâcheux, j'espère?

— Si! lui répondit Yousof; par Dieu! c'est un événement extrêmement grave, et je crains que Dieu ne veuille nous punir de ce que nous avons tué ces hommes.

— Folie ce que vous dites là, répliqua Çomail d'un air de mépris; croyez-moi, ces hommes étaient trop vils pour que Dieu s'occupât d'eux. Mais voyons, qu'est-il arrivé?

— Je viens de recevoir un billet d'Omm-Othmân, que Khâlid va vous lire.

Khâlid, client et secrétaire de l'émir, lut alors le billet. Moins étonné que Yousof ne l'avait été, car il avait pu prévoir ce qui arrivait, Çomail ne perdit pas son sang-froid en entendant qu'Abdérame était arrivé en Espagne. « L'affaire est grave en effet, dit-il ; mais voici mon opinion. Marchons contre ce prétendant à l'instant même, avec les soldats que nous avons. Livrons-lui bataille ; peut-être le tuerons-nous ; en tout cas ses forces sont encore si peu nombreuses que nous les disperserons aisément, et quand il aura essuyé une déroute, il perdra probablement l'envie de recommencer. — Votre avis me plaît, répliqua Yousof ; mettons-nous en route sans retard ! »

Bientôt toute l'armée sut qu'un petit-fils de Hichâm était arrivé en Espagne et qu'on allait le combattre. Cette nouvelle causa parmi les soldats une émotion extraordinaire. Déjà indignés de l'infàme complot ourdi par leurs chefs contre Ibn-Chihâb, et dont un si grand nombre de leurs contribules avaient été les victimes ; indignés aussi de l'exécution des Coraichites, ordonnée en dépit du conseil contraire des chefs caisites, ils n'étaient d'ailleurs nullement disposés à faire une campagne pour laquelle ils n'avaient pas été payés. « On veut nous forcer à faire deux campagnes au lieu d'une, crièrent-ils ; nous ne le ferons pas ! » A la tombée de la nuit, une désertion presque générale commença ; les contribules s'appelaient les uns les autres, et, réunis en bandes, ils quittèrent le camp pour rentrer dans leurs foyers. A peine restait-il dix Yéménites dans le camp ; c'étaient les porte-étendard, qui ne pouvaient abandonner leur

poste sans forfaire à l'honneur ; mais ils ne blâmèrent nullement les déserteurs et ne firent rien pour
les retenir. Quelques Caisiles plus particulièrement
attachés à Çomail, et quelques guerriers d'autres
tribus maāddites restèrent aussi ; mais on ne pouvait
pas trop compter sur eux non plus, car, fatigués
par une longue marche, eux aussi brûlaient du désir
de retourner dans leurs demeures, et ils prièrent
Yousof et Çomail de les reconduire à Cordoue, en
leur disant qu'entreprendre une campagne d'hiver
dans la Sierra de Regio avec des forces si peu considérables serait se jeter, par crainte du péril, dans
un péril beaucoup plus grand ; que la révolte se bor-
nerait sans doute à quelques districts de la côte, et
que pour attaquer Abdérame, il fallait attendre le
retour de la belle saison. Mais une fois que Çomail
avait arrêté un plan, il y mettait de l'obstination, et
bien qu'il y eût du vrai dans ce qu'on lui disait, il
persista dans son dessein. On marcha donc vers la
Sierra de Regio ; mais bientôt, le mauvais vouloir
des soldats aidant, Yousof fut à même de se convaincre que le plan de Çomail ne pouvait s'exécuter.
L'hiver avait commencé ; les pluies et les torrents
sortis de leurs bords avaient rendu les chemins im-
praticables. Malgré l'opposition de Çomail, Yousof
ordonna donc de retourner à Cordoue, et ce qui contribua à lui faire prendre cette résolution, ce fut
qu'on lui rapporta qu'Abdérame n'était pas venu en

Espagne pour prétendre à l'émirat, mais seulement pour y trouver un asile et des moyens de subsistance. » Si, ajoutait-on, vous lui offrez une de vos filles en mariage et de l'argent, vous verrez qu'il ne prétendra à rien de plus. »

En conséquence, Yousof, de retour à Cordoue, résolut d'entamer une négociation, et envoya à Torrox trois de ses amis. C'étaient Obaid, le chef le plus puissant des Caisites après Çomail et l'ami de ce dernier, Khâlid, le secrétaire de Yousof, et Isâ, client omaiyade et payeur de l'armée. Ils devaient offrir au prince de riches vêtements, deux chevaux, deux mulets, deux esclaves et mille pièces d'or.

Ils partirent avec ces présents; mais quand ils furent arrivés à Orch, sur la frontière de la province de Regio, Isâ, qui, bien que client de la famille d'Omaiya, était sincèrement attaché à Yousof, dit à ses compagnons: « Je m'étonne fort que des hommes tels que Yousof, et Çomail, et vous deux, vous puissiez agir avec tant de légèreté. Etes-vous donc assez simples pour croire que si nous arrivons avec ces présents auprès d'Abdérame et qu'il refuse d'accepter les propositions de Yousof, il nous laissera rapporter ces présents à Cordoue? » Cette observation parut tellement juste et sensée aux deux autres, qu'ils résolurent de laisser Isâ avec les présents à Orch, jusqu'à ce qu'Abdérame eût accepté les conditions du traité.

Arrivés à Torrox, ils trouvèrent le village et le

château encombrés de soldats; car des clients de la
famille d'Omaiya et des Yéménites de la division de
Damas, de celle du Jourdain et de celle de Kinnesrîn y étaient accourus en foule. Ayant demandé et
obtenu une audience, ils furent reçus par le prince
entouré de sa petite cour, dans laquelle Obaidallâh
tenait le premier rang, et exposèrent le but de leur
mission. Ils disaient que Yousof, plein de reconnaissance pour les bienfaits que son illustre trisaïeul,
Ocba ibn-Nâfi, avait reçus des Omaiyades, ne demandait pas mieux que de vivre en bonne intelligence avec Abdérame, à condition pourtant que celui-ci
ne prétendrait pas à l'émirat, mais seulement aux
terres que le calife Hichâm avait possédées en Espagne; qu'il lui offrait donc sa fille avec une dot considérable; qu'il lui envoyait aussi des présents qui
étaient encore à Orch, mais qui ne tarderaient pas à
arriver, et que, si Abdérame voulait se rendre à
Cordoue, il pouvait être certain d'y trouver l'accueil
le plus bienveillant.

Ces propositions plurent assez aux clients. Leur
première ardeur s'était un peu refroidie depuis qu'ils
avaient été à même de s'apercevoir que les Yéménites, tout disposés qu'ils étaient à combattre leurs rivaux, étaient d'une tiédeur désespérante à l'égard
du prétendant, et, tout bien considéré, ils inclinaient
à un accommodement avec Yousof. Ils répondirent
donc aux messagers: «Ce que vous proposez est ex-

cellent. Yousof a parfaitement raison en croyant que
ce n'est pas pour prétendre à l'émirat que notre patron est venu en Espagne, mais seulement pour re-
vendiquer les terres qui lui appartiennent par droit
d'héritage.» Quant au prince, il ne partageait point
sans doute cette manière de voir, et son ambition
ne se contentait nullement de la position de riche
propriétaire qu'on voulait lui assigner; mais ne sentant pas encore le terrain bien sûr sous ses pieds et
dépendant entièrement de ses amis, il se montrait envers eux modeste et même humble; n'osant blâmer
ce qu'ils approuvaient, il gardait prudemment le silence. Un observateur superficiel eût dit que son esprit n'était pas encore sorti tout à fait de l'état de
chrysalide, ou du moins que le vieil Obaidallâh le
tenait en tutelle.

«Voici maintenant, reprit Khâlid, la lettre que
Yousof vous envoie; vous verrez qu'elle confirme tout
ce que nous venons de vous dire.» Le prince accepta la lettre, et l'ayant donnée à Obaidallâh, il le
pria de la lire à haute voix. Cette lettre, composée
par Khâlid en sa qualité de secrétaire de Yousof,
était écrite avec une pureté de langage très-remar-
quable, et les fleurs de la rhétorique arabe y avaient
été répandues à pleines mains. Quand Obaidallâh en
eut achevé la lecture, le prince, toujours prudent,
abandonna à son ami le soin de prendre une décision.
«Veuillez-vous charger de répondre à cette lettre, lui

dit-il, car vous connaissez ma manière de voir. »

Il ne pouvait y avoir nul doute sur le sens dans lequel cette réponse serait conçue : au nom de son patron, Obaidallâh accepterait purement et simplement les propositions de Yousof, et le prince s'était déjà résigné au douloureux sacrifice de ses rêves d'ambition, lorsqu'une inconvenante plaisanterie de Khâlid vint brouiller l'affaire et rendre l'espoir au prince.

Khâlid n'était pas Arabe; il appartenait à la race vaincue, il était Espagnol. Son père et sa mère étaient esclaves et chrétiens; mais à l'instar d'une foule de ses compatriotes, son père avait abjuré le christianisme; en devenant musulman, il avait reçu le nom de Zaid, et pour le récompenser de sa conversion, son maître, Yousof, l'avait affranchi. Elevé dans le palais de son patron, le jeune Khâlid, que la nature avait doué d'une intelligence remarquable et d'une grande aptitude pour le travail de l'esprit, avait étudié avec ardeur la littérature arabe, et à la fin il la connaissait si bien et écrivait l'arabe avec une telle élégance, que Yousof l'avait nommé son secrétaire. C'était un grand honneur, car les émirs se piquaient d'avoir pour secrétaires les hommes les plus instruits et les mieux versés dans la connaissance de la langue et des anciens poèmes. Grâce à sa position, Khâlid avait bientôt acquis une grande influence sur le faible Yousof qui, ne se

fiant jamais à ses propres lumières, demandait toujours à être guidé par la volonté d'autrui; et quand
Çomail n'était pas là, c'était Khâlid qui lui dictait
ses résolutions. Envié par les Arabes à cause de son
influence et de ses talents, méprisé par eux à cause
de son origine, Khâlid rendait à ces rudes guerriers
mépris pour mépris; et quand il vit avec quelle gau-
cherie le vieil Obaidallâh, qui savait mieux manier
l'épée que le *calam*, faisait ses préparatifs pour répondre à sa lettre élégante, il s'indigna, dans sa vanité de lettré, que le prince eût confié une si noble
tâche à un esprit si inculte et si peu familiarisé avec
les finesses du langage. Un sourire moqueur vint
errer autour de ses lèvres, et il dit d'un ton dédaigneux: «Les aisselles te sueront, Abou-Othmân, avant
que tu aies répondu à une lettre comme celle-là!»

En se voyant raillé d'une façon si grossière par
un homme de néant, par un vil Espagnol, Obaidallâh, dont l'humeur était naturellement violente, entra
dans une fureur épouvantable. «Infâme! cria-t-il,
les aisselles ne me sueront pas du tout, je ne ré-
pondrai point à ta lettre.» En disant ces paroles avec
un accent de fierté brutale, il jeta à Khâlid sa lettre
au visage, et lui assena sur la tête un vigoureux
coup de poing. «Qu'on s'empare de ce misérable et
qu'on l'enchaîne!» poursuivit-il en s'adressant à ses
soldats, qui se hâtèrent d'exécuter cet ordre; puis,
s'adressant au prince: «Voilà le commencement de

la victoire, lui dit-il. Toute la sagesse de Yousof
réside dans cet homme-là, et sans lui il ne peut
rien. »

L'autre messager, Obaid, le chef caisite, attendit
jusqu'à ce que la colère d'Obaidallâh se fût un peu
calmée; puis il lui dit: « Veuillez-vous souvenir,
Abou-Othman ! que Khâlid est un messager, et que
comme tel il est inviolable. — Non, seigneur, lui répondit Obaidallâh ; le messager, c'est vous ; aussi
vous laisserons-nous partir en paix. Quant à l'autre,
il a été l'agresseur et mérite d'être puni ; c'est le fils
d'une femme vile et impure, c'est un *ildje*. [1] »

Par suite de la vanité de Khâlid et du tempéra-
ment irascible d'Obaidallâh, la négociation se trouva
donc rompue, et Abdérame, qui voyait le hasard
favoriser des pensées qu'il n'avait pas osé avouer,
était loin de s'en plaindre.

Quand Obaid, dans lequel Obaidallâh respectait le
chef d'une noble et puissante famille arabe, fut parti,
et que Khâlid eut été jeté dans un cachot, les clients
se rappelèrent que les messagers avaient parlé de présents qui se trouvaient à Orch, et ils résolurent de
se les approprier ; c'était autant de pris sur Yousof,
contre lequel la guerre était désormais déclarée. Une

---

1) Le mot *ildje* ne signifie pas seulement *chrétien*, comme on
trouve dans nos dictionnaires, mais aussi *renégat ;* voyez Marmol,
Descripcion de Affrica, t. II, fol. 17, col. 1 ; Hœst, *Nachrich-
ten*, p. 147 ; Charant, p. 48 ; Jackson, p. 140.

trentaine de cavaliers allèrent donc à bride abattue vers Orch ; mais Isâ, averti à temps, était parti en toute hâte, emportant avec lui toutes les richesses que les messagers devaient offrir au prince omaiyade, et les cavaliers durent retourner à Torrox sans avoir pu remplir le but de leur mission. Dans la suite Abdérame ne pardonna jamais entièrement à son client la conduite qu'il avait tenue dans cette circonstance, bien que ce client tâchât de lui faire sentir qu'en serviteur fidèle de Yousof, alors son maître, il n'avait pas pu agir autrement qu'il ne l'avait fait.

Quand Obaid, de retour à Cordoue, eut informé Yousof et Çomail de ce qui s'était passé à Torrox, Çomail s'écria: «Je m'attendais à voir échouer cette négociation ; je vous l'avais bien dit, émir, vous auriez dû attaquer ce prétendant pendant l'hiver.» Ce plan, bon en lui-même, mais malheureusement impraticable, était devenu pour Çomail une sorte d'idée fixe.

XV [1].

Pour commencer les hostilités, les deux partis durent attendre la fin de l'hiver qui, cette année-là, fut plus rigoureux qu'il ne l'est d'ordinaire en Andalousie. Abdérame, ou plutôt Obaidallâh, car c'était lui qui dirigeait tout, profita de ce temps d'inaction forcée pour écrire aux chefs arabes et berbers, et les inviter à se déclarer contre Yousof. Les Yéménites répondirent tous qu'au premier signal que donnerait le prince, ils prendraient les armes pour soutenir sa cause. Les Berbers étaient divisés; les uns se déclarèrent pour Yousof, les autres, pour le prétendant. Quant aux chefs caisites, six seulement promirent leur appui à Abdérame. Trois d'entre eux avaient des rancunes personnelles contre Çomail; c'étaient Djâbir, fils de cet Ibn-Chihâb que Çomail avait envoyé dans le pays des Basques afin qu'il y trouvât

---

1) Voyez *Akhbâr madjmoua*, fol. 83 r. — 91 r., livre que j'ai suivi de préférence à tout autre; Ibn-al-Coutîa, fol. 10 v. — 13 r.; Ibn-al-Abbâr, p. 42, 50, 54, 55.

la mort; Hoçaïn, le compagnon d'Ibn-Chihâb, dont il avait failli partager la destinée; et Abou-Becr ibn-Hilâl l'Abdite, qui était irrité contre Çomaïl parce que celui-ci avait un jour frappé son père. Les trois autres appartenaient à la tribu de Thakîf qui, depuis le temps de l'illustre Thakîfite Haddjâdj, était aveuglément dévouée à la cause des Omaiyades.

Les deux nations rivales, chacune renforcée par des Berbers, allaient donc recommencer, mais en plus grand nombre et sur une plus grande échelle, le combat de Secunda, livré dix années auparavant. Les forces des deux partis étaient moins inégales qu'elles ne le paraissaient au premier abord. Le parti omaiyade était supérieur en nombre; mais le prétendant ne pouvait pas trop compter sur le dévoûment des Yéménites, qui au fond ne s'intéressaient pas à sa cause, et qui ne voyaient dans la guerre qu'un moyen de se venger des Maäddites. Le parti de Yousof présentait au contraire une masse aussi homogène que cela était possible parmi des tribus arabes, toujours jalouses les unes des autres. Tous dans ce parti voulaient une seule et même chose : le maintien pur et simple de ce qui existait. Yousof, bon et faible vieillard qui n'entravait en rien leur amour de l'indépendance et de l'anarchie, était précisément l'émir qui convenait aux Maäddites, et quand sa sagacité se trouvait en défaut, ce qui arrivait assez souvent, Çomaïl qui, bien qu'il eût des ennemis même parmi les Caisites, jouissait cependant de l'estime de la majorité de ses contribules, était toujours là pour le conseiller et le diriger.

Au commencement du printemps, quand on eut appris à Torrox que Yousof faisait ses préparatifs pour marcher contre son compétiteur, on résolut de se porter vers l'ouest, afin de tirer à soi, pendant cette marche, les Yéménites dont on traverserait le pays, et de prendre Yousof à son avantage. Il fallait passer d'abord par la province de Regio, habitée par la division du Jourdain, et dont Archidona était alors la capitale. Le gouverneur de ce district était un Caisite, nommé Djidâr. Obaidallâh lui fit demander s'il laisserait passer le prince et son armée, et Djidâr, soit qu'il eût quelque motif de haine contre Çomail, soit qu'il sentît la nécessité de céder au vœu de la population entièrement yéménite [1] du district qu'il gouvernait, lui fit répondre: «Conduisez le prince à la *Moçallâ* d'Archidona, le jour de la rupture du jeûne, et vous verrez ce que je ferai.» Dans l'après-midi du jour indiqué, qui, dans cette année 756, tombait le 8 mars, les clients arrivèrent donc avec le prince dans la *Moçallâ;* c'est ainsi qu'on appelait une grande plaine hors de la ville, où devait être prononcé un sermon, auquel tous les musulmans d'Archidona étaient tenus d'assister. Quand le pré-

---

1) Comparez Ahmed ibn-abî-Yacoub, fol. 78 v.

dicateur ou *khatîb* voulut commencer par la formule
ordinaire, qui consistait à appeler les bénédictions du
ciel sur le gouverneur Yousof, Djidâr se leva et lui
dit: «Ne prononcez plus le nom de Yousof, et sub-
stituez-y celui d'Abdérame, fils de Moâwia, fils de
Hichâm, car il est notre émir, fils de notre émir.»
Puis, s'adressant à la foule: «Peuple de Regio, continua-t-il, que pensez-vous de ce que je viens de
dire? — Nous pensons comme vous,» s'écria-t-on de
toutes parts. Le prédicateur supplia donc l'Eternel
d'accorder sa protection à l'émir Abdérame, et la cérémonie religieuse achevée, la population d'Archidona
prêta serment de fidélité et d'obéissance au nouveau
souverain.

Cependant, malgré cet empressement à le reconnaître, le nombre des chefs de la province qui se
réunirent au prétendant avec leurs troupes, ne fut
pas très-considérable. Il en fut dédommagé par l'arrivée de quatre cents cavaliers de la peuplade berbère [1] des Beni-al-Khali, clients du calife Yézîd II,
qui habitaient dans le district de Ronda (appelé alors
Tâ-Corona) [2] et qui, en apprenant ce qui s'était passé

---

1) Voyez Ibn-al-Coutîa, fol. 13 v.

2) Dans ce nom propre *Corona* est le nom latin pour *couronne*;
tâ est le préfixe berber. Ce nom caractéristique était celui d'une
de ces forteresses bâties sur le pic d'un rocher, si nombreuses dans
la Serranía de Ronda. L'endroit qu'habitaient les Beni-al-Khali
conserve encore leur nom, altéré en Benadalid. C'est une petite

à Archidona, étaient partis en toute hâte pour se joindre à l'armée.

Passant de la province de Regio dans celle de Sidona, habitée par la division de la Palestine, le prince traversa, non sans peine et par des sentiers escarpés qui serpentent dans les flancs de rochers à pic, la sauvage et pittoresque Serranía de Ronda. Arrivé à l'endroit où habitait la tribu maâddite de Kinéna, et qui porte encore aujourd'hui le nom de Ximena [1], légère altération de Kinéna, il n'y trouva que des femmes et des enfants, les hommes étant déjà partis pour aller se réunir à l'armée de Yousof. Jugeant qu'il ne fallait pas commencer par des exécutions, il ne les molesta d'aucune manière.

Renforcé par les Yéménites de la province de Sidona, qui se joignirent à lui en grand nombre, le prétendant marcha vers la province de Séville, habitée par la division d'Emèse. Les deux chefs yéménites les plus puissants de cette province, Abou-Çabbâh, de la tribu de Yahcib, et Hayât ibn-Molâmis, de la tribu de Hadhramaut, vinrent à sa ren-

---

ville, avec un château très-pittoresque, au sud de Ronda, sur la rive droite du Genal. Voyez Marmol, *Rebelion de los Moriscos*, fol. 221, col. 1, et Rochfort Scott, *Excursions in the mountains of Ronda and Granada*, t. I, p. 89.

1) Voyez sur Ximena, petite ville avec un château de construction romaine, Rochfort Scott, t. II, p. 28 et suivantes. Le nom de la tribu de Kinéna s'est aussi conservé dans *Ximena* entre Jaën et Jodar, et dans *Torreximeno*, au nord de Martos.

contre, et vers le milieu de mars, il fit son entrée à Séville, où on lui prêta serment. Bientôt après, quand il eut appris que Yousof s'était mis en marche, en suivant la rive droite du Guadalquivir, pour venir l'attaquer dans Séville, il quitta cette ville avec son armée, et marcha sur Cordoue en suivant la rive opposée du fleuve, dans l'espoir de surprendre la capitale, qu'il trouverait presque dégarnie et où les clients omaiyades et les Yéménites qui y habitaient, lui prêteraient main-forte.

Quand on fut arrivé dans le district de Tocina, à la villa de Colombera [1] selon les uns, à celle qui s'appelait Villanova des Bahrites (aujourd'hui Brenes) selon les autres [2], on fit la remarque que les trois divisions militaires avaient chacune son étendard et que le prince n'en avait point. «Bon Dieu! se dirent alors les chefs, la discorde éclatera parmi nous.» Le chef sévillan Abou-Çabbâh se hâta d'attacher un turban à une lance, et de présenter au prince ce drapeau, qui devint le palladium des Omaiyades.

Pendant qu'Abdérame continuait sa marche vers Cordoue, Yousof, qui avait fait une courte halte à Almodovar, poursuivait la sienne vers Séville, et bien-

---

1) *Akhbâr madjmoua*, fol. 84 r.

2) Ibn-al-Coutia, fol. 11 r. Les Beni-Bahr étaient, ajoute-t-il, une sous-tribu des Lakhmites. Brenes est une altération du mot arabe Bahrîn.

tôt les deux armées se trouvèrent l'une vis-à-vis de
l'autre, séparées par le Guadalquivir, dont les eaux
avaient trop grossi dans cette saison (on était dans
le mois de mai) pour qu'on pût le passer à gué. Des
deux côtés on s'observait. Yousof, qui avait hâte
d'attaquer son compétiteur avant que celui-ci eût reçu
de nouveaux renforts, attendait avec impatience le
moment où la rivière décroîtrait. De son côté, le
prétendant voulait marcher sur Cordoue sans que
l'ennemi s'en aperçût. A l'entrée de la nuit, il fit
allumer les feux de bivouac, afin de faire croire à
Yousof qu'il avait dressé ses tentes; puis, profitant
de l'obscurité, il se mit en marche dans le plus profond silence. Malheureusement pour lui, il avait qua-
rante-cinq milles arabes à faire, et à peine en eut-il
fait un, que Yousof fut averti de son départ clandes-
tin. Sans perdre un instant, l'émir rebroussa chemin pour aller protéger sa capitale menacée. Ce fut
alors une véritable course au clocher; mais Abdérame,
voyant que dans cette course Yousof allait gagner le
prix, tâcha de le tromper de nouveau en s'arrêtant.
Yousof, qui observait de l'autre côté de la rivière
tous les mouvements de l'ennemi, en fit de même;
puis, quand Abdérame se remit en marche, il en
fit autant, jusqu'à ce qu'il s'arrêtât définitivement à
Moçâra, tout près de Cordoue, vis-à-vis de son compétiteur, dont le plan avait complétement échoué, au
grand mécontentement de ses soldats qui, n'ayant

pour toute nourriture que des *garbanzos*[1], avaient espéré se dédommager dans la capitale de leurs privations.

Le jeudi 13 mai, jour de la fête d'Arafa, le Guadalquivir commença à décroître, et Abdérame, ayant convoqué les chefs de son armée, laquelle venait d'être renforcée par l'arrivée de plusieurs Cordouans, leur parla en ces termes : « Il est temps de prendre une dernière et ferme résolution. Vous connaissez les propositions de Yousof. Si vous jugez que je dois les accepter, je suis encore prêt à le faire; mais si vous voulez la guerre, je la veux aussi. Dites-moi donc franchement votre opinion; quelle qu'elle soit, elle sera la mienne. » Tous les chefs yéménites ayant opiné pour la guerre, leur exemple entraîna les clients omaiyades qui, dans leur pensée intime, ne repoussaient pas encore tout à fait l'idée d'un accommodement. La guerre ayant donc été résolue, le prince reprit la parole : « Eh bien, mes amis, dit-il, passons le fleuve aujourd'hui même, et faisons en sorte que demain nous puissions livrer bataille; car demain est un jour heureux pour ma famille : c'est un vendredi et un jour de fête, et ce fut précisément un vendredi et un jour de fête que mon trisaïeul donna le califat à ma famille en remportant la victoire, dans la prairie de Râhit, sur un autre Fihrite qui, de même

---

1) Espèce de haricots.

que celui que nous allons combattre, avait un Caisite pour vizir. Alors, de même qu'à présent, les Caisites étaient d'un côté, et les Yéménites de l'autre. Espérons, mes amis, que demain sera, pour les Yéménites et les Omaiyades, une journée aussi glorieuse que celle de la prairie de Râhit!» Puis le prince donna ses ordres et nomma les chefs qui commanderaient les différents corps de son armée. En même temps il entama une feinte et insidieuse négociation avec Yousof. Voulant passer la rivière sans avoir besoin de combattre et procurer des vivres à ses soldats affamés, il lui fit dire qu'il était prêt à accepter les propositions qui lui avaient été faites à Torrox, et qui n'avaient été rejetées que par suite d'une impertinence de Khâlid; qu'en conséquence, il espérait que Yousof ne s'opposerait pas à ce qu'il passât avec son armée sur l'autre rive, où, plus rapprochés l'un de autre, ils pourraient poursuivre plus facilement les négociations, et que, la bonne intelligence étant sur le point de s'établir, il priait Yousof de vouloir bien envoyer de la viande à ses troupes.

Croyant à la bonne foi de son rival et espérant que les affaires pourraient s'arranger sans que le sang coulât, Yousof tomba dans le piége. Non-seulement il ne s'opposa point au passage d'Abdérame, mais il lui envoya aussi des bœufs et des moutons. Un bizarre destin semblait vouloir que le vieux Yousof secondât toujours à son insu les projets de son jeune compétiteur. Une fois déjà, l'argent qu'il avait donné aux clients omaiyades afin qu'ils s'armassent pour sa cause, avait servi à conduire Abdérame en Espagne; cette fois le bétail qu'il lui envoya servit à restaurer les forces de ses ennemis qui mouraient de faim.

Le lendemain seulement, vendredi 14 mai, jour de la fête des sacrifices, Yousof s'aperçut qu'il s'était laissé duper. Il vit alors que l'armée d'Abdérame, renforcée par les Yéménites d'Elvira et de Jaën, qui étaient arrivés avec le jour, se rangeait en ordre de bataille. Forcé d'accepter la bataille, il disposa ses troupes au combat, bien qu'il n'eût pas encore reçu les renforts que son fils Abou-Zaid devait lui amener de Saragosse, et qu'il y eût une assez vive inquiétude parmi les Caisites, qui avaient remarqué, de même qu'Abdérame, la ressemblance frappante qu'il y aurait entre cette journée et celle de la Prairie.

Le combat s'engagea. Le prétendant, entouré de ses clients parmi lesquels Obaidallâh portait sa bannière, était monté sur un magnifique andalous, qu'il faisait bondir comme un chevreuil. Il s'en fallait que tous les cavaliers, voire les chefs, eussent des chevaux; même longtemps plus tard, les chevaux étaient encore si rares en Andalousie, que la cavalerie légère était d'ordinaire montée sur des mulets [1].

---

1) Dans le Xe siècle, Jean de Gorz, ambassadeur de l'empereur Otton Ier à la cour d'Abdérame III, vit à Cordoue la cavalerie

Aussi le cheval fougueux d'Abdérame inspira-t-il des soupçons et des craintes aux Yéménites, qui se dirent : « Il est bien jeune, celui-là, et nous ignorons s'il est brave. Qui nous garantit que, gagné par la peur, il ne se sauvera pas au moyen de cet andalous, et qu'entraînant ses clients dans sa fuite, il ne jettera pas le désordre dans nos rangs? » Ces murmures, de plus en plus distincts, parvinrent jusqu'aux oreilles du prince, qui appela aussitôt Abou-Çabbâh, l'un de ceux qui montraient le plus d'inquiétude. Le chef sévillan arriva, monté sur son vieux mulet, et le prince lui dit : « Mon cheval est trop fougueux et m'empêche par ses bonds de bien viser. Je voudrais avoir un mulet, et dans toute l'armée je n'en vois aucun qui me convienne autant que le vôtre; il est docile, et, à force d'avoir grisonné, il est presque devenu blanc, de brun qu'il était. Il me va donc à merveille, car je veux que mes amis puissent me reconnaître à ma monture; si les affaires tournent mal, ce qu'à Dieu ne plaise, on n'aura qu'à suivre mon mulet blanc: il montrera à chacun le chemin de l'honneur. Prenez donc mon cheval et donnez-moi votre mulet. — Mais ne vaudrait-il pas mieux que l'émir restât à cheval? balbutia Abou-Çabbâh en rougissant de honte. — Du tout, » répliqua

---

légère montée sur des mulets un jour de grande parade. *Vita Johannis Gorziensis*, c. 132.

le prince en sautant lestement à terre, après quoi
il enfourcha le mulet. Les Yéménites ne le virent
pas plutôt monté sur ce vieux et paisible animal,
que leurs craintes se dissipèrent.

L'issue du combat ne fut pas longtemps douteuse.
La cavalerie du prétendant culbuta l'aile droite et le
centre de l'armée ennemie, et Yousof et Çomail, après
avoir été témoins l'un et l'autre de la mort d'un fils,
cherchèrent leur salut dans la fuite. L'aile gauche
seule, composée de Caisites et commandée par Obaid,
tint ferme jusqu'à ce que le soleil fût déjà haut, et
ne céda que quand presque tous les Caisites de distinction et Obaid lui-même eurent été tués.

Les Yéménites victorieux n'eurent rien de plus
pressé que d'aller au pillage. Les uns se rendirent
au camp abandonné de l'ennemi, où ils trouvèrent
les mets que Yousof avait fait préparer pour ses soldats, et en outre, un butin considérable. D'autres
allèrent saccager le palais de Yousof à Cordoue, et
deux homme de cette bande, qui appartenaient à la
tribu yéménite de Taï, franchirent le pont afin d'aller
piller le palais de Çomail à Secunda. Entre autres
richesses, ils y trouvèrent un coffre qui contenait dix
mille pièces d'or. Çomail vit et reconnut, du haut
d'une montagne située sur la route de Jaën, les deux
individus qui emportaient son coffre, et comme, quoique battu et privé d'un fils bien-aimé, il avait conservé
tout son orgueil, il exhala aussitôt sa colère et son

désir de vengeance dans un poème. dont ces deux vers sont venus jusqu'à nous:

La tribu de Taï a pris mon argent en dépôt; mais le jour viendra où ce dépôt sera retiré par moi.... Si vous voulez savoir ce que peuvent ma lance et mon épée, vous n'avez qu'à interroger les Yéménites, et s'ils gardent un morne silence, les nombreux champs de bataille qui ont été témoins de leurs défaites, répondront pour eux et proclameront ma gloire.

Arrivé dans le palais de Yousof, Abdérame eut beaucoup de peine à en chasser les pillards qu'il y trouva; il n'y réussit qu'en leur donnant des vêtements dont ils se plaignaient de manquer. Le harem de Yousof était aussi menacé du plus grand péril, car, dans leur haine contre le vieil émir, les Yéménites n'avaient nullement l'intention de le respecter. L'épouse de Yousof, Omm-Othmân, accompagnée de ses deux filles, vint donc implorer la protection du prince. «Cousin, lui dit-elle, soyez bon envers nous, car Dieu l'a été envers vous. — Je le serai,» répondit-il, touché du sort de ces femmes, dans lesquelles il voyait des membres d'une famille alliée à la sienne, et il ordonna aussitôt qu'on allât chercher le *çâhib-aç-çalât*, le prieur de la mosquée. Quand celui qui remplissait alors cette dignité et qui était un client de Yousof, fut arrivé, Abdérame lui enjoignit de conduire ces femmes dans sa demeure, espèce de sanctuaire où elles seraient à l'abri de la brutalité de la soldatesque, et il leur rendit même les objets précieux qu'il avait pu arracher aux pillards. Pour lui montrer sa reconnaissance, l'une des deux filles de Yousof lui fit présent d'une jeune esclave, nommée Holal, qui, dans la suite, donna le jour à Hichâm, le second émir omaiyade de l'Espagne [1].

La noble et généreuse conduite d'Abdérame mécontenta extrêmement les Yéménites. Il les empêchait de piller, eux qui s'étaient promis un riche butin, il prenait sous sa protection des femmes qu'ils convoitaient: c'étaient autant d'empiétements sur des droits qu'ils croyaient avoir acquis. «Il est partial pour sa famille, se dirent les mécontents, et puisque c'est à nous qu'il doit sa victoire, il devrait bien nous montrer un peu plus de reconnaissance.» Même les Yéménites les plus modérés ne désapprouvaient pas trop ces murmures; ils disaient bien que le prince avait bien fait, mais on voyait à l'expression de leurs physionomies qu'ils ne parlaient ainsi que pour l'acquit de leur conscience et qu'au fond de l'âme ils donnaient raison aux frondeurs. Enfin, comme ils n'avaient prêté leur secours à Abdérame que pour se venger des Maäddites et que ce but était atteint, l'un d'entre eux s'enhardit jusqu'à dire: «Nous en avons fini avec nos ennemis maäddites. Cet homme-là et ses

---

1) Comparez Ibn-al-Coutîa, fol. 12 r., et l'*Akhbâr madjmoua*, fol. 86 v., avec Khochanî, p. 219.

clients appartiennent à la même race. Tournons nos armes contre eux maintenant, tuons-les, et dans un seul jour nous aurons remporté deux victoires au lieu d'une. » Cette infâme proposition fut débattue avec sang-froid, comme s'il se fût agi d'une chose fort naturelle; les uns l'approuvaient, les autres ne l'approuvaient pas. Parmi les derniers se trouvait toute la race de Codhâa à laquelle appartenaient les Kelbites. On n'avait pas encore pris une décision, lorsque Thalaba, noble Djodhâmite de la division de Sidona, alla révéler au prince le complot qu'on tramait contre lui. Un motif personnel l'y poussait. Malgré sa noble origine, il avait été évincé par ses compétiteurs lorsque ses contribules s'étaient donné des chefs, et ses heureux rivaux ayant opiné en faveur de la proposition, il croyait avoir trouvé un excellent moyen pour se venger d'eux. Ayant donc averti Abdérame, il lui dit qu'il ne pouvait se fier qu'aux Codhâa, et que celui qui, plus qu'aucun autre, avait appuyé la proposition, était Abou-Çabbâh. Le prince le remercia avec effusion en lui promettant de le récompenser dans la suite (ce à quoi il ne manqua pas), et prit ses mesures sans perdre un instant. Il nomma le Kelbite Abdérame ibn-Noaim préfet de la police de Cordoue et s'entoura de tous ses clients, qu'il organisa en gardes du corps. Quand les Yéménites s'aperçurent que le projet qu'ils méditaient avait été trahi, ils jugèrent prudent de l'abandonner, et laissèrent Abdérame se rendre à la grande mosquée, où il prononça, en qualité d'imâm, la prière du vendredi, et où il harangua le peuple en lui promettant de régner en bon prince.

Maître de la capitale, Abdérame ne l'était pas encore de l'Espagne. Yousof et Çomail, quoiqu'ils eussent essayé une grande déroute, ne désespéraient pas de rétablir leurs affaires. D'après le plan qu'ils avaient arrêté entre eux au moment où ils se quittèrent après leur fuite, Yousof alla chercher du secours à Tolède, tandis que Çomail se rendit dans la division à laquelle il appartenait, celle de Jaën, où il appela tous les Maäddites aux armes. Ensuite Yousof vint le rejoindre avec les troupes de Saragosse, qu'il avait rencontrées en route, et celles de Tolède. Alors les deux chefs forcèrent le gouverneur de la province de Jaën à se retirer dans la forteresse de Mentesa, et celui d'Elvira à chercher un refuge dans les montagnes. En même temps Yousof, qui avait appris qu'Abdérame se préparait à marcher contre lui, ordonna à son fils Abou-Zaid de gagner Cordoue par une route autre que celle que suivait Abdérame, et de s'emparer de la capitale, ce qui ne lui serait pas difficile attendu que la ville n'avait qu'une faible garnison. Si ce plan réussissait, Abdérame serait forcé de rebrousser chemin afin d'aller reprendre Cordoue, et Yousof gagnerait du temps pour grossir son armée. Le plan réussit en effet. Abdérame s'était déjà mis en mar-

che, lorsque Abou-Zaïd attaqua la capitale à l'improviste, s'en rendit maître, assiégea Obaidallâh qui,
avec quelques guerriers, s'était retiré dans la tour
de la grande mosquée, et le força à se rendre. Mais
peu de temps après, quand il eut appris qu'Abdérame
avait rebroussé chemin pour venir l'attaquer, il quitta
Cordoue, emmenant avec lui Obaidallâh et deux jeunes filles esclaves du prince, qu'il avait trouvées dans
le palais. C'est ce que les chefs qui l'accompagnaient
blâmèrent hautement. «Votre conduite est bien moins
noble que celle d'Abdérame, lui dirent-ils; car, ayant
en son pouvoir vos propres sœurs et les femmes de
votre père, il les a respectées et protégées, au lieu
que vous vous appropriez des femmes qui lui appartiennent.» Abou-Zaïd sentit qu'ils disaient vrai, et
quand il fut arrivé à un mille au nord de Cordoue,
il ordonna de dresser une tente pour les deux esclaves, qu'il y installa après leur avoir rendu leurs effets.
Puis il alla rejoindre son père à Elvira.

Quand Abdérame eut appris qu'Abou-Zaïd avait déjà
quitté Cordoue, il marcha rapidement contre Yousof;
mais les affaires tournèrent tout autrement qu'on ne
s'y attendait. Se sentant trop faibles pour résister à
la longue au prince, Yousof et Çomaïl lui firent faire
des propositions, en déclarant qu'ils étaient prêts à le
reconnaître comme émir, pourvu qu'il leur garantît
tout ce qu'ils possédaient et qu'il accordât une amnistie générale. Abdérame accepta ces propositions,

en stipulant de son côté que Yousof lui donnerait en otage deux de ses fils, Abou-Zaid et Abou-'l-Aswad. Il s'engagea à les traiter honorablement, sans leur imposer d'autre obligation que celle de ne pas quitter le palais, et il promit de les rendre à leur père dès que le repos serait entièrement rétabli. Durant ces négociations, l'Espagnol Khâlid, prisonnier d'Abdérame, fut échangé contre Obaidallâh, prisonnier de Yousof. Par un étrange jeu de la fortune, le client omaiyade fut donc échangé contre celui que lui-même avait fait arrêter.

Reconnu par tout le monde pour l'émir de l'Espagne, Abdérame, avec Yousof à sa droite et Çomail à sa gauche, reprit le chemin de Cordoue (juillet 756). Pendant toute la route, Çomail se montra l'homme le plus poli et le mieux élevé qui fût, et plus tard Abdérame avait coutume de dire: «Certes, Dieu donne le gouvernement d'après sa volonté, non d'après le mérite des hommes! Depuis Elvira jusqu'à Cordoue, Çomail était toujours à mes côtés, et pourtant son genou ne toucha jamais le mien; jamais la tête de son mulet ne fut en avant de celle du mien; jamais il ne me fit une question qui eût pu paraître indiscrète, et jamais il ne commença une conversation avant que je lui eusse adressé la parole [1].» Le prin-

---

1) Ziyâd, frère bâtard de Moâwia Ier et gouverneur de l'Irâc, faisait un éloge analogue en parlant de Hâritha. Voyez Ibn-Khallicân, t. I, p. 325, éd. de Slane.

ce, ajoutent les chroniqueurs, n'eut aucun motif pour faire un semblable éloge de Yousof.

Tout alla bien pendant quelque temps. Les menées des ennemis de Yousof, qui voulaient lui intenter des procès sous le prétexte qu'il s'était approprié des terres auxquelles il n'avait point de droit, demeurèrent sans succès; lui et Çomail jouissaient d'une grande faveur à la cour et souvent même Abdérame les consultait dans les conjonctures graves et difficiles. Çomail était entièrement résigné au sort qui lui avait été fait; Yousof, incapable de prendre à lui seul une grande résolution, se serait peut-être accommodé aussi à son rôle secondaire; mais il était entouré de mécontents, de nobles coraichites, fihrites et hâchimites, qui, sous son règne, avaient occupé les dignités les plus hautes et les plus lucratives, et qui, ne pouvant s'habituer à la condition obscure à laquelle ils se voyaient réduits, s'évertuaient à exciter l'ancien émir contre le nouveau, en donnant une fausse interprétation aux moindres paroles du prince. Ils ne réussirent que trop bien dans leur projet. Résolu à tenter encore une fois le sort des armes, Yousof sollicita en vain l'appui de Çomail et des Caisites; mais il réussit mieux auprès des Baladis (c'est ainsi qu'on appelait les Arabes venus en Espagne avant les Syriens), principalement auprès de ceux de Lacant [1],

---

1) Cet endroit se trouvait probablement dans le voisinage de Fuente de Cantos, au N. O. de Séville.

de Mérida et de Tolède, et un' jour, dans l'année 758, Abdérame reçut la nouvelle que Yousof avait pris la fuite dans la direction de Mérida. Il lança aussitôt des escadrons à sa poursuite, mais ce fut en vain. Alors il se fit amener Çomail et lui reprocha durement d'avoir favorisé l'évasion de Yousof. « Je suis innocent, répondit le Caisite; la preuve en est que je n'ai pas accompagné Yousof, comme je l'aurais fait si j'eusse été son complice. — Impossible que Yousof ait quitté Cordoue sans vous avoir consulté, répliqua le prince, et votre devoir était de nous avertir.» Puis il le fit jeter en prison, de même que les deux fils de Yousof qui se trouvaient dans le palais en qualité d'otages.

Yousof, après avoir réuni à Mérida ses partisans arabes et berbers, prit avec eux le chemin de Lacant, dont les habitants se joignirent aussi à lui, et de là il marcha sur Séville. Presque tous les Baladîs de cette province et même un assez grand nombre de Syriens étant accourus sous sa bannière, il put commencer, à la tête de vingt mille hommes, le siége de Séville, où commandait un parent d'Abdérame, nommé Abdalmélic, qui, l'année précédente, était arrivé avec ses deux fils en Espagne. Mais ensuite, croyant que ce gouverneur, qui n'avait sous ses ordres qu'une garnison peu considérable, composée d'Arabes syriens, n'oserait rien entreprendre contre lui, il résolut de frapper sans retard un grand coup en marchant directement sur la capitale, avant que les Arabes syriens du midi eussent eu le temps d'y arriver. Ce plan échoua, car pendant que Yousof était encore en marche, les Syriens arrivèrent à Cordoue, et Abdérame marcha avec eux à la rencontre de l'ennemi. De son côté, Abdalmélic, le gouverneur de Séville, reçut bientôt du renfort par l'arrivée de son fils Abdallâh, qui, croyant son père assiégé dans Séville, était venu à son secours avec les troupes de Moron, district dont il était gouverneur, et alors le père et le fils résolurent d'aller attaquer Yousof pendant sa marche. Averti des mouvements de l'ennemi et craignant d'être pris entre deux feux, Yousof se hâta de rebrousser chemin pour aller écraser d'abord les troupes de Séville et de Moron. A son approche Abdalmélic, qui voulait donner à Abdérame le temps d'arriver, se retira lentement; mais Yousof le força à faire halte et à accepter le combat. Comme à l'ordinaire, la bataille commença par un combat singulier. Un Berber, client d'une famille fihrite, sortit des rangs de Yousof et cria: «Y a-t-il quelqu'un qui veuille se mesurer avec moi?» Comme cet homme était d'une stature colossale et d'une force prodigieuse, personne parmi les soldats d'Abdalmélic n'osa accepter son défi. «Voilà un début qui n'est que trop propre à décourager nos soldats,» dit alors

Abdalmélic, et, s'adressant à son fils Abdallâh : «Va, mon fils, lui dit-il, va te mesurer avec cet homme, et que Dieu te soit en aide.» Abdallâh allait déjà sortir des rangs pour obéir à l'ordre de son père, lorsqu'un Abyssin, client de sa famille, vint à lui et lui demanda ce qu'il voulait faire. «Je vais combattre ce Berber,» lui répondit Abdallâh. «Laissez-moi ce soin, seigneur,» dit alors l'Abyssin, et au même instant il alla à la rencontre du champion.

Les deux armées attendaient avec anxiété quelle serait l'issue de ce combat. Les deux adversaires étaient égaux en stature, en force, en bravoure; aussi la lutte se continua-t-elle quelque temps sans que ni l'un ni l'autre eût l'avantage, mais le terrain étant détrempé par la pluie, le Berber glissa et tomba à terre. Pendant que l'Abyssin se jetait sur lui et lui coupait les deux jambes, l'armée d'Abdalmélic, enhardie par le succès de son champion, poussa le cri de *Dieu est grand!* et fondit sur l'armée de Yousof avec tant d'impétuosité qu'elle la mit en déroute. Une seule attaque avait donc décidé du sort de la journée; mais Abdalmélic n'avait pas assez de troupes pour pouvoir tirer de sa victoire autant de fruit qu'il l'eût voulu.

Pendant que ses soldats fuyaient dans toutes les directions, Yousof, accompagné seulement d'un esclave et du Persan Sâbic, client des Témîm, traversa le Campo de Calatrava et gagna la grande route qui conduisait à Tolède. Allant à bride abattue, il passa par un hameau situé à dix milles de Tolède, où il fut reconnu, et où un descendant des Médinois, nommé Abdallâh ibn-Amr, dit à ses amis: « Montons à cheval et tuons cet homme; sa mort seule peut donner le repos à son âme et au monde, car tant qu'il vivra, il sera un tison de discorde! » Ses compagnons approuvèrent sa proposition, montèrent à cheval, et comme ils avaient des chevaux frais, tandis que ceux des fugitifs étaient accablés de fatigue, ils atteignirent ceux qu'ils poursuivaient à quatre milles de Tolède et tuèrent Yousof et Sâbic. L'esclave seul échappa à leurs épées et apporta à Tolède la triste nouvelle de la mort de l'ancien émir de l'Espagne.

Quand Abdallâh ibn-Amr fut venu offrir à Abdérame la tête de son compétiteur infortuné, ce prince, qui voulait en finir avec ses ennemis, fit aussi décapiter Abou-Zaïd, l'un des deux fils de Yousof, et condamna l'autre, Abou-'l-Aswad, dont il n'épargna la vie qu'en considération de son extrême jeunesse, à une captivité perpétuelle. Çomaïl seul pouvait encore lui donner de l'ombrage. Un matin le bruit se répandit qu'il était mort d'apoplexie pendant qu'il était ivre. Les chefs maäddites, introduits dans son cachot afin qu'ils pussent se convaincre qu'il n'était pas mort de mort violente, trouvèrent à côté de son cadavre du vin, des fruits et des confitures. Ils ne crurent pas, toutefois, à une mort naturelle, et en cela ils avaient raison; mais ils se trompaient en supposant qu'Abdérame avait fait empoisonner Ço-mail; la verité, c'est qu'il l'avait fait étrangler [1].

1) Voyez Maccari, t. II, p. 24.

XVI.

Abdérame avait atteint le but de ses désirs. Le proscrit qui, ballotté pendant cinq ans par tous les hasards d'une vie aventureuse, avait erré de tribu en tribu dans les déserts de l'Afrique, était enfin devenu le maître d'un grand pays, et ses ennemis les plus déclarés avaient cessé de vivre.

Pourtant il ne jouit pas paisiblement de ce qu'il avait gagné par la perfidie et le meurtre. Son pouvoir n'avait point de racines dans le pays; il ne le devait qu'à l'appui des Yéménites, et dès le commencement il avait été à même de se convaincre que cet appui était précaire. Brûlant du désir de se venger de la défaite qu'ils avaient éprouvée dans la bataille de Secunda et de ressaisir l'hégémonie dont ils avaient été privés depuis si longtemps, la cause d'Abdérame n'avait été pour eux qu'un prétexte; au fond ils auraient beaucoup mieux aimé élever un des leurs à l'émirat, si leur jalousie réciproque le leur eût permis, et il était à prévoir qu'ils tourneraient leurs armes contre le prince, dès que l'ennemi commun aurait été vaincu. Ils ne manquèrent pas de le faire, en effet, et pendant un règne de trente-deux ans Abdérame Ier vit son autorité contestée tantôt par les Yéménites, tantôt par les Berbers, tantôt enfin par les Fihrites qui, souvent battus, se relevaient après chaque défaite avec des forces nouvelles, comme ce géant de la fable qu'Hercule terrassa toujours en vain. Heureusement pour lui, il n'y avait point d'union parmi les chefs arabes qui prenaient les armes, soit pour se venger de griefs personnels, soit pour satisfaire à un simple caprice; ils sentaient confusément que, pour vaincre l'émir, une confédération de toute la noblesse était nécessaire, mais ils n'avaient pas l'habitude de se concerter et d'agir avec ensemble. Grâce à ce manque d'union chez ses ennemis, grâce aussi à son activité infatigable et à sa politique tantôt perfide et astucieuse, tantôt violente et atroce, mais presque toujours habile, bien calculée et adoptée aux circonstances, Abdérame sut se soutenir, quoique appuyé seulement par ses clients, par quelques chefs qu'il s'était attachés, et par des soldats berbers qu'il avait fait venir d'Afrique.

Parmi les plus formidables des nombreuses révoltes tentées par les Yéménites, il faut compter celle d'Alâ ibn-Moghîth [1], qui éclata dans l'année 763. Deux

---

1) Les auteurs arabes diffèrent entre eux sur la tribu à laquelle appartenait Alâ. Les uns nomment celle de Yahçob, d'autres celle de Hadhramaut, d'autres encore celle de Djodhâm.

années auparavant, le parti fihrite, dont Hichâm ibn-
Ozra, fils d'un ancien gouverneur de la Péninsule,
était alors le chef, s'était soulevé à Tolède, et l'émir
n'avait pas encore réussi à réduire celte ville, lorsque Alâ, nommé gouverneur de l'Espagne par Al-
Mançour, le calife abbâside, débarqua dans la province de Béja et arbora le drapeau noir que le calife lui
avait donné [1]. Aucun étendard n'était aussi propre à
réunir les différents partis, parce qu'il ne représentait
pas telle ou telle fraction, mais la totalité des musulmans. Aussi les Fihrites de cette partie de l'Espagne
se joignirent-ils aux Yéménites, et la position d'Abdérame, assiégé dans Carmona pendant deux mois, devint si dangereuse, qu'il résolut de risquer le tout
pour le tout. Ayant appris qu'un grand nombre de
ses ennemis, fatigués de la longueur du siége, étaient
rentrés dans leurs foyers sous différents prétextes, il
choisit sept cents hommes, les meilleurs de la garnison, et, ayant fait allumer un grand feu près de la
porte de Séville, il leur dit : «Mes amis, il faut vaincre ou périr. Jetons les fourreaux de nos épées dans
ce feu, et jurons de mourir en braves, si nous ne
pouvons remporter la victoire!» Tous lancèrent les
fourreaux de leurs épées dans les flammes, et, sortant de la ville, ils se précipitèrent sur les assiégeants avec tant d'impétuosité, que ceux-ci, après

---

1) On sait que le noir était la couleur des Abbâsides.

avoir perdu leurs chefs et sept mille des leurs, à ce qu'on assure, prirent la fuite dans un épouvantable désordre. Le vainqueur irrité fit trancher la tête au cadavre d'Alâ et à ceux de ses principaux compagnons; puis, voulant faire passer au calife abbâside, l'envie de lui disputer l'Espagne, il fit nettoyer ces têtes, ordonna de les remplir de sel et de camphre, et, après avoir fait attacher à l'oreille de chaque tête un billet déclarant le nom et la qualité de celui à qui elle avait appartenu, il les fit mettre dans un sac en y joignant le drapeau noir, le diplôme par lequel Al-Mançour nommait Alâ gouverneur de l'Espagne, et un rapport écrit de la déroute des insurgés. Moyennant finance, il engagea un marchand de Cordoue à porter ce sac à Cairawân, où l'appelaient des affaires de commerce, et à le placer pendant la nuit sur le marché de cette ville. Le marchand s'acquitta de sa commission sans être découvert, et l'on dit qu'Al-Mançour, en apprenant ces circonstances, s'écria saisi de terreur: «Je rends grâces à Dieu de ce qu'il a mis une mer entre moi et un tel ennemi![1]»

La victoire remportée sur le parti abbâside fut bientôt suivie de la réduction de Tolède (764). Ennuyés de la longue guerre qu'ils avaient à soutenir, les To-

---

1) *Akhbâr madjmoua*, fol. 91 r. — 92 r.; Ibn-al-Coutîa, fol. 14 r. et v.; Ibn-Adhârî, t. II, p. 53—55. Quelques historiens disent que le sac fut porté par un pèlerin de Cordoue, non pas à Cairawân, mais à la Mecque, où Al-Mançour se trouvait alors.

lédans entrèrent en pourparlers avec Badr et Tammâm, qui commandaient l'armée du prince, et obtinrent l'amnistie après avoir livré leurs chefs. Quand on conduisit ces chefs à Cordoue, l'émir envoya à leur rencontre un barbier, un tailleur et un vannier. D'après les ordres qu'ils avaient reçus, le barbier rasa la tête et la barbe aux prisonniers, le tailleur leur coupa des tuniques de laine, le vannier leur fit des paniers, et un jour les habitants de Cordoue virent arriver dans leur ville des ânes portant des paniers d'où sortaient des têtes chauves et des bustes bizarrement affublés d'étroites et mesquines tuniques de laine. Poursuivis par les huées de la populace, les malheureux Tolédans furent promenés par la ville et ensuite crucifiés [1].

La manière cruelle dont Abdérame châtiait ceux qui avaient osé méconnaître son autorité, montre suffisamment qu'il voulait régner par la terreur ; mais les Arabes, à en juger par la révolte de Matarî qui éclata deux années après le supplice des nobles de Tolède, ne se laissèrent pas intimider facilement. Ce Matarî était un chef yéménite de Niébla. Un soir qu'il avait fait des libations trop copieuses et que la conversation était tombée sur le massacre des Yéménites qui avaient combattu sous le drapeau d'Alâ, il prit sa lance, y attacha une pièce d'étoffe, et jura de

---

1) *Akhbâr madjmoua*, fol. 92 r. et v.; Ibn-Adhârî, t. II, p. 55.

venger la mort de ses contribules. Le lendemain en s'éveillant, il avait complétement oublié ce qu'il avait fait la veille, et quand son regard tomba sur sa lance transformée en étendard, il demanda d'un air étonné ce que cela signifiait. On lui rappela alors ce qu'il avait dit et fait le soir précédent. Saisi de frayeur, il s'écria : « Otez tout de suite ce mouchoir de ma lance, afin que mon étourderie ne s'ébruite pas!» Mais avant qu'on eût eu le temps d'exécuter cet ordre, il se ravisa. « Non, dit-il, laissez ce drapeau! Un homme tel que moi n'abandonne pas un projet, quel qu'il soit,» et il appela ses contribules aux armes. Il sut se maintenir quelque temps, et quand enfin il fut mort sur le champ de bataille, ses compagnons continuèrent à se défendre avec tant d'opiniâtreté, que l'émir fut obligé de traiter avec eux et de leur faire grâce [1].

Vint le tour d'Abou-Çabbâh. Bien qu'Abdérame eût toute raison de se méfier de ce puissant Yéménite qui avait voulu l'assassiner aussitôt après la bataille de Moçâra, il avait cependant jugé prudent de ne pas se brouiller avec lui et de lui confier le gouvernement de Séville; mais dans l'année 766, quand il n'eut point d'insurgés à combattre et qu'il se crut assez puissant pour n'avoir rien à craindre d'Abou-Çabbâh, il le destitua de son poste. Furieux Abou-Çabbâh ap-

---

1) *Akhbâr madjmoua*, fol. 92 v.

pela les Yéménites aux armes. Abdérame acquit bientôt la certitude que l'influence de ce chef était plus grande qu'il ne l'avait cru. Alors il entama des négociations insidieuses, fit proposer une entrevue au Sévillan, et lui fit remettre par Ibn-Khâlid un sauf-conduit signé de sa main. Abou-Çabbâh se rendit à Cordoue, et, laissant les quatre cents cavaliers qui l'accompagnaient à la porte du palais, il eut avec l'émir un entretien secret. Il le poussa à bout, dit-on, par des paroles outrageantes. Alors Abdérame essaya de le poignarder de sa propre main; mais la vigoureuse résistance du chef sévillan le força d'appeler ses gardes et de le faire assommer par eux. Peut-être y avait-il plus de préméditation dans cet homicide que les clients omaiyades qui ont écrit l'histoire de leurs patrons n'ont voulu l'avouer.

Quand Abou-Çabbâh eut cessé de vivre, Abdérame fit jeter une couverture sur son cadavre et effacer soigneusement les traces de son sang; puis, ayant fait venir ses vizirs, il leur dit qu'Abou-Çabbâh était prisonnier dans le palais, et leur demanda s'il fallait le tuer. Tous lui conseillèrent de ne pas le faire. «Ce serait trop dangereux, dirent-ils, car les cavaliers d'Abou-Çabbâh sont postés à la porte du palais, et vos troupes sont absentes.» Un seul ne partagea point leur avis. C'était un parent de l'émir et il exprima son opinion dans ces vers:

Fils des califes, je vous donne un bon conseil en vous engageant à tuer cet homme qui vous hait et qui brûle du désir de se venger sur vous. Qu'il ne vous échappe pas, car s'il reste en vie, il sera pour nous la cause d'un grand malheur. Finissez-en avec lui, et vous serez débarrassé d'une grave maladie. Enfoncez-lui dans la poitrine une bonne lame damasquinée ; quand il s'agit d'un tel homme, la violence même sera encore de la générosité.

« Sachez donc, reprit alors Abdérame, que je l'ai fait tuer ; » et sans faire attention à l'étonnement de ses vizirs, il souleva la couverture étendue sur le cadavre.

Les vizirs, qui n'avaient désapprouvé le meurtre d'Abou-Çabbâh que parce qu'ils craignaient l'effet qu'un acte si violent produirait sur l'esprit de ses compagnons, s'aperçurent bientôt que cette crainte manquait de fondement ; car quand un employé du palais eut annoncé à ces cavaliers que leur chef n'était plus et qu'ils pouvaient partir, ils se retirèrent tranquillement ; circonstance étrange et qui fait soupçonner qu'Abdérame, ne voulant agir qu'à bon escient, avait corrompu d'avance ces cavaliers.

Un seul client omaiyade eut des sentiments assez élevés pour blâmer cette trahison infâme, dont il avait été l'instrument à son insu ; c'était Ibn-Khâlid, qui avait remis au chef sévillan le sauf-conduit de l'émir. Il se retira dans ses terres et dans la suite il refusa constamment d'accepter un emploi quelconque [1].

---

1) *Akhbâr madjmoua*, fol. 92 v. — 93 v.; cf. Ibn-al-Abbâr, p. 45.

Peu de temps après le meurtre d'Abou-Çabbâh, une grande insurrection éclata parmi les Berbers, qui jusque-là s'étaient tenus assez tranquilles. Elle fut excitée par un maître d'école, moitié fanatique, moitié imposteur, qui vivait dans l'est de l'Espagne et s'appelait Chakyâ. Il appartenait à la tribu berbère de Miknésa; mais, soit que son cerveau se fût troublé par l'étude du Coran, des traditions relatives au Prophète et de l'histoire des premiers temps de l'islamisme, soit que l'ambition le poussât à se poser comme chef de parti, il crut, ou prétendit croire, qu'il descendait d'Alî et de Fatime, la fille du Prophète. Les crédules Berbers acceptèrent cette imposture d'autant plus facilement que, par une circonstance fortuite, la mère du maître d'école s'appelait aussi Fatime; et quand Chakyâ, ou plutôt Abdallâh, fils de Mohammed, car c'est ainsi qu'il se faisait appeler, fut venu s'établir dans le pays qui s'étend entre le Guadiana et le Tage, les Berbers, qui formaient la majorité de la population musulmane, et qui étaient toujours prêts à prendre les armes quand un marabout le leur ordonnait, accoururent en foule sous ses drapeaux, si bien qu'il put s'emparer successivement de Sontebria [1], de Mérida, de Coria et de Medellin.

---

1) Sontebria (aujourd'hui Castro de Santover, sur les bords du Guadiela) était une ville importante à l'époque de la domination arabe. De Gayangos, notes sur Râzî, p. 47.

Il battit les troupes que le gouverneur de Tolède avait
envoyées contre lui, gagna à sa cause les Berbers qui
servaient dans l'armée du client omaiyade Obaidallâh;
attaqua les autres soldats de ce général, les mit en
déroute, s'empara de leur camp, et sut toujours
échapper aux poursuites d'Abdérame en se retirant
dans les montagnes. Enfin, après six ans de guerre,
Abdérame rechercha et obtint l'appui d'un Berber qui
était à cette époque le chef le plus puissant dans l'est
de l'Espagne, et qui regardait d'un œil jaloux la
puissance et les succès du soi-disant Fatimide. Alors
la discorde se mit parmi les Berbers, et Chakyâ se
vit obligé de quitter Sontebria et de se retirer vers le
nord [1]; mais pendant qu'Abdérame marchait contre
lui en ravageant les champs et les villages des Berbers qui se trouvaient sur son passage, une autre révolte éclata dans l'ouest, où les Yéménites n'attendaient qu'une occasion favorable pour venger le meurtre d'Abou-Çabbâh. Une telle occasion, l'éloignement
de l'émir la leur avait fournie, et ils marchaient
maintenant sur la capitale, dont ils espéraient s'emparer par un coup de main, commandés par les parents d'Abou-Çabbâh qui étaient gouverneurs de Niébla et de Béja, et renforcés par les Berbers de l'ouest,
travaillés depuis longtemps, ce semble, par les émissaires du marabout.

---

1) *Akhbâr madjmoua*, fol. 93 v.; Ibn-Adhârî, t. II, p. 56, 57;
Nowairî, p. 441.

Abdérame n'eut pas plutôt reçu ces fâcheuses nouvelles, qu'il retourna en toute hâte vers Cordoue, et,
refusant de s'arrêter une seule nuit dans son palais,
comme on le lui proposait, il trouva les ennemis re-
tranchés sur les bords du Bembezar [1]. Les premiers
jours s'étant passés en escarmouches peu importantes,
Abdérame se servit de ses clients berbers, parmi lesquels se trouvaient les Beni-al-Khalî, pour détacher
les Berbers de leur alliance avec les Yéménites. S'étant
glissés dans le camp ennemi à la nuit tombante, ces
clients firent sentir aux Berbers que si l'émir, le seul
qui pût les défendre contre la haine jalouse des Arabes, perdait son trône, leur expulsion en serait la suite
inévitable. «Vous pouvez compter, ajoutèrent-ils, sur
la reconnaissance du prince, si vous voulez abandonner une cause contraire à vos intérêts, et embrasser la sienne.» Leurs conseils prévalurent: les Berbers leur promirent de trahir les Yéménites quand
le combat, fixé au lendemain, se serait engagé. Ils
tinrent leur promesse. Avant la bataille ils dirent aux
Yéménites: «Nous ne savons combattre qu'à cheval,
tandis que vous savez très-bien combattre à pied;
donnez-nous donc tous les chevaux que vous avez.»
N'ayant nulle raison pour se méfier d'eux, les Yéménites consentirent à leur demande. Ils eurent lieu de

---

1) Ibn-al-Coutîa nomme cette rivière, qui semble aussi avoir porté
le nom de Wâdî-Cais (rivière des Caisites), comme on trouve chez
Ibn-Adhârî.

s'en repentir, car, le combat ayant commencé, les Berbers qui avaient obtenu des chevaux allèrent se joindre aux cavaliers omaiyades, et pendant qu'ils chargeaient vigoureusement les Yéménites, les autres Berbers s'enfuirent. Les Yéménites furent enfoncés de toutes parts. Alors commença une horrible boucherie; dans leur aveugle fureur, les soldats d'Abdérame frappaient sans discernement sur tous ceux qu'ils rencontraient, en dépit de l'ordre qu'ils avaient reçu d'épargner les fuyards berbers. Trente mille cadavres jonchèrent le champ de bataille et furent enterrés dans une fosse qu'au Xe siècle on montrait encore [1].

Quant à la révolte des Berbers du centre, elle ne fut comprimée qu'après dix ans de guerre, lorsque Chakyâ eut été assassiné par deux de ses compagnons, et elle durait encore quand une confédération formidable appela en Espagne un conquérant étranger. Les membres de cette confédération étaient le Kelbite al-Arâbî [2], gouverneur de Barcelone, le Fihrite Abdérame ibn-Habîb, gendre de Yousof et surnommé *le Slave*, parce que sa taille mince et élevée, sa blonde chevelure et ses yeux bleus rappelaient le type de cette race dont plusieurs individus vivaient en Espagne comme esclaves, et enfin Abou-'l-Aswad, fils de You-

---

1) *Akhbâr madjmoua*, fol. 93 v., 94 r.; Ibn-al-Coutîa, fol. 13 r. et v.; Ibn-Adhârî, t. II, p. 52, 53.

2) Solaimân ibn-Yacdhân al-Arâbî.

sof, qu'Abdérame avait condamné à une captivité perpétuelle, mais qui était parvenu à tromper la sur-
veillance de ses geôliers en contrefaisant l'aveugle.
Au commencement on n'avait pas voulu croire à sa
cécité. On lui fit subir les épreuves les plus difficiles; mais l'amour de la liberté lui prêta la force nécessaire pour ne point se trahir une minute, et il joua
son rôle avec tant de persévérance et avec un si grand
talent d'imposture, qu'à la fin tout le monde le crut
véritablement aveugle. Alors, voyant que ses geôliers
ne faisaient pas grande attention à lui, il concerta un
plan d'évasion avec un de ses clients, qui avait obtenu la permission de venir de temps à autre lui rendre visite; et un matin que l'on conduisait les prisonniers par un chemin souterrain à la rivière afin qu'ils
s'y lavassent, ce client se posta, avec quelques-uns
de ses amis et avec des chevaux, sur le bord opposé
du fleuve. Profitant d'un moment où personne ne
l'observait, Abou-'l-Aswad se jeta dans la rivière, la
traversa à la nage, monta à cheval, prit au galop le
chemin de Tolède, et arriva sans accident dans cette
ville [1].

La haine que ces trois chefs portaient à Abdérame
était si forte, qu'ils résolurent d'implorer le secours de
Charlemagne, bien que ce conquérant, qui avait déjà
fait retentir le monde du bruit de ses exploits, fût

---

1) Ibn-al-Abbâr, p. 56.

l'ennemi le plus acharné de l'islamisme. Par conséquent, ils se rendirent, dans l'année 777, à Paderborn, où Charlemagne tenait alors un champ-de-mai,
et lui proposèrent une alliance contre l'émir de l'Espagne. Charlemagne n'hésita pas à accepter leur proposition. Il avait alors les mains libres et pouvait
penser à des conquêtes nouvelles. Les Saxons s'étaient
soumis, il le croyait du moins, à sa domination et
au christianisme; des milliers d'entre eux venaient
en ce moment même à Paderborn pour se faire bapti-
ser; Wittekind, le plus redoutable de leurs chefs,
avait été forcé de quitter le pays et de chercher un
asile chez un prince danois. On convint donc que
Charlemagne franchirait les Pyrénées avec des troupes
nombreuses; qu'al-Arâbî et ses alliés au nord de l'Ebre
l'appuyeraient et le reconnaîtraient pour leur souverain, et que *le Slave*, après avoir enrôlé des troupes
berbères en Afrique, les conduirait dans la province
de Todmîr (Murcie), où il seconderait les mouvements
qui auraient lieu dans le nord, en arborant le drapeau du calife abbâside, allié de Charlemagne. Quant
à Abou-'l-Aswad, nous ignorons dans quelle partie
de l'Espagne il devait agir.

Cette coalition formidable, qui n'avait arrêté son
plan d'attaque qu'après une mûre délibération, menaçait de devenir infiniment plus dangereuse pour Abdérame qu'aucune des précédentes. Heureusement
pour lui, l'exécution ne répondit pas aux préparatifs.

Le Slave débarqua, il est vrai, avec une armée berbère dans la province de Todmîr; mais il y arriva
trop tôt et avant que Charlemagne eût franchi les
Pyrénées; aussi, quand il demanda du secours à al-
Arâbî, ce dernier lui fit répondre que, d'après le
plan arrêté à Paderborn, son rôle, à lui, était de
rester dans le nord pour y seconder l'armée de Charlemagne [1]. La haine entre les Fihrites et les Yéménites était trop enracinée pour que, des deux côtés,
on ne se soupçonnât pas de perfidie. Se croyant donc
trahi par al-Arâbî, *le Slave* tourna ses armes contre
lui, fut battu, et, de retour dans la province de Todmîr, il fut assassiné par un Berber d'Oretum à qui il
avait imprudemment accordé sa confiance, ne soup-
çonnant pas que c'était un émissaire de l'émir Abdérame.

Au moment où l'armée de Charlemagne s'approchait
des Pyrénées, l'un des trois chefs arabes sur lesquels
il avait compté, avait donc déjà cessé de vivre. Le
second, Abou-'l-Aswad, l'appuya si faiblement qu'aucune chronique franque ou arabe ne nous apprend ce
qu'il fit. Il ne lui restait donc qu'al-Arâbî et ses al-

---

1) C'est ainsi que je crois devoir entendre ces paroles de l'auteur
de l'*Akhbâr madjmoua: «Le Slave* écrivit à al-Arâbî pour lui demander de faire cause commune avec lui. Al-Arâbî lui répondit:
«Je ne manquerai pas de vous aider.» *Le Slave* fut d'autant plus
mécontent de cette réponse qu'il voyait qu'al-Arâbî ne rassemblait
pas de troupes pour venir à son aide,» etc.

liés du nord, tels qu'Abou-Thaur, gouverneur d'Huesca, et le chrétien Galindo, comte de la Cerdagne. Cependant al-Arâbî n'avait pas été inactif. Secondé par le Défenseur Hosain ibn-Yahyâ, un descendant de ce Sad ibn-Obâda qui avait aspiré au califat après la mort du Prophète, il s'était rendu maître de Saragosse; mais quand l'armée de Charlemagne fut arrivée devant les portes de cette ville, il ne put vaincre la répugnance qu'avaient ses coreligionnaires à admettre le roi des Francs dans leurs murs; le Défenseur Hosain ibn-Yahyâ surtout n'aurait pu y consentir qu'en reniant des souvenirs de famille qui lui étaient sacrés. Voyant qu'il ne pouvait persuader ses concitoyens, al-Arâbî, qui ne voulait pas que Charlemagne le soupçonnât de l'avoir trompé, alla se remettre spontanément entre ses mains.

Charlemagne avait donc dû commencer le siége de Saragosse, lorsqu'il reçut une nouvelle qui bouleversa tous ses projets: Wittekind était retourné en Saxe; à sa voix les Saxons avaient repris les armes; profitant de l'absence de l'armée franque et mettant tout à feu et à sang, ils avaient déjà pénétré jusqu'au Rhin et s'étaient emparés de Deutz, vis-à-vis de Cologne.

Forcé de quitter en toute hâte les bords de l'Ebre pour retourner à ceux du Rhin, Charlemagne marcha vers la vallée de Roncevaux. Parmi les rochers et dans les forêts qui dominent le fond septentrional de cette vallée, les Basques, poussés par une haine invétérée contre les Francs et avides de butin, s'étaient embusqués. L'armée franque défilait sur une ligne étroite et longue, comme l'y obligeait la conformation du terrain resserré. Les Basques laissèrent passer l'avant-garde; mais lorsque l'arrière-garde, encombrée de bagages, fut arrivée, ils se précipitèrent sur elle, et, profitant de la légèreté de leurs armes et de l'avantage de leur position, ils la culbutèrent au fond de la vallée, tuèrent après un combat opiniâtre tous les hommes jusqu'au dernier, et entre autres, Rotland, commandant de la frontière de Bretagne; puis ils pillèrent les bagages, et, protégés par les ombres de la nuit qui déjà s'épaississaient, ils s'éparpillèrent en divers lieux avec une extrême célérité [1].

Telle fut l'issue désastreuse de cette expédition de Charlemagne, commencée sous les plus heureux auspices. Tout le monde avait contribué à la faire échouer, à la seule exception de l'émir de Cordoue, contre lequel elle avait été dirigée; mais il se hâta du moins de profiter des avantages qu'il devait à ses sujets rebelles de Saragosse, aux Basques chrétiens et à un chef saxon, dont le nom même lui était peut-être inconnu, et marcha contre Saragosse, afin de

---

1) Comparez, sur tous ces événements, les annales franques, dans Pertz, *Monum. Germ.*, t. I, p. 16, 81, 156—9, 296, 349, avec l'*Akhbâr madjmoua*, fol. 94 v., 95 v. — 96 v.

forcer cette ville à rentrer dans l'obéissance. Avant qu'il fût arrivé au terme de sa marche, al-Arâbî, qui avait accompagné Charlemagne pendant sa retraite, mais qui depuis était revenu à Saragosse, avait déjà cessé de vivre. Le Défenseur Hosain, qui le considérait comme un traître à sa religion, l'avait fait poignarder dans la mosquée. Assiégé maintenant par Abdérame, Hosain se soumit à lui. Plus tard, il leva de nouveau l'étendard de la révolte; mais alors ses concitoyens, assiégés derechef, le livrèrent à Abdérame, qui, après lui avoir fait couper les mains et les pieds, le fit assommer à coups de barre. Maître de Saragosse, l'émir attaqua les Basques, et rendit tributaire le comte de la Cerdagne. Abou-'l-Aswad, enfin, tenta encore une révolte, mais dans la bataille du Guadalimar il fut trahi par le général qui commandait son aile droite. Les cadavres de quatre mille de ses compagnons «servirent de pâture aux loups et aux vautours. [1] »

Abdérame était donc sorti vainqueur de toutes les guerres qu'il avait eu à soutenir contre ses sujets. Ses succès commandaient l'admiration à ses ennemis mêmes. On raconte, par exemple, que le calife abbâside Al-Mançour demanda un jour à ses courtisans: «Quel est à votre avis celui qui mérite d'être appelé

---

1) Voyez le poème d'Abou-'l-Makhchî sur cette bataille, *apud* Ibn-al-Khatîb, man. P., fol. 214 r. et v.

le sacre des Coraich?» Croyant que le calife ambitionnait ce titre, les courtisans répondirent sans hésiter: «C'est vous, commandeur des croyants ; vous
qui avez vaincu des princes puissants, dompté mainte
révolte, et mis un terme aux discordes civiles. —
Non, ce n'est pas moi,» reprit le calife. Les courtisans nommèrent alors Moâwia Ier et Abdalmélic.
«Ni l'un ni l'autre, dit le calife; quant à Moâwia,
Omar et Othmân lui avaient aplani le chemin, et
quant à Abdalmélic, il était appuyé par un parti
puissant. Le sacre des Coraich, c'est Abdérame,
fils de Moâwia, lui qui, après avoir parcouru seul les
déserts de l'Asie et de l'Afrique, a eu l'audace de
s'aventurer sans armée dans un pays à lui inconnu
et situé de l'autre côté de la mer. N'ayant pour tout
soutien que son savoir-faire et sa persévérance, il a
su humilier ses orgueilleux adversaires, tuer les rebelles, mettre ses frontières en sûreté contre les attaques des chrétiens, fonder un grand empire, et
réunir sous son sceptre un pays qui semblait déjà
morcelé entre différents chefs. Voilà ce que personne
n'avait fait avant lui.[1]» Ces mêmes idées, Abdérame les exprimait dans ses vers avec une fierté légitime. Mais il avait payé cher ses succès, ce tyran
perfide, cruel, vindicatif, impitoyable, et si aucun
chef arabe ou berber n'osait plus le braver en face,

---

1) *Akhbâr madjmoua*, fol. 98 r. et v.; Ibn-Adhârî, t. II, p. 61—2.

tous le maudissaient en secret. Aucun homme de bien ne voulait plus entrer à son service. Ayant consulté ses vizirs sur le choix d'un cadi de Cordoue, ses deux fils, Solaimân et Hichâm, furent d'accord (ce qui leur arrivait rarement) pour lui recommander Moçab, un pieux et vertueux vieillard. Abdérame le fit venir et lui offrit la dignité de cadi. Mais Moçab, persuadé que sous un prince qui mettait son pouvoir au-dessus des lois, il ne serait qu'un instrument de tyrannie, refusa de l'accepter, malgré les instances réitérées de l'émir. Irrité de ce refus, Abdérame, qui ne pouvait souffrir la moindre contradiction, tortillait déjà sa moustache, ce qui chez lui annonçait l'approche d'un terrible orage, et les courtisans s'attendaient à entendre un arrêt de mort sortir de sa bouche. «Mais Dieu lui fit abandonner sa coupable pensée,» dit un chroniqueur arabe. Ce vénérable vieillard lui imposait un respect involontaire, et maîtrisant son courroux, ou du moins le déguisant de son mieux, il se contenta de lui dire: «Sors d'ici et que Dieu maudisse ceux qui t'ont recommandé![1]»

Peu à peu il vit même lui échapper le soutien sur lequel il aurait dû pouvoir compter dans toutes les circonstances: plusieurs de ses clients l'abandonnèrent. Quelques-uns d'entre eux, tels qu'Ibn-Khâlid, refusèrent de le suivre sur la voie de trahisons et de

---

[1] Ibn-al-Coutîa, fol. 18 r.; cf. Khochanî, p. 204—5.

cruautés dans laquelle il s'était engagé. D'autres excitèrent ses soupçons, et Obaidallâh était de leur nombre. On disait que, voulant se rendre nécessaire à l'émir qui, à ce qu'il croyait, cherchait à se débarrasser de lui, il avait favorisé la défection de son neveu Wadjîh qui avait embrassé le parti du prétendant fatimide. De son côté, Abdérame, quand il eut Wadjîh en son pouvoir, le traita avec la dernière rigueur : il lui fit trancher la tête, malgré les prières d'Obaidallâh. [1] Quelque temps après, Obaidallâh fut accusé, à tort ou à raison, d'avoir trempé dans un complot ourdi par deux parents de l'émir; mais Abdérame n'avait pas en mains des preuves suffisantes de sa complicité, et si peu scrupuleux qu'il fût de reste, il hésitait à condamner à la mort, sur un simple soupçon, le vieillard à qui il devait son trône. Il fut donc clément à sa manière. « J'infligerai à Obaidallâh une punition qui lui sera plus douloureuse que la mort même, » dit-il; et depuis lors il le traita avec une cruelle indifférence [2].

Il n'y eut pas jusqu'au fidèle Badr qui ne tombât en disgrâce. Abdérame confisqua ses biens, lui défendit de quitter sa demeure et finit par le reléguer dans une ville frontière; mais il convient de dire que Badr s'était écarté du respect qu'il devait à son

---

1) *Akhbâr madjmoua*, fol. 95 r.; Maccarî, t. II, p. 30.
2) Maccarî, t. II, p. 30.

maître, et l'avait ennuyé de ses plaintes injustes et insolentes [1].

Brouillé avec ses clients les plus considérés, Abdérame vit encore sa propre famille conspirer contre lui. Dès qu'il fut devenu le maître de l'Espagne, il avait fait venir à sa cour les Omaiyades dispersés en Asie et en Afrique; il les avait comblés de richesses et d'honneurs, et souvent on l'entendait dire: «Le plus grand bienfait que j'aie reçu de Dieu après le pouvoir, c'est d'être à même d'offrir un asile à mes proches et de leur faire du bien. Mon orgueil, je l'avoue, se trouve flatté, quand ils admirent la grandeur à laquelle je suis parvenu, et dont je ne suis redevable qu'à Dieu seul [2].» Mais ces Omaiyades, poussés par l'ambition ou ne pouvant supporter le despotisme tracassier du chef de la famille, se mirent à comploter. Une première conspiration fut ourdie par deux princes du sang et par trois nobles. Ils furent trahis, arrêtés et décapités [3]. Quelques années plus tard, un autre complot fut tramé par Moghîra, neveu d'Abdérame, et par Hodhail, qui avait encore à venger la mort de son père Çomail, étranglé dans sa prison. Ils furent trahis aussi et punis de la même manière. Quand ils eurent cessé

---

1) Voyez Maccarî, t. II, p. 27 et suiv.
2) Maccarî, t. II, p. 32.
3) *Akhbâr madjmoua*, fol. 93 v.; Maccarî, t. II, p. 31, 32.

de vivre, un client omaiyade entra chez Abdérame.
Il le trouva seul, morne et abattu, l'œil fixé à terre
et comme perdu dans de tristes réflexions. Devinant
ce qui se passait dans l'âme de son maître froissé
pour la seconde fois dans son orgueil de chef de famille et blessé dans ses affections les plus intimes,
le client approcha avec précaution sans rien dire.
«Quels parents que les miens! s'écria enfin Abdérame;
lorsque je tentais de m'assurer un trône au péril de
mes jours, je songeais autant à eux qu'à moi-même.
Ayant réussi dans mon projet, je les ai priés de
venir ici, et je leur ai fait partager mon opulence.
Et maintenant ils veulent m'arracher ce que Dieu
m'a donné! Seigneur tout-puissant! tu les as punis
de leur ingratitude en me faisant connaître leurs infâmes complots, et si je leur ai ôté la vie, ç'a été
pour préserver la mienne. Pourtant, quel triste sort
que le mien! Mes soupçons pèsent sur tous les membres de ma famille, et de leur côté ils craignent
tous que je n'attente à leurs jours! Plus de confiance,
plus d'épanchement de cœur entre nous! Quel rapport peut-il exister désormais entre moi et mon frère,
le père de cet infortuné jeune homme? Comment
pourrais-je être tranquille dans son voisinage, moi
qui, en condamnant son fils à la mort, ai tranché
les liens qui nous unissaient? Comment mes yeux
pourraient-ils rencontrer les siens?» Puis, s'adressant à son client: «Va, poursuivit-il, va trouver

mon frère à l'instant même; excuse-moi auprès de lui le mieux que tu pourras; donne-lui les cinq mille pièces d'or que voici, et dis-lui d'aller dans telle partie de l'Afrique qu'il voudra!»

Le client obéit en silence, et trouva l'infortuné Walîd à demi mort de frayeur. Il le rassura, lui remit la somme que l'émir lui offrait et lui rapporta les paroles qu'il l'avait entendu dire. «Hélas! dit alors Walîd avec un profond soupir, le crime commis par un autre retombe sur moi! Ce fils rebelle qui est allé au devant de la mort qu'il méritait, m'entraîne dans sa perte, moi qui ne recherchais que le repos et qui me serais contenté d'un petit coin dans la tente de mon frère! Mais j'obéirai à son ordre; se soumettre avec résignation à ce que Dieu a résolu, c'est un devoir!» De retour auprès de son maître, le client lui annonça que Walîd faisait déjà ses préparatifs pour quitter l'Espagne, et lui répéta les paroles qu'il l'avait entendu prononcer. «Mon frère dit la vérité, s'écria alors le prince en souriant avec amertume; mais qu'il n'espère pas de me tromper par de telles paroles et de me cacher sa pensée intime. Je le connais, et je sais que s'il pouvait étancher dans mon sang sa soif de vengeance, il n'aurait pas un moment d'hésitation [1]!»

Exécré par les chefs arabes et berbers, brouillé

---

1) Maccarî, t. II, p. 32, 33.

avec ses clients, trahi par ses proches, Abdérame
se trouva de plus en plus isolé. Dans les premières
années de son règne, lorsqu'il jouissait encore d'une
certaine popularité, du moins à Cordoue, il aimait à
parcourir presque seul les rues de la capitale et à se
mêler au peuple ; maintenant, défiant et ombrageux,
il était inaccessible, ne sortait presque plus de son
palais, et quand il le faisait, il était toujours entouré
d'une garde nombreuse [1]. Depuis la grande insurrection des Yéménites et des Berbers de l'Ouest, il
vit dans l'augmentation des troupes mercenaires le seul
moyen de maintenir ses sujets dans l'obéissance. Il
acheta donc aux nobles leurs esclaves qu'il enrôla, fit
venir d'Afrique une foule de Berbers, et porta ainsi
son armée permanente à 40,000 hommes [2], aveuglément dévoués à sa personne, mais tout à fait indifférents aux intérêts du pays.

Rompre les Arabes et les Berbers à l'obéissance et
les obliger à contracter des habitudes d'ordre et de
paix, telle a été la préoccupation constante d'Abdérame. Pour réaliser cette pensée, il a employé tous
les moyens auxquels les rois du quinzième siècle ont
eu recours pour triompher de la féodalité. Mais
c'était un triste état que celui auquel l'Espagne se
trouvait réduite par la fatalité des situations, un triste

---

1) Maccari, t. II, p. 25.
2) Maccari, *ibid.*

rôle que celui que les successeurs d'Abdérame auraient à remplir : la route qui leur avait été tracée par le fondateur de la dynastie, c'était le despotisme du sabre. Il est vrai qu'un monarque ne pouvait gouverner les Arabes et les Berbers d'une autre façon ; si la violence et la tyrannie étaient d'un côté, le désordre et l'anarchie étaient de l'autre. Les différentes tribus auraient pu former autant de républiques, unies, si cela se pouvait, contre l'ennemi commun, les chrétiens du nord, par un lien fédératif ; c'eût été une forme de gouvernement en harmonie avec leurs instincts et leurs souvenirs ; mais ni les Arabes ni les Berbers n'étaient faits pour la monarchie.

FIN DU TOME PREMIER.